哲学基础理论研究

第九辑

（2015年·下）

吉林大学哲学基础理论研究中心◎编

EDITED BY CENTER FOR
THE RESEARCH ON FUNDAMENTALS OF
PHILOSOPHY JILIN UNIVERSITY

中国社会科学出版社

图书在版编目（CIP）数据

哲学基础理论研究．第九辑，2015 年．下/吉林大学哲学
基础理论研究中心编．—北京：中国社会科学出版社，2016.1
ISBN 978 - 7 - 5161 - 8639 - 8

Ⅰ.①哲…　Ⅱ.①吉…　Ⅲ.①哲学理论—研究　Ⅳ.①B0

中国版本图书馆 CIP 数据核字（2016）第 174936 号

出 版 人	赵剑英	
责任编辑	王　曦	
责任校对	周晓东	
责任印制	戴　宽	

出　　版	中国社会科学出版社	
社　　址	北京鼓楼西大街甲 158 号	
邮　　编	100720	
网　　址	http：//www.csspw.cn	
发 行 部	010 - 84083685	
门 市 部	010 - 84029450	
经　　销	新华书店及其他书店	

印　　刷	北京君升印刷有限公司	
装　　订	廊坊市广阳区广增装订厂	
版　　次	2016 年 1 月第 1 版	
印　　次	2016 年 1 月第 1 次印刷	

开　　本	710×1000　1/16	
印　　张	15.25	
插　　页	2	
字　　数	268 千字	
定　　价	56.00 元	

主　　　编　孙正聿
副 主 编　孙利天　贺　来
执 行 主 编　王庆丰
编委会成员　(以姓氏笔画为序)
　　　　　　王南湜　万俊人　李德顺　孙正聿
　　　　　　孙利天　陈　来　吴晓明　衣俊卿
　　　　　　张一兵　张　盾　杨　耕　赵敦华
　　　　　　姚大志　贺　来

❖目 录❖

◆ **本刊专稿**

谈谈我的理论想象 ……………………………………… 孙正聿（3）

◆ **辩证法理论研究**

辩证法何以本质上是批判的？
　　——孙正聿教授辩证法本质阐释之阐释 ……………… 王南湜（15）
哲学前提的反思与马克思主义辩证法的当代理解视野
　　——并论孙正聿先生对马克思
　　主义哲学研究的贡献 ………………… 刘怀玉　王　巍（37）
思想的起兴与辩证法的舞蹈
　　——体会《哲学通论》 ………………………… 邹诗鹏（56）

◆ **哲学活动方式研究**

生命意义的批判与表征
　　——孙正聿哲学的思想特征与理论旨趣 ……………… 高广旭（65）
从思辨和体验的统一看哲学的活动方式 ……………… 莫　雷（79）
从思辨与体验的视角看"商品"
　　——敞开理解《资本论》开篇
　　问题的一条新路径 ………………………………… 邵　然（87）

◈ 前提批判的哲学理论研究

在思想的前提批判中通达哲学的自由之境

　　——聆听孙正聿教授的哲学"四重奏" …………… 田海平（105）

思想解放与前提批判的哲学方法 ……………… 高云涌（123）

《自然辩证法》"unbewusst"一词的译法与

"前提批判"的哲学理论 ……………………… 高　超（136）

◈ 本体观念变革研究

《哲学通论》的本体观变革及困境 ……………… 白　刚（147）

"内蕴形而上学"的文化本体观

　　——高清海先生晚年哲学思考的再理解 ………… 杨　晓（157）

作为形而上学立场的"知其不可而为之"

　　——试论孙正聿教授的本体观革命 …………… 田冠浩（176）

《哲学通论》的"本体论革命"与本体论追求的可能困境

　　——基于教科书哲学背景的考察 ……………… 刘雄伟（185）

追求"本体"与"本体论追求"

　　——本体观变革与当代哲学的

　　　形而上学追求 ……………… 孙　慧　赵　龙（195）

◈ 哲学思维方式研究

反思的两种模式及其间的张力 …………………… 程　彪（209）

经验的形式化与概念向经验的还原 ……………… 张艳辉（222）

反思与哲学

　　——孙正聿教授对哲学思维方式的研究 ………… 石　佳（232）

本刊专稿

谈谈我的理论想象

孙正聿[*]

"想象比知识更重要"，爱因斯坦的这句名言，不仅适用于科学发现和艺术创作，也适用于哲学研究。哲学研究离不开文献积累、思想积累和生活积累，然而，哲学研究的目的并不在于"积累"，而在于"创新"。哲学的"创新"，就是熔"三个积累"于一炉所激发的"理论想象"，并以哲学的理论想象赋予哲学范畴以新的思想内涵。下面，结合我所做的哲学工作——思想的前提批判，谈谈我的理论想象。

一 人的历史形态与哲学的历史任务

马克思在《1857—1858 年经济学手稿》中提出"人的依赖关系"、"以物的依赖性为基础的人的独立性"和"建立在个人全面发展和他们共同的社会生产能力成为他们的社会财富这一阶段上的自由个性"的人的历史三形态说；而早在 1844 年发表于《德法年鉴》的《〈黑格尔法哲学批判〉导言》中，马克思则提出"真理的彼岸世界消逝以后，历史的任务就是确立此岸世界的真理。人的自我异化的神圣形象被揭穿以后，揭露具有非神圣形象的自我异化，就成了为历史服务的哲学的迫切任务"。正是在研读和沉思马克思的相隔 10 余年的两段论述中，激发了我的一个重要的"理论想象"：从人的历史形态去理解哲学的历史任务，从哲学的历史任务去揭示人的历史形态的文化内涵。

* 作者简介：孙正聿（1946— ），男，吉林大学哲学社会学院暨哲学基础理论研究中心资深教授，博士生导师。（吉林长春　130012）

在关于人的历史形态与哲学的历史任务的"理论想象"中，我形成并提出了如下的基本认识：在"人的依赖关系"的历史形态中，人所"依赖"的对象被异化为超人的"神圣形象"，哲学作为理论形态的人类自我意识，它的历史任务就是以理论的方式表征"人的依赖关系"的"神圣形象"；在"以物的依赖性为基础的人的独立性"的历史形态中，人对人的依赖变成了人对物的依赖，人对"神圣形象"的崇拜变成了人对"非神圣形象"即"物"的崇拜，哲学作为理论形态的人类自我意识，它的历史任务首先是揭露人在"神圣形象"中的"自我异化"，同时又以理论的方式表征人在"非神圣形象"中的"自我异化"；正是从人对物的依赖的"现实的历史"出发，马克思明确地提出，"揭露具有非神圣形象的自我异化，就成了为历史服务的哲学的迫切任务"。

正是在这种"理论想象"中，升华了我对"哲学"和"哲学史"的理解，为"重写"哲学和哲学史提供了具有文明内涵的新的"灵魂"和"思路"——哲学史是确立"神圣形象"、揭露人在"神圣形象"中的"自我异化"、进而揭露人在"非神圣形象"中的"自我异化"的历史。而哲学的总体上的历史变革，正是理论地表征了人类文明的历史变革——从"人对人的依赖"到"人对物的依赖"，再到"人的自由个性"的历史性飞跃。正是在这个意义上，真正的哲学才是马克思所说的"时代精神的精华"和"文明的活的灵魂"。由此我的"哲学观"就是：哲学是对人类文明的时代性问题的理论自觉；哲学创新则是赋予哲学范畴以新的时代内涵。

二　哲学的基本问题与哲学的时代主题

马克思关于"哲学"的名言，既强调了哲学的"时代性"，即"任何真正的哲学"都是"时代精神的精华"，又强调了哲学的"人类性"，即"任何真正的哲学"都是"文明的活的灵魂"。然而，在引证马克思的这句名言时，人们却往往只是把哲学解说为"时代精神的精华"，而很少提及哲学是"文明的活的灵魂"，也就是单纯地强调哲学的"时代性"，而极力回避哲学的"人类性"，甚至以哲学的"时代性"来讨伐"超时代"的"哲学妄想"。其结果，就是把哲学的"时代性"与哲学的"人类性"割裂开来、对立起来，并由此导致以哲学的"时代主题"来否认或取代哲学的"基本问题"。

哲学到底有无自己的"基本问题"？哲学的"基本问题"的"真实意

义"到底是什么?"思维和存在的关系问题"究竟在什么意义上构成哲学的
"基本问题"?马克思关于人类把握世界的"基本方式"的论述,引发我重
新思考"哲学"及其"基本问题"。这就是:不同时代的哲学,不同民族的
哲学,不同派别的哲学,不同领域的哲学,它们之所以是"哲学",就在于
它们是以一种区别于常识、宗教、艺术和科学的"哲学方式"把握世界。进
一步追问:哲学究竟是以何种方式把握世界?就在于它把"思维和存在的关
系"作为"问题"反过来而思之,反思常识、宗教、艺术和科学以及人类
的全部思想和行为中所隐含的"思维和存在的关系问题"。这意味着:其一,
作为哲学基本问题的"思维和存在的关系问题",并不是哲学中的"最主
要"或"最重要"的问题,而是决定"哲学"的特殊的理论性质和独特的
社会功能的问题,也就是规定"哲学"把握世界的特殊方式的问题;其二,
把"思维和存在的关系问题"作为哲学的基本问题既不是否认哲学的民族性
和时代性,也不否认哲学的多样性和丰富性,而恰恰是以哲学把握世界的独
特方式的理论自觉去构成"时代精神的精华"和"文明的活的灵魂";其
三,自觉到哲学把握世界的独特方式,就不会把哲学方式混同为人类把握世
界的常识方式、宗教方式、艺术方式和科学方式,因而也就既不能以哲学方
式代替其他方式,也不能以其他方式代替哲学,从而为哲学的"合法性"奠
定真实的基础,并真正地以哲学方式去构成哲学的时代主题。

三　对思想的思想与思想的前提批判

人类把握世界的哲学方式,是把"思维和存在的关系"作为"问题"
反过来而思之,这就是哲学意义的"反思"。在哲学史上,黑格尔不仅把哲
学规定为"对思想的思想"的"反思",而且在与"表象思维"和"形式推
理"的对比中,深切地阐述了哲学思维何以必须是"反思",并且以"反
思"的思维构成了概念自我否定的辩证法。然而,哲学所追究的"思维和存
在"的"关系问题"究竟是何种"问题"?哲学所"反思"的"思想"究
竟是什么?正是在苦苦求索这个问题的过程中,恩格斯的一段论述让我产生
了至关重要的理论想象。这就是:黑格尔的"思维和存在的同一性"问题,
并不是思维和存在"是否统一"和"如何统一"的问题,而是恩格斯所说
的"理论思维的不自觉的和无条件的前提"问题。

人类之所以能够以"目的性"和"对象性"的实践活动方式存在,之

所以能够以"合目的性"和"合规律性"的实践活动方式而构成自己的历史，之所以能够"给自己构成世界的客观图画"并从而把现实变成自己理想的现实，之所以能够以"思维规定"把握"存在规定"的方式而追求真理，从根本上说，就在于"我们的理论思维"有一个"不自觉的和无条件的前提"——"我们的主观的思维和客观的世界服从于同样的规律，因而两者在自己的结果中不能互相矛盾，而必须彼此一致，这个事实绝对地统治着我们的整个理论思维"。由此，我所形成的进一步的"理论想象"就是："思维和存在的关系问题"，从根本上说就是"理论思维的不自觉的和无条件的前提"问题；"对思想的思想"，从哲学上说就是批判地反思这个"不自觉的和无条件的前提"所隐含的问题；因此，哲学意义的"反思"，并不是一般意义的"对思想的思想"，从根本上说就是并且必须是"对思想的前提批判"。

构成思想的前提，最深层的和最根本的是"思维和存在的同一性"，但是，作为哲学基本问题的"思维和存在的关系问题"，却并不只是"思维和存在的同一性"问题，而且包括构成思想的基本逻辑、基本方式、基本观念及其深层的哲学理念。离开对构成思想的基本逻辑、基本方式、基本观念和哲学理念的前提批判，就无法真正地实现对"思维和存在的同一性"这个基本信念的前提批判。由此我所形成的更为具体的"理论想象"就是：以"思想的前提批判"为灵魂，具体地展开五个方面的前提批判：一是对构成思想的"基本信念"的前提批判，也就是对"思维和存在的同一性"的前提批判；二是对构成思想的"基本逻辑"的前提批判，也就是对形式逻辑、辩证逻辑和实践逻辑的前提批判；三是对构成思想的"基本方式"的前提批判，也就是对常识、宗教、艺术和科学的前提批判；四是对构成思想的"基本观念"的前提批判，也就是对存在、世界、历史、真理、价值、自由等观念的前提批判；五是对构成思想的"哲学理念"的前提批判，也就是哲学的自我前提批判。在这种"理论想象"中所提出的五个方面的"前提批判"，构成了我的主要的哲学工作。

四 基本观念的前提批判与哲学的工作方式

诉诸当代哲学，我们可以发现，它的突出特征之一是哲学研究的分支化、专业化和技术化，而这"三化"的集中表现则是哲学的"部门化"，这就是科学哲学、文化哲学、政治哲学、经济哲学、价值哲学及管理哲学、技术哲学、工程哲学等争奇斗艳、此消彼长、蔚为大观。然而，所谓的"部门哲学"究竟何以是"哲学"而不是科学学、文化学、政治学或管理学？从根本上说，就在于前者所指向的是这些"部门"的基本观念，就在于它所进行的并不是案例的或数据的"实证研究"，而是批判地反思"实证研究"中的"基本观念"。批判地反思人类活动和人类文明中的基本观念构成所谓的"部门哲学"。

每门学科都有构成自己的基本观念，"部门哲学"则把各门学科构成自己的基本观念作为批判反思的对象：其一，批判地反思各门学科本身，诸如科学哲学对"科学"的反思，文化哲学对"文化"的反思，政治哲学对"政治"的反思，价值哲学对"价值"的反思，并以此引发各门学科的自我批判和自我超越；其二，批判地反思各门学科的核心范畴和基本范畴，诸如科学哲学对"观察与理论"、"理解与解释"、"归纳与演绎"、"逻辑与直觉"的反思，政治哲学对"平等与自由"、"平等与正义"、"形式平等与实质平等"的反思，价值哲学对"价值的主观性与客观性"、"价值的个体性与社会性"、"价值与评价"的反思，并以此引发各门学科"解释原则"的变革和"概念框架"的重构；其三，批判地反思各门学科所蕴含的"思维和存在的关系问题"，既以此揭示各门科学中的真实的哲学问题，又以此丰富和深化哲学自身的理论内容。这就是作为"哲学"的"部门哲学"所展开的"思想的前提批判"。

在对构成思想的基本观念的前提批判中，生动地体现了"哲学"自己的工作方式：一是时代精神主题化，从各门学科的"多重变奏"中凝练出时代精神的"主旋律"；二是现实存在间距化，以各门学科的理论成果为"中介"而深层地透视现实、批判地反观现实和理想地引导现实；三是流行观念陌生化，在对各门学科的基本观念的反思中变革人们对种种"不言自明"、"天经地义"、"毋庸置疑"的基本观念的理解；四是基本理念概念化，以具有新的时代内涵的基本观念构成理解和协调人与世界关系的新的哲学概念体系，从而构成具有新的时代内涵的世界图景、思维方式和价值观念，并以此塑造和引导新的时代精神。

五　"表述"的科学、"表达"的艺术与"表征"的哲学

思想的前提批判，不只是对"基本观念"的前提批判，而且是对构成基本观念的深层的"哲学理念"的前提批判；而对哲学理念的前提批判，必然集中地体现在对"哲学本身"的前提批判。这就是：哲学作为人类把握世界的一种基本方式，究竟如何把它与人类把握世界的其他方式区别开来？逻辑实证主义重要代表人物卡尔纳普关于科学、艺术与哲学关系的论述，催化了我对哲学的存在方式的"理论想象"。

在"拒斥形而上学"的旗帜下，卡尔纳普以区分语言的两种职能为出发点，明确地和尖锐地向"形而上学"提出挑战：语言具有"表述"和"表达"两种职能；"科学"以构成关于经验事实的命题的方式而充当语言的"表述"职能，"艺术"则以构成关于人的情感或意愿的方式而充当语言的"表达"职能；"哲学"既不是像"科学"那样"表述"经验事实，又不是像"艺术"那样"表达"情感意愿，"哲学"不就只能是"理性的狂妄"和"语言的误用"吗？应当说，卡尔纳普由语言的两种职能而对哲学提出的诘难，既是以最"合乎逻辑"的方式向哲学的存在方式提出的挑战，又为重新理解和阐释哲学提出了最为现实的"理论想象"的空间——不是"表述"和"表达"的哲学究竟以何种方式存在？由此又引发我更深切地思考马克思关于哲学的名言：哲学究竟以何种方式而成为"时代精神的精华"和"文明的活的灵魂"？正是把卡尔纳普对哲学的"挑战"和马克思关于哲学的"名言"联系起来，并且把这个"联系"诉诸对哲学史的反思，构成了我对哲学存在方式的"理论想象"：哲学是以区别于"表述"和"表达"的"表征"方式而存在的。

作为"时代精神的精华"和"文明的活的灵魂"，真正的哲学既不是"表述"时代状况和人类文明的经验事实，也不是"表达"个人对时代状况和人类文明的情感和意愿，而是以区别于"表述"和"表达"的方式而构成时代精神的"精华"和文明的活的"灵魂"。那么，区别于"表述"和"表达"，因而也区别于"科学"和"艺术"的"哲学"究竟以何种方式存在呢？哲学当然总是在"表述"或"表达"什么，但是，以"精华"和"灵魂"为己任的哲学又必须以区别于"表述"或"表达"的方式而实现自身的存在，这实在是一个难以破解的难题。现代哲学或者以"拟科学"的方

式来充当语言的"表述"职能，或者以"拟文学"的方式来充当语言的"表达"职能，并由此构成"科学主义"和"人本主义"两大思潮，在某种意义上都是难以破解这个难题的产物。

卡尔纳普由语言的两种职能而对哲学提出的挑战，双重化地封闭了现代哲学的两种选择：既不能以"拟科学"的方式去充当语言的"表述"职能，也不能以"拟文学"的方式去充当语言的"表达"职能。这从"否定"方面激发了我对哲学的特殊的存在方式的理论想象。与此同时，马克思关于真正的哲学是时代精神的"精华"和文明的活的"灵魂"的名言，又从"肯定"方面激发了我对哲学的特殊的存在方式的理论想象。正是在对哲学存在方式的"肯定"和"否定"的双重反省中，激发了我的关于"表征"的理论想象：寻求真善美的哲学，既不是单纯的关于"有没有"的存在论，也不是单纯的关于"对不对"的真理论，又不是单纯的关于"好不好"的价值论，而是以某种价值诉求出发的对存在的反思和对真理的追求，因此，"哲学"本身是存在论、真理论和价值论的"三者一致"。"三者一致"的哲学既不是"表述"的科学也不是"表达"的艺术，而是对时代精神和人类文明的"主旋律"和"普照光"的"表征"。

何谓哲学的"表征"？就是透过"表述"和"表达"所体现的"时代精神的精华"和"文明的活的灵魂"，就是透过人类把握世界的"多重变奏"所体现的人类文明的"主旋律"和"普照光"。哲学的"表征"，既是以哲学问题的历史演进体现出来的，又是以哲学派别的相互论争实现出来的。诉诸哲学史，我们会看到，古代哲学提出"万物的统一性"问题，并不是单纯地"表述"或"表达"世界本原问题，而是"表征"着对人类对自己的生活意义"最高支撑点"的寻求；近代哲学提出"意识的统一性"问题，并不是单纯地"表述"或"表达"意识本性问题，而是"表征"着人类对自由的寻求；现代哲学提出"文化的统一性"问题，并不是单纯地"表述"或"表达"文化本质问题，而是"表征"着人类精神家园的焦虑和对人类文明新形态的寻求。

哲学的"表征"的存在方式的集中体现，莫过于马克思对哲学的历史任务的概括：哲学从确立"神圣形象"到消解"神圣形象"再到消解"非神圣形象"，就是以自己的"表征"方式来体现人的历史形态的变革和文明内涵的历史性变革，并从而塑造和引导新的时代精神。应当说，在对哲学的存在方式的理解中，"表征"是难以"言传"的，但却是可以"意会"的。这是哲学的艰深之所在，也是哲学的魅力之所在。

六　人类的故事与个人的故事

哲学"表征"时代精神和人类文明，当然是在讲"人类的故事"；然而，对"人类故事"的理解和对"人类故事"的讲解，却离不开讲解者对"人类故事"的体悟和思辨。因此，"哲学"既是哲学家以个人的名义讲述人类的故事，又是哲学家以人类的名义讲述个人的故事。个人的体悟和思辨与人类的思想和文明，熔铸于哲学家的各异其是的理论想象之中。

每个时代的人类都有该时代的特定的人类历程和理论资源，由此构成该时代的哲学家的共有的人生历程和理论资源，并因而构成该时代哲学的"广泛而深刻的一致性"。然而，时代性的人类历程又总是表现为哲学家的特殊的人生历程以及哲学家对人类历程和人生历程的独特的生命体验；时代性的理论资源又总是表现为哲学家对特定的理论资源的占有以及哲学家由其所占有的理论资源所形成的特殊的理想想象。特殊的人生历程和独特的生命体验，特殊的理论资源和独特的理论想象，二者的水乳交融构成了个性化的哲学理论。因此，我在《哲学通论》中提出：哲学是以时代性的内容、民族性的形式和个体性的风格去求索人类性问题。在这个意义上，哲学就是以"我"的名义讲述"我们"的故事。

以"我"的名义讲述"我们"的故事，这个"故事"就形成于"我"的"思辨"和"体验"的"理论想象"之中。所谓"思辨"，就是辨析思想或思想辨析，也就是思想以自身为对象反过来而思之的"反思"；所谓"体验"，就是体悟经验或经验体悟，也就是经验以自身为对象反过来而悟之的"领悟"。在哲学的"理论想象"中，思辨与体验，或者说反思与领悟，不仅是不可或缺的，而且必须是融为一体的。没有体验的思辨，或没有思辨的体验，都不会产生"真实的想象"和"想象的真实"。长期以来，哲学界有一种流行的说法：西方哲学重思辨，中国哲学重体验。如果这种说法的含义仅为"重在"，或许是言之有据的；如果这种说法的含义是指"特征"，则不仅夸大了中西哲学的"差异"，而且误解了哲学的"本性"，并会因此窒息哲学的"想象"。

诉诸哲学史，我们会看到，哲学发展的基本形式是派别之间的相互批判。然而，值得深思的是，哲学的派别冲突不仅植根于现实生活，而且与哲学家对人类文明和时代精神的生命体验和理性思辨密切相关。贯穿于哲学史的唯物主义与唯心主义、辩证法与形而上学、经验主义与逻辑主义、绝对主义与相对主义等等的派别冲突，无不熔铸着哲学家的生命体验和理性思辨。哲学的唯物主义与唯心主义，深层地蕴含着哲学家对人类的自然性与超自然性的生命体验和理性思辨；哲学的辩证法和形而上学，深层地蕴含着哲学家对人类存在的过程性与确定性的生命体验和理性思辨；哲学的经验主义与逻辑主义，深层地蕴含着哲学家对人类认识的感性与理性的生命体验和理性思辨；哲学的相对主义与绝对主义，深层地蕴含着哲学家对人类文明的时代性与超时代性的生命体验和理性思辨。在现代哲学中，本质主义与存在主义、理性主义与非理性主义、科学主义与人本主义乃至"分析"与"解释"、"结构"与"解构"，更是以错综复杂的派别冲突的方式，深层地蕴含着哲学家对"现代性的酸"所构成的"意义危机"的生命体验和理性思辨。正是这种深沉的生命体验和顽强的理性思辨，激发了哲学家的独特的"理论想象"，形成了各具特色的哲学理论，从而既以人类的名义讲述了个人的故事，又以个人的名义讲述了人类的故事。

七 绝对的绝对、绝对的相对与相对的绝对

哲学家以自己的生命体验和理性思辨所讲述的"人类故事"，究竟是关于人类文明的"真知"，还是关于人类文明的"偏见"？或者说，哲学家所讲的"人类故事"，究竟是"绝对的绝对"，还是"绝对的相对"？进而言之，哲学家所讲的"人类故事"，是否既不是作为"绝对之绝对"的"真知"，也不是作为"绝对之相对"的"偏见"，而是一种可以称之为"相对之绝对"的"合法的偏见"？这是我在 1988 年所写的《从两极到中介——现代哲学的革命》一文中提出的一个"理论想象"，也是我在 2011 年所写的《哲学的形而上学历险》一文中所论述的一个"基本观念"。

在传统形而上学那里，虽然哲学家个人的生命是有限的，但他的理性却可以对人类经验及其知识作出某种统一性和终极性的解释。因此，对于传统形而上学来说，"相对"只是他人的"无知"，"绝对"则是自家的"真理"。由此所构成的关于"绝对之绝对"的哲学，就是"不知其不可而为之"的"形而上学的恐怖"。现代西方哲学在"拒斥形而上学"的旗帜下，迫使哲学从"狂妄的理性"变为"谦虚的理性"、从"无限的理性"变为"有限的

理性"。由此所构成的关于"绝对之相对"的哲学，就是"知其不可而不为之"的"形而上学的退场"。而在现代哲学的自我反省中，作为理论形态的人类自我意识，哲学已经在对人类思维的"至上性"与"非至上性"的辩证理解中，形成了某种新的"共识"：哲学既不是超时代的"绝对之绝对"，也不是纯个人的"绝对之相对"，而是人类性与时代性相融合的"相对之绝对"。由此所构成的哲学就是"知其不可而必为之"的"形而上学的追求"。由此所构成的哲学的"世界观"，就是"人生在世"和"人在途中"的"人的目光"。这种"人的目光"，既不是"绝对之绝对"，也不是"绝对之相对"，而是"相对之绝对"。以时代性的绝对性与历史性的相对性去看待哲学，哲学才能批判性地反思人类文明，理想性地对待人类文明，并以"文明的活的灵魂"的自我意识去塑造和引导新的时代精神。

辩证法理论研究

辩证法何以本质上是批判的？

——孙正聿教授辩证法本质阐释之阐释

王南湜*

尽管马克思将其辩证法的特质表示为"批判的和革命的"，但令人遗憾的是，在后人对于马克思辩证法的阐释中，却将这一特质消解、淡化或肤浅化了。在从苏联到国内的各种哲学教科书中，对于辩证法的阐释都是将之作为一种关于自然界的矛盾运动之规律的描述，至多再加上作为自然界之延伸的人类社会。人们即便是以某种方式论及辩证法的批判性、革命性，也往往是在一种外在运用的意义上说的，而无关乎辩证法之本质。这便是中国学界多年来关于辩证法的基本理解。正是在这样理解的基础上，几十年来关于辩证法的讨论便只是在关于辩证法几大规律的排列顺序上，关于矛盾的普遍性与特殊性、同一性与斗争性关系等问题上打转，而始终未能切中马克思所声言的他的辩证法之实质。但事情在 20 世纪八九十年代发生了变化，一种新的理论声音出现了，这就是对马克思辩证法之批判性的阐发。而这一新的理论声音的倡言者便正是孙正聿教授。本文对这一理论事件做一描述，并分析其深层理论意蕴。

一 辩证法批判性本质之意谓

在中国哲学界，说到对辩证法的研究，人们不会不首先想到孙正聿教授。以其发表于《中国社会科学》、《哲学研究》等刊物的直接以辩证法为

* 作者简介：王南湜（1953— ），男，南开大学哲学系教授，博士生导师。（天津 300071）

题名的十数篇分量颇重的论文（《辩证法的批判本质》《本体论批判的辩证法》《辩证法：黑格尔、马克思与后形而上学》《列宁的"三者一致"的辩证法》等），以及皇皇三部以辩证法为题名的论著（《理论思维的前提批判——论辩证法的批判本性》《马克思辩证法理论的当代反思》《马克思主义辩证法研究》），就所投入的精力之大和所获成果之丰而言，恐怕除孙正聿教授之外，人们再也不作第二人想了。但如果只是从投入的精力和学术成果的数量上来看其对辩证法研究之理论贡献，恐怕就会错失了其学术贡献中最为重要的东西。这贡献，不是别的，正是本文所欲阐述的孙正聿教授对于马克思辩证法批判性本质之揭示、阐发和弘扬。

马克思《资本论》"第二版跋"结尾处有一段名言："辩证法不崇拜任何东西，按其本质来说，它是批判的和革命的。"① 这段名言是人们耳熟能详的。但正如老黑格尔曾经说过的那样，熟知往往并非真知！事实上，从第二国际、苏联哲学教科书作者，一直到国内哲学界，对于马克思的声言，在很长时间内往往并未理解其真义，也就谈不上阐发和弘扬了。例如，在多年来作为哲学原理教科书之范本的斯大林的《辩证唯物主义和历史唯物主义》中，便把辩证法解释为："（1）同形而上学相反，辩证法不是把自然界看作彼此隔离、彼此孤立、彼此不依赖的各个对象或现象的偶然堆积，而是把它看作有联系的统一的整体，其中各个对象或现象互相有机地联系着，互相依赖着，互相制约着。"（2）"同形而上学相反，辩证法不是把自然界看作静止不动、停滞不变的状态，而是看作不断运动和变化、不断更新和发展的状态，其中始终有某种东西在产生、在发展，有某种东西在破坏、在衰颓。"② 因此，作为一种方法，辩证法就是"把自然界现象看作是永恒地运动着、变化着的现象，把自然界的发展看作是自然界中各种矛盾发展的结果，看作是自然界中对立力量互相影响的结果"③。显然，按照这一看法，说辩证法在本质上是批判的和革命的，是难以理解的。因为无论如何，说到批判性总是在某种意义上是与主体的能动性相关的，或者说，"批判是人类所特有的活动方式"，无论是"观念形态的精神批判活动"，还是"物质形态的实践批判活动"，都是一种主体性活动④，若是将辩证法理解为纯粹的自然界客观规律，

① 《马克思恩格斯全集》第23卷，人民出版社1972年版，第24页。
② 《斯大林文集》，人民出版社1985年版，第201—202页。
③ 同上书，第201页。
④ 参见孙正聿《辩证法的批判本质》，《中国社会科学》1992年第4期。

则如何可能与主体能动性相关联？但无奈的是，正是这样的解释支配了马克思主义哲学界半个多世纪之久！只是在改革开放后解放思想的大潮中，这一将辩证法全然自然化、客观化的解释才受到了理论上的挑战。

辩证法阐释上的转变肇始于对辩证法纯然客观化阐释的质疑。这一质疑首先是由高清海先生 1983 年在《论辩证法就是认识论》一文中发出的。在此文中，高清海先生对列宁《哲学笔记》中的著名论断"辩证法也就是（黑格尔和）马克思主义的认识论"作了阐发："所谓辩证法是认识论，这就是说，辩证法也是以解决认识论的基本问题即思维与存在的统一为任务的。"而"按照列宁的论断，思维与存在的关系作为哲学的基本问题，它既是认识论的根本问题，也是辩证法的根本问题。哲学基本问题不是仅仅依靠唯物论的认识论就能完全解决的。如果不懂得思维在怎样的形式中才能反映出客观世界的运动，即不掌握思维运动与存在运动的统一的规律，是不可能把思维与存在彻底统一起来的。"这是因为，"辩证法与形而上学作为两种对立的发展观点，它们的分歧不是发生在事物表现于直观的运动，主要就是发生在运用概念的逻辑去表达事物运动问题上面"①。显然，把辩证法理解为认识论，这就为破除将辩证法理解为客观规律，进而理解辩证法的批判性迈出了有意义的一步。但还只是在传统关于辩证法的僵硬而肤浅的理解上打开了一个缺口，清理出了一块场地，而正聿教授却在继续扩展这一场地的基础上，建造起了一座以辩证法批判性本质命名的宏伟理论大厦，成就了自己一生最重要的理论事业。

发表于 1985 年的《列宁关于辩证法就是认识论的基本思想及其现实意义》（与孟宪忠合撰）一文，还主要是从哲学史的角度对辩证法就是认识论这一命题做了发挥②，而在几年后的 1990 年发表的《本体论批判的辩证法》中，则从一个更为根本性的视角提出了辩证法问题："以思维和存在关系问题为对象的哲学，本质上是对理论思维的前提反思，也就是把思维与存在的统一性作为反思的对象来考察。而这种理论思维的前提即思维与存在的统一性，就是哲学本体论问题。"而"'本体'的寻求即是矛盾"，"哲学史表明，辩证法理论正是以这种具有哲学世界观意义的'矛盾'为对象，并在愈来愈

---

① 高清海：《论辩证法就是认识论》，《社会科学战线》1983 年第 2 期。

② 参见孙正聿、孟宪忠《列宁关于辩证法就是认识论的基本思想及其现实意义》，《社会科学战线》1985 年第 4 期。

深刻的层次上展现这种'矛盾'而实现自身的发展的。"① 于是，哲学便是揭示矛盾的本体论批判，也正是以矛盾为对象的辩证法。发表于1991年的《辩证法与哲学基本问题》则更为直截了当地指出："如果我们承认哲学的基本问题是思维和存在的关系问题，并且承认辩证法是关于世界观矛盾的哲学理论，就可以而且应当合乎逻辑地得出'辩证法是关于思维和存在的矛盾关系的哲学理论'的结论。这个结论表明，辩证法问题不仅仅是哲学基本问题的题中应有之义，而且正是哲学基本问题的重要内容。"② 这样一来，辩证法便不仅仅是认识论，而且上升到了认识论、本体论、辩证法的统一。而且，从哲学思想的发展看，辩证法作为"'本体论批判'就是揭示人类信念的前提和根据的内在矛盾。它蕴含着本体观念的重大变革，也蕴含着辩证法理论形态的重大转换"③。古代哲学"因而是一种自发形态的本体论批判即自发形态的辩证法理论"，而"西方近代哲学的'认识论转向'，其根源在于要求把对象化给客观世界或异化给上帝的人的本质力量和主体地位归还给人本身，其'转向'的实质在于把自发的本体论批判和非批判的本体论转向自觉的本体论批判"④。这些精辟见解意味着，从此开始，正聿教授对于辩证法的理解，上升到了一个新的高度。

但是，近代哲学作为自觉的本体论批判，"形成了两种近代意义的本体论——物质（自然）本体论和精神（理性）本体论。它们分别从对立的两极（自然或理性）去寻求人类的安身立命之本，把自然或理性作为判断、解释和评价一切事物并规范人类全部行为的根据、标准和尺度，而没有找到物质与精神、自然与理性、自然对人的本源性与人对自然的超越性对立统一的真实中介和现实基础……因此，近代哲学的本体论批判就以非批判的本体论信仰而终结，自觉形态的辩证法理论也最终陷入了非批判的形而上学"。而"马克思恩格斯以人的'感性活动'而不是人的'感性存在'为出发点，去探索人及其思维与世界的对立统一关系，揭示了根源于人类实践活动的本体论的深层矛盾。这主要是：世界的二重化即以人的实践活动为中介的自然世界与属人世界的矛盾；人类的二重性即人对自然的超越性和自然对人的本原性的矛盾；历史的二象性即人们自己创造自己的历史与历史发展的客观规律

① 孙正聿：《本体论批判的辩证法》，《哲学研究》1990年第1期。
② 孙正聿：《辩证法与哲学基本问题》，《学术交流》1991年第1期。
③ 孙正聿：《本体论批判的辩证法》，《哲学研究》1990年第1期。
④ 同上。

的矛盾；实践的二极性即人的尺度与物的尺度、合目的性与合规律性、善与真的矛盾。这些矛盾以人的历史活动为中介和现实基础，因而以扬弃的形式容涵了传统哲学本体论的种种内在矛盾，并使本体论批判转化为'合理形式'的辩证法理论。"① 这意味着，辩证法的批判本质是根基于人类实践，根基于人对世界的否定性关系之中的，正是在人类实践这种对于世界的否定性关系中，世界被二重化为了"人对自然的超越性和自然对人的本原性的矛盾"，从而人类实践活动就不可避免地是一种无穷进展过程，具有一种"历史的规定性"，这一矛盾着的"'本体'也就永远是作为中介而自我扬弃的"，于是，也就顺理成章引出了马克思关于辩证法本质的断言："辩证法在它的'合理形式'"上，就是"在对现存事物的肯定的理解中同时包含对现存事物的否定的理解，即对现存事物的必然灭亡的理解；辩证法对每一种既成的形式都是从不断的运动中，因而也是从它的暂时性方面去理解；辩证法不崇拜任何东西，按其本质来说，它是批判的和革命的。"②

如此理解辩证法在本质上是批判的、革命的命题，就从根本上超越了通常对辩证法的批判性作外在运用的理解。这种外在运用的理解，正聿教授称之为"功能"性理解。但此处的"功能"是指一种外在的偶然性附加功能，而绝非由事物的本性所决定的具有内在必然性的功能。这种外在的偶然性功能意味着人们可以随着自己的意愿运用辩证法去进行批判活动，如同在杂技表演或武打影视剧中，人们可以把本质功能是坐人的椅子用作杂技道具或武打武器一般。正是有感于这种功能性理解对于马克思辩证法之败坏，正聿教授才展开了其辩证法研究，以彰显辩证法之批判本质。

二 辩证法批判性本质之规定

对辩证法在本质上是批判的之所意谓的澄清，还只是正聿教授辩证法研究的第一步工作，而其理论上最为重要的贡献则是在初版于 1992 年，作为其理论研究奠基之作的《理论思维的前提批判——论辩证法的批判本性》③

① 孙正聿：《本体论批判的辩证法》，《哲学研究》1990 年第 1 期。
② 《马克思恩格斯全集》第 23 卷，人民出版社 1972 年版，第 24 页。
③ 关于这部著作，孙正聿教授在《理论思维的前提批判》的"再版前言"中写道："应当说，在我的哲学研究的思想历程中，《理论思维的前提批判》是一部奠基之作。"(《孙正聿哲学文集》第 6 卷，吉林人民出版社 2007 年版，第 296—297 页。)

中，对于辩证法之批判性的具体规定。此书的"基本思想"体现于同年发表的长文《辩证法的批判本质》之中。在此文中，正聿教授给自己提出的问题是："究竟如何把批判性理解为辩证法的本质？进一步说，从辩证法的批判本质出发，应该怎样理解辩证法？"① 对这一问题的回答，便是对辩证法的批判本性进行具体的规定。

正聿教授首先指出：作为哲学世界观和方法论的辩证法，是把理论思维作为批判反思的对象，是一种特殊的精神批判活动。由于"在人类把握世界的诸种方式中，在人类创建的各门科学中，哲学之外的其他方式和其他科学，它们的前提批判都不是对恩格斯所说的'理论思维的不自觉的和无条件的前提'的批判，而是把这种理论思维的前提当作批判活动的'不自觉的和无条件的前提'"，因此之故，"作为哲学世界观和方法论的辩证法，其特殊性质和特殊价值，恰恰在于它是对理论思维的前提批判。"换言之，"当着人们在各种不同的领域（常识、科学、艺术、道德等领域）提出理论思维的前提问题，并使如对这个'前提'问题予以理论解释时，就超越了特定的研究对象和研究领域，而进入了哲学层面的理论反思"②。这样一来，哲学的任务便不是求取思维和存在之间某种特定的统一性，而是要超越各种特定关系，而追问思维和存在的关系问题本身，把各类理论思维的"不自觉的和无条件的前提"作为自己的批判对象。

由于辩证法直接表现为一种突破形式逻辑之排斥内容的内涵逻辑，因而对于理论思维的前提批判，便首先是对于形式逻辑的前提批判。形式逻辑对两类前提不作讨论，一类是对于推理过程中作为已知判断的前提，另一类是对形式逻辑本身何以能够成立的前提。辩证法作为前提批判，便是要对这两类前提予以批判，首先是对形式逻辑自身何以成立的前提批判。由于同一律是形式逻辑的根本规律，因而辩证法对形式逻辑的前提批判，便集中地表现为对同一律的批判。这里主要是通过黑格尔、恩格斯和列宁对形式逻辑同一律的批判来看辩证法是如何对形式逻辑未加讨论的前提展开批判的。从黑格尔辩证法的立场来看，批判并非是要绝对地否定形式逻辑思维规律，而是要揭示出形式逻辑的局限性之所在，用黑格尔的话来说，就是同一律只是一种知性思维的规律，它否认矛盾的存在，因而不能把握真正的实在，从而需要

---

① 孙正聿：《辩证法的批判本质》，《中国社会科学》1992 年第 4 期。
② 同上。

超越并上升到思辨理性的高度。通过引证恩格斯、列宁的批判，则指明了批判的更深刻的层面是从构成思维之基础的实践的立场的批判。恩格斯指出，"人的思维的最本质和最切近的基础，正是人所引起的自然界的变化，而不单独是自然界本身；人的智力是按照人如何学会改变自然界而发展的。"① 这是要求从实践方式的改变来看思维前提的改变。列宁则进而将"逻辑的格"归结为实践活动的内化："人的事件经过千百万次的重复，它在人的意识中以逻辑的格固定下来。这些格正是（而且只是）由于千百万次的重复才有着先入之见的巩固性和公理的性质。"② 正聿教授由此得出了如下结论："在人类的历史发展中，'逻辑的格'既是人的历史活动的'前提'，又是人的历史活动的'结果'，并在生物学和社会学的双重意义上获得了发展着的历史形态……辩证法在对形式逻辑的前提批判中，既揭示了形式逻辑不予追问的、作为已知判断的推理前提的内在矛盾，又揭示了形式逻辑不予追问的、自身何以成立的内在矛盾，从理论思维的'内容'和'形式'两个方面反思'理论思维的不自觉的前提'，因而使辩证法成为一种具有批判本质的世界观理论。"③

对形式逻辑自身得以成立的前提的批判，通过黑格尔、恩格斯、列宁的论述，已经深刻地揭示出了形式逻辑作为思维规律的局限性，特别是揭示出了形式逻辑之生活实践血脉，从而也展示出了辩证法前提批判之得以进行的独特方式。但这还只是前提批判的一个序幕。真正富有特色的批判则是对形式逻辑之不予讨论的作为推理之已知前提的批判。由于形式逻辑之已知判断的推理的"前提"可从内容上分为常识前提、科学前提和哲学前提三大类，因而辩证法对理论思维的前提批判也就相应地分为三大类，亦即对常识的前提批判、对科学的前提批判和对哲学的前提批判。

正聿教授指出，"常识作为理论思维的前提，是人类世世代代长期经验的产物，构成人的最基本的概念框架和最基本的思维方式"。但作者也指出，"常识是人类生存的一种重要手段"④。从这一点来看，也可以说人类的生活常识是对于动物本能的超越。在漫长的早期历史中，人类之所以能够超越于动物，成为大地上独特的物种，正是由于人类拥有了动物所不具有的能够借

---

① 《马克思恩格斯全集》第 20 卷，人民出版社 1971 年版，第 573—574 页。
② 《列宁全集》第 38 卷，人民出版社 1959 年版，第 233 页。
③ 孙正聿：《辩证法的批判本质》，《中国社会科学》1992 年第 4 期。
④ 孙正聿：《理论思维的前提批判》，中国人民大学出版社 2010 年版，第 50 页。

助于语言传递下去的常识，而动物却只能世世代代地依赖于本能而生存。常识从而构成了人与世界之间的最为直接的经验性关联。更为重要的是，古代形而上学亦即古代辩证法便是建立在对常识的前提批判的基础之上的。对常识的前提批判，无疑是对常识的超越，但同时又是建立在常识的基础之上的，且往往只是对于常识中某些观念的推广或普遍化。如亚里士多德的地心说便是建立在人们每日看见太阳东升西落的生活常识之上的，但同时又是对这一常识之超越，即将整个宇宙构想为一个以地球为中心的同心圆体系。整个古代形而上学体系就是建立在这一批判改造了或扩展了的常识的基础之上的。因此之故，古代形而上学在总体上是与人们的生活世界相关并相容的。

科学也是对常识的超越。科学批判有两个层次，一个是经验常识批判，另一个是科学自我批判。但近代科学对常识的批判或超越全然不同于古代形而上学的超越方式。近代科学超越了常识，其超越的方式是构想了一个抽象的宇宙体系，这一体系往往与人们的常识是不相容的，是反常识的。如作为近代科学之起点的哥白尼日心说体系，便与人类每日看到的太阳东升西落常识经验不相容。更有甚者，近代科学将世界作抽象化理解，物质在其中只被视为广延，而失去了丰富多彩的感性的质，即事物的本质被看作可用数学描写的单纯的广延，而那些色香气味统统被看作是主观的东西。只有前者是第一性的质，而后者则是非本质的第二性的质。在常识眼里，世界是一个有生命的有机整体，而在近代科学眼中，世界则成了一个可比拟于钟表那样的纯粹机械体系。不仅如此，在笛卡尔看来，动物也是一架机器，拉美特利则认为人同样是一架机器。当伽利略说宇宙这部大书是用数学的语言写成的时候，他便全然改变了古人对宇宙的观念，也将科学与人们的生活常识对立了起来。

科学的自我批判则是以既有的科学理论为批判对象，揭示其与经验事实的矛盾或是揭示其内部的逻辑矛盾，内部逻辑矛盾又可分为某一理论内部的逻辑矛盾和并存的各种理论之间的矛盾。这种批判既可以是部分修订性的，即通过批判修订部分理论，也可能是革命性的，即对既有理论范式的彻底批判而实现科学范式的转换。如从托勒密地心说向哥白尼日心说的转变，从牛顿物理学向爱因斯坦相对论物理学的转变。但就科学理论范式的转换而言，辩证法对科学的前提批判，却并不仅仅限于此。仅仅通过揭示科学理论内部的矛盾的批判，或者揭示经验反证，往往并不能导致科学革命。这种批判，可能通过部分修订而消除之。或者更有可能，在科学史上，许多情况下，一种理论已经面临诸多反证，但由于没有更好的理论取代，因而能够持续存在。这里更为重要的是对于科学理论所蕴含的理论思维方式的批判，只有通过这种批判，才有可能促成科学理论范式的转变。科学史上一个著名的例子便是马赫对牛顿力学绝对时空观的批判对于爱因斯坦相对论产生的影响。爱因斯坦自己便说过，"马赫的《力学史》对我产生过深刻影响。从他不可摧毁的怀疑主义和独立思考精神中，我看到他的伟大。"① 当然，后来的爱因斯坦对于马赫的实证主义认识论并不认同，但无论如何，马赫对牛顿力学绝对时空观的批判，为爱因斯坦相对论时空观的构建清理出了一个可能的场地。但马赫对牛顿力学时空观的批判，已不仅仅是科学理论内部的批判，而是已经上升到了哲学的层面。

　　然而，辩证法对于科学思维的前提批判，不仅仅是为了促成科学范式的转换，而是要在更深刻的层次上理解科学，正确把握科学在人类生活中的地位。在这方面，胡塞尔对近代科学之遗忘生活世界的批判，亦为一突出例证。在他看来，"生活世界是原始明见性的一个领域"，而科学作为一种客体化，"是方法论的事情，并且是奠基于前科学的经验被给予性之中的"②。这就是说，科学所理解的自然，并非直接直观的世界，而是对这一原始基础的观念化，是其"观念的构造物"，但近代哲学却误解了科学的这一实质，将这一"观念的构造物"视为唯一真实的自然。于是，"自伽利略起，观念化的自然就开始偷偷地替代前科学的直观的自然了"，"即一种方法论上的观念化功能暗中替代了那种直接的作为在一切观念化那里被当作前提的现实性而被给予的东西"③。正是通过这种批判，辩证法显示出了哲学对于科学理性之有限性的超越。

　　但哲学既是对科学的超越，同时更是自我超越，这就是哲学对自身的前提批判。这一"对哲学的前提批判，或者说自我的前提批判，是辩证法对理论思维的最深层次的前提批判，也是辩证法的批判本质的最深层次的根据"。而"辩证法的哲学前提批判具有双重内涵：一是揭露哲学前提的内在矛盾，否定既有的哲学'统一性原理'；二是在更高的层次上展现理论思维的内在矛盾，形成表达新时代精神的哲学'统一性原理'。在这种批判活动中，哲

---

① 转引自费耶阿本德《马赫的研究理论及其与爱因斯坦的关系》，《哲学译丛》1984 年第 5 期。

② 胡塞尔：《生活世界现象学》，上海译文出版社 2002 年版，第 256、265 页。

③ 同上书，第 238、239 页。

学的'统一性原理'既是被否定的对象，又是被重建的对象，因而是否定与重建的辩证统一。"① 正是通过辩证法的这种自我批判，哲学才呈现出了其历史进展。

行文至此，不能不提及的是，传统教科书体系由于对辩证法未能从批判性角度去理解其本质，因而尽管将对立统一或矛盾规律视为辩证法之核心，但却对矛盾做了纯粹客观规律的理解，因而事实上并未真正把握黑格尔、马克思对于辩证法的规定，这特别体现在无法真正理解黑格尔、马克思独特的辩证叙述方式：在概念的相互对待、相互对立中推进概念的进展。这种阐释方式正是马克思《资本论》和黑格尔《逻辑学》"本质论"部分之根本特征。如在《资本论》中，从劳动的二重性出发，对商品二重性、货币二重性，以及剩余价值等一系列概念的阐述②。但这种阐释方式在教科书体系中却由于无法理解而被完全放弃了。而正聿教授的许多著作中，却有意识地采用了这种叙述方式。例如，对于价值论，一般教科书多从价值一般定义开始，进到个人价值、社会价值，再到人体价值与社会价值关系的论述。而在正聿教授关于价值问题的构想中，却基于"任何一个社会的价值体系中，都存在着相互矛盾的两个基本方面，这就是社会的价值理想、价值规范和价值导向与个人的价值目标、价值取向和价值认同之间的矛盾"③，而径直从个人价值与社会价值的矛盾性关系的不同方面展开论述。显然，这样一种叙述方式是能够更深入地揭示出价值问题的矛盾性本质的。

我们看到，正是通过对辩证法之对形式逻辑之形式成立前提和内涵前提两方面批判的考察，正聿教授构建了一个辩证法批判的整体性的理论框架。这样一个理论框架在先前至少是未能整体地出现的，而通过正聿教授的理论工作，则现实地出现了。这不能不说是辩证法研究，更一般地说，是当今中国哲学研究中的一个极富创新性的理论贡献。

在正聿教授关于辩证法的理论思维前提批判理论中，更富特色的是从常识的前提批判，到科学的前提批判，再到哲学自身的前提批判之层递式的跃迁。在这一系列过程之中，常识是对于本能的超越，科学是对于常识的超越，而哲学又既是对于科学的超越，同时也是对于自身的超越。这样一个超

① 孙正聿：《辩证法的批判本质》，《中国社会科学》1992 年第 4 期。

② 可参见苏联学者阿凡纳西耶夫在《马克思的伟大发现——劳动二重性学说的方法论作用》（李元亨译，山东人民出版社 1992 年版）一书中的有关论述。

③ 孙正聿：《哲学通论》，吉林人民出版社、人民出版社 2010 年版，第 330 页。

越或批判的系列之间，虽未明言，但似乎还是暗含着一种从常识到科学再到哲学的等级排列。这样一种等级性的观念，似乎是归属于现代性的认识的。但在近年来，随着后现代思潮的兴起，正聿教授也对之予以了关注，并在某种意义上深化了自己的理论观点。发表于 2008 年的《辩证法：黑格尔、马克思与后形而上学》一文，可视作对此问题的正面回应。在文中，"后形而上学"被理解为"通常是指反对以寻求'最高原因的基本原理'为目标的传统形而上学的当代哲学思潮"①。而"在这种'后形而上学'的视域中，辩证法所接受的'挑战'是双重的。这就是关于'思想'的和'历史'的逻辑问题。后形而上学对辩证法的挑战，首先是对'思想'的真理—规律—客观性的逻辑的挑战。这个挑战不仅是指向黑格尔的，同样是指向马克思的。后形而上学对辩证法的挑战，同时又是对'历史'的真理—规律—客观性的逻辑的挑战。这个挑战同样不仅是指向黑格尔的，更是指向马克思的"②。

为了回应后形而上学对马克思辩证法的形而上学指责，正聿教授在一种本质性的意义上对马克思与黑格尔的辩证法作了区分。在他看来，"究竟是现实的活动构成规律，还是先在的规律支配活动，这是马克思的辩证法与黑格尔的辩证法的根本分歧。与形而上学'合流'的黑格尔的辩证法，从实质上说，就在于把'规律'变成某种'逻辑先在'的神秘力量，并把历史演绎为逻辑的自我实现。'终结'形而上学的马克思的辩证法，从实质上说，就在于从人的历史活动出发，不仅'揭露人在神圣形象中的自我异化'，并且'揭露人在非神圣形象中的自我异化'，即揭露人在'资本'中的自我异化，把人的历史活动与历史规律统一起来。因此，回应'后形而上学'对辩证法的挑战，关键是从人的历史活动去理解历史规律。"③ "从人的历史活动去理解历史规律"，这就指明了马克思是在何种意义上对黑格尔辩证法实行了"颠倒"的。这种"颠倒"绝不是人们通常所理解的那样，是用物质实体取代了绝对精神实体，而是有限的人类创造活动取代了绝对精神即上帝的绝对或无限的创造活动。这也就是马克思所说的他的唯物主义是从地上去说明天国，而不是唯心主义地从天上降到地上。由此亦可理解，"'后形而上学'的真实意

① 孙正聿：《辩证法：黑格尔、马克思与后形而上学》，《中国社会科学》2008 年第 3 期。
② 同上。
③ 同上。

义，在于它以当代人类社会生活的矛盾冲突为基础，揭示了人在各种'非神圣形象'中的'自我异化'，特别是人在社会'模式化'中的'自我异化'，从而为辩证法'对现存的一切进行无情的批判'展现了新的'视域'。"① 这样一来，辩证法便不是黑格尔所理解的那种绝对方法，便不是古留加所说的预知自身结局的绝对精神的世界漫游，而是并非知道自己结局的浮士德式的世界历险过程。于是乎，真正的"辩证法的批判，是对'现实'与'理想'的双重批判。非批判地看待形而上学所承诺的'理想'和'追求'，就会导致'理性主义的放荡'、'本质主义的肆虐'和'形而上学的恐怖'；非批判地放弃形而上学对'规律'、'真理'和'客观性'的承诺与追求，则会导致'没有标准的选择的、生命中不能承受之轻的、存在主义的焦虑'。现代社会不是人类文明史的断裂，'后形而上学'也不可能是人类思想史的断裂。辩证法要求我们在'现代性的困境'中'保持必要的张力'并'达到微妙的平衡'。"② 这样一种辩证法姿态，显然绝不可能再是黑格尔式的绝对精神之无限性进程，而只可能是马克思人类实践的有限性历程及其内在程式。而这样一种有限的人类实践的辩证法，便能够经受得住后形而上学的解构。

三 辩证法批判性本质之追问

通过绍述马克思关于辩证法之批判本质，并进而以批判性为核心概念而建立起一个关于辩证法甚至一般哲学意义上的理论体系，这无疑是正聿教授的一个宏大的创新。但讨论至此，人们可能还会留有疑问：为何不是别的，而是批判性能够成为辩证法之本质或核心概念？

一说到"批判"，除过马克思明确将辩证法的本质规定为批判性，且将自己的主要著作直接以"批判"命名［在开始写作《1857—1858 年经济学手稿》时，马克思拟以"政治经济学批判"为标题出版其理论巨著，且其中的第一分册便是以《政治经济学批判》（第一分册）为名出版的，后来《资本论》的副标题也是"政治经济学批判"］之外，在哲学史上人们能够想到的自然就是康德哲学了。其主要著作《纯粹理性批判》《实践理性批判》《判断力批判》，亦均以"批判"命名。现在，正聿教授又以批判性作为其辩证法理论

---

① 孙正聿：《辩证法：黑格尔、马克思与后形而上学》，《中国社会科学》2008 年第 3 期。
② 同上。

体系的核心观念，那么，人们自然会要追问，马克思的批判与康德的批判之间是什么样的关联？进而，正聿教授的辩证法本质之为批判性的解读又同马克思与康德是何种关联？当然，由于黑格尔作为辩证法史上的集大成者以及处于康德与马克思之间的特殊地位，在讨论辩证法问题上的这种关联时，我们是不可能撇开与黑格尔关于辩证法理解的关联的。

因此，我们必须从黑格尔对康德辩证法的批判性阐释开始。康德辩证法主要集中在其《纯粹理性批判》的"先验辩证论"部分对于理论理性之超验使用所可能导致的诸种谬误，特别是宇宙论中纯粹理性二律背反的分析。对于康德此处的辩证法，黑格尔一方面给予很高的评价，同时又给予了严厉批判："按照旧形而上学的观点看来，如果知识陷于矛盾，乃是一种偶然的错差，基于推论和说理方面的主观错误。但照康德的说法，当思维要去认识无限时，思维自身的本性便有陷于矛盾（二律背反）的趋势……就康德理性矛盾说在破除知性形而上学的僵硬独断，指引到思维的辩证运动的方向而论，必须看成是哲学知识上一个很重要的推进。但同时也须注意，就是康德在这里仅停滞在物自体不可知性的消极结果里，而没有更进一步达到对于理性矛盾有真正积极的意义的知识。理性矛盾的真正积极的意义，在于认识一切现实之物都包含有相反的规定于自身。因此认识甚或把握一个对象，正在于意识到这个对象作为相反的规定之具体的统一。而旧形而上学，我们已经看到，在考察对象以求得形而上学知识时，总是抽象地去应用一些片面的知性范畴，而排斥其反面。康德却与此相反，他尽力去证明，用这种抽象的方法所得来的结论，总是可以另外提出一些和它正相反对但具有同样的必然性的说法，去加以否定。"而"康德这种思想认为知性的范畴所引起的理性世界的矛盾，乃是本质的，并且是必然的，这必须认为是近代哲学界一个最重要的和最深刻的一种进步。但康德的见解是如此的深远，而他的解答又是如此的琐碎；他只出于对世界事物的一种温情主义。他似乎认为世界的本质是不应具有矛盾的污点的，只好把矛盾归于思维着的理性，或心灵的本质。"①显然，在黑格尔看来，在辩证法思想上，康德的根本问题在于墨守"将思想与事物自身截然分开"这一近代特有的主观思想的观念，从而对理性矛盾做了消极的理解。这就是说，康德的辩证法只是一种消极的辩证法。为了超越康德的辩证法观念，就必须超越康德的主观思想模式。在黑格尔看来，"就

---

① 黑格尔：《小逻辑》，贺麟译，商务印书馆 1982 年版，第 131—133 页。

内容来说，只有思维深入于事物的实质，方能算得真思想；就形式来说，思维不是主体的私有的特殊状态或行动，而是摆脱了一切特殊性、任何特质、情况等等抽象的自我意识，并且只是让普遍的东西在活动，在这种活动里，思维只是和一切个体相同一。"这便是黑格尔所说的"客观的思想"，即"理性是在世界中，我们所了解的意思是说，理性是世界的灵魂，理性居住在世界中，理性构成世界的内在的、固有的、深邃的本性，或者说，理性是世界的共性。"①

于是，对康德辩证法的这种辩证否定，意味着康德的消极意义上的主观辩证法被提升为积极意义上的绝对辩证法。表现于黑格尔的辩证法体系中，康德的辩证法便被放置于从知性到消极理性再到积极理性逻辑进程中的消极理性环节，亦即放置在从"存在论"到"本质论"再到"概念论"逻辑进程的本质论阶段。或者说，在"肯定—否定—否定之否定"的"三步舞"中，康德辩证法处于否定的环节。因此，黑格尔对康德的批判，也便是站在否定之否定的积极理性的立场对处在否定性环节的消极理性立场的批判。站在这一立场上，黑格尔就可以得出如下结论："可以指出的，就是不仅可以在那四个特别从宇宙论中提出来的对象里发现矛盾，而且可以在一切种类的对象中，在一切的表象、概念和理念中发现矛盾。认识矛盾并且认识对象的这种矛盾特性就是哲学思考的本质。这种矛盾的性质构成我们后来将要指明的逻辑思维的辩证的环节（das dialektische Moment）。"② 但是，黑格尔将矛盾视为理性的本质规定，并非是要停留在此，而是要超越这种消极理性的否定性环节，达到积极理性的肯定性环节。黑格尔《逻辑学》的"本质论"是从揭示理性的矛盾开始的："在存在里，一切都是直接的，反之，在本质里，一切都是相对的"，也就是说，"本质主要的包含有差别的规定"，"差别自在地就是本质的差别……本质的差别即是'对立'。"③ 但通过一系列对立面的矛盾运动，最终达到了"相互作用"，而"相互作用"虽然不等于概念，但却"正站在概念的门口"，而"概念就是存在与本质的真理"，"概念是自由的原则，是独立存在着的实体性力量。概念又是一个全体，这全体中每一环节都是构成概念的一个整体，而且被设定和概念有不可分离的统一

① 黑格尔：《小逻辑》，贺麟译，商务印书馆1982年版，第78—80页。
② 同上书，第132页。
③ 同上书，第240、250、254页。

性。""换言之，正是概念把前此一切思维范畴都曾加以扬弃并包含在自身之内了。概念无疑是形式，但必须认为是无限的有创造性的形式，它包含一切充实的内容在自身内，并同时又不为内容所限制或束缚。"① 概念的最高阶段为绝对理念。在绝对理念中，辩证法最终达到了对于近代哲学所意识到了的思维与存在的对立的克服②。"绝对理念由于在自身内没有过渡，也没有前提，一般地说，由于没有不是流通的和透明的规定性，因此它本身就是概念的纯形式，这纯形式直观它的内容，作为它自己本身"③，这种克服便是一种绝对的克服。这意味着，在绝对理念的本质论中所揭示的那些矛盾对立，都被绝对的和解或和谐所取代。而且，"当理念把自身建立为纯概念及其实在的绝对统一，从而使自身凝聚为有的直接性时，理念便作为这种形式的总体——自然"④。显而易见，说理念"使自身凝聚为有的直接性"即自然，正是唯心主义或神学的理念或上帝创世说的一种委婉说法。这一点也是黑格尔自己所公开宣称的："概念的观点一般讲来就是绝对唯心论的观点。"⑤ 显然，黑格尔的绝对唯心论与康德自己所认定的与"质料唯心论"相对的"形式唯心论"或"先验唯心论"之间是存在着根本性的不同的⑥。

那么，马克思又是如何看待黑格尔的绝对唯心论的呢？在《1844 年经济学哲学手稿》中，马克思就已对这种绝对唯心论进行了批判。马克思写道："黑格尔从实体的异化出发（在逻辑上就是从无限的东西、抽象的普遍的东西出发），从绝对的和不变的抽象出发，就是说，说得更通俗些，他从宗教和神学出发。"⑦ 而这当中的要点又在于黑格尔对人的本质的唯心主义理解："人的本质，人，在黑格尔看来是和自我意识等同的。因此，人的本质的一切异化都不过是自我意识的异化。"⑧ 黑格尔的一段话可作为这一断言的注解："这种自为的我，乃是意识中最后的、简单的、纯粹的东西。我们可

---

① 参见黑格尔《小逻辑》，贺麟译，商务印书馆 1982 年版，第 321、324、327—328 页。

② 参见黑格尔《哲学史讲演录》第 4 卷，贺麟、王太庆译，商务印书馆 1978 年版，第 7 页。

③ 黑格尔：《小逻辑》，贺麟译，商务印书馆 1982 年版，第 422 页。

④ 黑格尔《逻辑学》下卷，杨一之译，商务印书馆 1976 年版，第 552—553 页。

⑤ 黑格尔：《小逻辑》，贺麟译，商务印书馆 1982 年版，第 327 页。

⑥ 康德将自己的先验唯心论也称之为形式的唯心论或批判的唯心论，以与笛卡尔、贝克莱的质料的或怀疑的唯心论相对立（参见康德《未来形而上学导论》，《康德著作全集》第 4 卷，李秋零译，中国人民大学出版社 2005 年版，第 381 页）。

⑦ 《马克思恩格斯全集》第 42 卷，人民出版社 1979 年版，第 158 页。

⑧ 同上书，第 165 页。

以说：我与思维是同样的东西，或更确定地说，我是作为能思者的思维……我是一个抽掉了一切个别事物的普遍者，但同时一切事物又潜伏于其中。所以我不是单纯抽象的普遍性，而是包含一切的普遍性。"① 与之相对立，马克思要求"撇开黑格尔的抽象而用人的自我意识代替自我意识"，也就是说，用"现实的人"来取代黑格尔的自我意识："当现实的、有形体的、站在稳固的地球上呼吸着一切自然力的人通过自己的外化把自己现实的、对象性的本质力量设定为异己的对象时，这种设定并不是主体；它是对象性的本质力量的主体性，因而这些本质力量的活动也必须是对象性的活动。对象性的存在物客观地活动着，而只要它的本质规定中不包含对象性的东西，它就不能客观地活动。它所以能创造或设定对象，只是因为它本身是被对象所设定的，因为它本来就是自然界。因此，并不是它在设定这一行动中从自己的'纯粹的活动'转而创造对象，而是它的对象性的产物仅仅证实了它的对象性活动，证实了它的活动是对象性的、自然存在物的活动。"既然"人作为自然的、肉体的、感性的、对象性的存在物，和动植物一样，是受动的、受制约的和受限制的存在物，也就是说，他的欲望的对象是作为不依赖于他的对象而存在于他之外的"②，那么，人的本质就并非如黑格尔所说的是普遍性的自我意识，而只能是一种不完满的有限的存在物。正因为人是有限的存在物，"自然界，无论是客观的还是主观的，都不是直接地同人的存在物相适应的"，因而才是必须通过人的劳动去否定其直接存在形态的。这种人与自然之间的否定性关系，正是人的全部否定性活动的基础，自然也是一切批判活动的基础。如果从本质上取消了人的有限性，则人的否定性和批判性也就无处存身了。而且，也正因为人是有限的存在物，自我意识亦不过是人的自我意识，思想也不过是人的思想，因而作为对象性存在物的人的思想，也就必然是一种对象性的思想，从而在某种意义上也就是主观的。而如果将思想的本质视为客观思想，也就消除了人作为对象性存在物这一根本属性，从而"知道自己是绝对自我意识的主体，就是神，绝对精神，就是知道自己并且实现自己的观念。现实的人和现实的自然界不过成为这个隐秘的、非现实的人和这个非现实的自然界的宾词、象征。因此，主词和宾词之间的关系被绝对地相互颠倒了：这就是神秘的主体—客体，或笼罩在客体上的主体性，作

---

① 黑格尔：《小逻辑》，贺麟译，商务印书馆 1982 年版，第 81—82 页。
② 《马克思恩格斯全集》第 42 卷，人民出版社 1979 年版，第 167 页。

为过程的绝对主体，作为使自己外化并且从这种外化返回到自身的、但同时
又使外化回到自身的主体，以及作为这一过程的主体；这就是在自身内部的
纯粹的、不停息的旋转。"① 正是针对这一点，马克思才尖锐指出："黑格尔
的虚假的实证主义即他那只是徒有其表的批判主义的根源就在于此。"②

在后来的《德意志意识形态》中，马克思更是强调必须从"需要吃喝
住穿以及其他一些东西"，从而必须"生产物质生活本身"的"现实的个
人"出发，并进一步与黑格尔学派的思辨哲学划清了界限："德国哲学从天
国降到人间；和它完全相反，这里我们是从人间升到天国……不是意识决定
生活，而是生活决定意识。前一种考察方法从意识出发，把意识看作是有生
命的个人。后一种符合现实生活的考察方法则从现实的、有生命的个人本身
出发，把意识仅仅看作是他们的意识。"③ 在《资本论》中，马克思则直接
将自己的辩证法与黑格尔的辩证法对立起来："我的辩证方法，从根本上来
说，不仅和黑格尔的辩证方法不同，而且和它截然相反。在黑格尔看来，思
维过程，即他称为观念而甚至把它变成独立主体的思维过程，是现实事物的
创造主，而现实事物只是思维过程的外部表现。我的看法则相反，观念的东
西不外是移入人的头脑并在人的头脑中改造过的物质的东西而已。"④ 显然，
在马克思看来，针对黑格尔将思维过程视为独立主体，将思维或观念同外部
物质的东西明确地区分开来，对于理解他的辩证法是十分关键的。关于观念
与现实事物的区别，关于辩证法的主体性或观念性，在《1857—1858 年经济
学手稿》中有过更为清楚的说明："黑格尔陷入幻觉，把实在理解为自我综
合、自我深化和自我运动的思维的结果，其实，从抽象上升到具体的方法，
只是思维用来掌握具体并把它当作一个精神上的具体再现出来的方式。但绝
不是具体本身的产生过程……具体总体作为思想总体、作为思想具体，事实
上是思维的、理解的产物；但是，绝不是处于直观和表象之外或凌驾于其上
而思维着的、自我产生着的概念的产物，而是把直观和表象加工成概念这一
过程的产物。整体，当它在头脑中作为思想整体而出现时，是思维着的头脑
的产物，这个头脑用它所专有的方式掌握世界，而这种方式是不同于对世界
的艺术的、宗教的、实践精神的掌握的。实在主体仍然是在头脑之外保持着

---

① 《马克思恩格斯全集》第 42 卷，人民出版社 1979 年版，第 176 页。
② 同上书，第 171 页。
③ 《马克思恩格斯选集》第一卷，人民出版社 1995 年版，第 79、73 页。
④ 《马克思恩格斯全集》第 23 卷，人民出版社 1972 年版，第 24 页。

它的独立性；只要这个头脑还仅仅是思辨地、理论地活动着。因此，就是在理论方法上，主体，即社会，也必须始终作为前提浮现在表象面前。"① 显然，马克思多处强调他的辩证法中思想或观念与物质的东西或实在主体的相对性，绝不仅仅是要表达一种唯物主义立场，而是在更为根本的意义上揭示这种辩证法的有限主体性立场，从而也就是真正的批判性的立场。因此，当马克思针对黑格尔辩证法说"必须把它倒过来，以便发现神秘外壳中的合理内核"时②，这种颠倒绝非将绝对精神置换为绝对物质，而只能是指用有限的人的自我意识或思维取代作为"现实事物创造主"的绝对精神或神灵。

显然，辩证法的批判性的根据在于思维所揭示出的内在矛盾。如果这内在矛盾被以某种方式消除了，那么，辩证法的批判性也就无从着落了。马克思对黑格尔"徒有其表的批判主义"的指斥，正缘于黑格尔的作为主体的绝对理念预设了矛盾在终极意义上的非真实性。如果在绝对理念中达到了"没有不是流通的和透明的规定性"的终极和谐状态，而这种状态又是绝对精神的自我展开，那么，其原始状态必定也只能是"没有不是流通的和透明的规定性"的终极和谐状态，因而，其中间的否定性的异化状态便只能是非真实的东西。既然如此，基于这种非真实的异化的批判，便只能是一种"徒有其表的批判主义"，而非真正的批判性。当然，承认人的有限性也不必然会导致批判性的确立。因为如果像传统教科书那样，将辩证法理解为一种自然界所固有的矛盾状态，而认为思维辩证法只是这种自然界客观规律的反映，同样也会使得批判性无从立足。因为按照这种观念，自然界的矛盾既然是客观存在的，人的矛盾观念只能是对这种矛盾的如实反映，那么，在这种情形中，批判性如何进行呢？因此，辩证法的批判性必定首先只能存在于作为对象性存在物的有限主体的观念之中。这就是说，辩证法必定首先只能是对思维所揭示出来的观念自身的内在张力或矛盾的表达，而辩证法的批判性只能首先是观念内部的批判。但人既然是对象性存在物，则人的观念或意识必定只能是意识到了的存在，而人的有限性既然意味着能动与受动的矛盾并存，因而，观念内部的张力也便必定是对于人与其对象之间张力的表达。进而，既然作为对象性存在物的人的对象性活动本身构成了人的世界或社会世界的

---

① 《马克思恩格斯全集》第46卷上册，人民出版社1979年版，第38—39页。
② 《马克思恩格斯全集》第23卷，人民出版社1972年版，第24页。

历史性存在，而"只要有人存在，自然史和人类史就彼此相互制约"①，则人的对象性活动也就构成了现实的世界，从而思维所揭示的观念内部的张力也就是对人类现实世界内在矛盾或张力的表达。而马克思在《资本论》中正是通过对资本主义运行方式的分析，揭示出了其内在矛盾，特别是利润率下降的趋势，从而证明了资本主义不过是一种历史性的存在，而绝非具有某种永恒性的自然存在，资产阶级意识形态所标称的资本主义的自然性，只不过是一种"先验幻相"而已。而《资本论》原初的名称和后来的副标题所标示的"政治经济学批判"，意味着马克思辩证法的批判性，并非是由某种高悬的终极理想对于资本主义的道德控诉，亦非直接对于资本主义的政治经济批判，而是通过揭示资产阶级政治经济学内在矛盾即通过政治经济学批判而实现对于资本主义批判的。因此，辩证法的批判首先是一种理论思维活动，一种揭示矛盾或"幻相"的理论思维方式。这与康德对于批判的理解是一致的。

如果马克思和康德意义上的辩证法的批判性都首先意味着基于人的有限性、历史性而通过揭示观念的内在矛盾而对于现实世界矛盾的揭示的话，那么，正聿教授关于辩证法的批判性本质，从我们前面的考察来看，也正是在这个意义上说的。关于批判，正聿教授写道："批判是人类所特有的活动方式，主要包括观念形态的精神批判活动和物质形态的实践批判活动。作为哲学世界观和方法论的辩证法，它既是'一种建立在通晓思维的历史和成就的基础上的理论思维'，又是把理论思维作为批判反思的对象，因而是一种特殊的精神批判活动。"② 这种批判活动，对于马克思的资本主义批判而言，正聿教授认为，"从实质上说，就在于从人的历史活动出发，不仅'揭露人在神圣形象中的自我异化'，并且'揭露人在非神圣形象中的自我异化'，即揭露人在'资本'中的自我异化"，这也就是说，马克思的批判即在于揭露资本主义的矛盾性、历史性。而关于批判的根基，正聿教授亦指出，不同于"从实质上说，就在于把'规律'变成某种'逻辑先在'的神秘力量，并把历史演绎为逻辑的自我实现"的黑格尔的辩证法，"马克思的以'劳动'为根基的'现实生活'的存在论，为'否定'的辩证法注入了'存在'的真实内容……与黑格尔不同，马克思的'否定'的辩证法是奠基于人对世界的

---

① 《马克思恩格斯选集》第一卷，人民出版社 1995 年版，第 66 页。
② 孙正聿：《辩证法的批判本质》，《中国社会科学》1992 年第 4 期。

否定性的统一关系——人自身的实践活动。马克思以人类的物质生活资料的生产——劳动——作为出发点，以'劳动'的内在矛盾构成'存在'的辩证法。"① 就此而言，正聿教授之将批判性作为辩证法的本质，正是对于康德、马克思关于辩证法批判性之思想的弘扬。

当然，康德哲学具有一种抽象的非历史性特征，这是马克思所不能赞同的，马克思的资本主义批判正是通过揭示出资本主义生产方式的历史性而体现出来的。在这方面，马克思可以说继承了黑格尔哲学中的历史性观念，但将"被看成神灵的过程"的历史，改造为了人的现实的因而有限的生产方式的历史。如果我们将康德的辩证法称为揭示理性超验使用所导致的"幻相的逻辑"，或更广泛意义上的"先验逻辑"，黑格尔的辩证法为展示绝对理念之真理性的"思辨逻辑"的话，那么，马克思的辩证法可以说是一种对于康德"先验逻辑"的"历史化"，或者说，是"历史化"的"先验逻辑"，同时，也是对黑格尔"思辨逻辑"的"有限化"，或者说是"有限化"的"思辨逻辑"。因此，若就主张主体的"有限性"而批判主体的绝对性而言，可以说马克思是与康德一起反对黑格尔的；但若就人类存在的"历史性"而言，可以说马克思是与黑格尔一起反对康德的。因此，从总体上，我们可以说马克思是处在康德与黑格尔之间的。但是，如果我们将批判性视为辩证法之本质，那么，尽管可以说在总体上马克思是处在康德与黑格尔之间的，但更应该说是处在更靠近康德一边的。就此而言，正聿教授既然既强调马克思辩证法的人类实践根基，亦强调马克思辩证法的历史性特征，那么，正聿教授也就会一方面与马克思、康德一起反对黑格尔的绝对主体，另一方面又与马克思、黑格尔一起反对康德的非历史性，并且也就会处在与马克思同样的位置，即处在康德与黑格尔之间，但更靠近康德的位置上。

四　开放性的结语：保持必要的"视差之见"

本文将正聿教授对于辩证法批判性本质的理论阐释，解读为对康德、马克思辩证法批判性观念之弘扬，并认为这一理论处在康德和黑格尔之间且更靠近康德的位置上，这一论点多半不能为正聿教授所认同。在私下的讨论中，正聿教授似乎也曾经表述过在康德与黑格尔之间，更为接近黑格尔。显

---

① 孙正聿：《辩证法：黑格尔、马克思与后形而上学》，《中国社会科学》2008 年第 3 期。

然，正聿教授在对康德和黑格尔哲学关系中所处的理论位置问题上，笔者和他本人的看法是有差别的。如何看待这一看法上的差别？人们通常情况下会用或错或对这样的非此即彼的眼光去评价。但将这种非辩证的看待方式用于我们这里所讨论的辩证法主题，似乎颇为悖谬。而如果我们要辩证地看待这一差别，或许可借助于柄谷行人引入哲学，并由齐泽克大加发挥的"视差之见"的范畴。柄谷行人在对马克思《资本论》的解读中，提出了"事前"和"事后"双重视角的观念。"事前"和"事后"的双重视角，亦可视为阿伦特所说的"行动者"和"旁观者"的双重视角。若按此说法，则正聿教授对于自身理论立场的定位，可视为作为"理论行动"或"理论实践"之承担人从"行动者"视角出发所进行的自我描述；而我对正聿教授所做的理论定位，则可视为是从"旁观者"视角所做的对象性描述。视角不同，所得结论自然会有"视差"。而且，照柄谷行人之说，正是通过这种双重视角所造成的"视差之见"，才能揭示出事物之矛盾存在。康德的"二律背反"也正是双重视角的"视差之见"。齐泽克在其新著《视差之见》中亦说："视差分裂提供了使我们能够识别辩证法的颠覆性内核的关键。"① 的确，柄谷行人所说的双重视角能使我们更为深刻地理解康德的二律背反和马克思对于资本主义内在矛盾的揭示和批判。齐泽克对此评论道："柄谷行人在令人难忘的著作《跨越性批判》中，致力于张扬如此'视差之见'的批判潜能。他声称，在面对严格的康德意义上的二律背反的姿态时，我们应该放弃把一个方面化约为另一个方面，甚至对相互对立的两方进行'辩证的综合'的努力。与此相反，我们应该坚持认为，二律背反是不可化约的；我们不应该把激进批判点设想为与某个位置相对的另一个确定的位置，而应把它设想为不同位置之间的不可化约的分裂，设想为不同位置之间的纯粹结构性裂缝。因此，康德的姿态是'既不从自己的视点，也不从别人的视点审视事物，而是直面通过差异（视差）暴露出来的现实'。"② 不仅如此，"柄谷行人……把这样的视差解读应用到了马克思身上，应用到了他本人对马克思的解读上——他把马克思解读成了一个康德派。"③ （但齐泽克在某种意义上把黑格尔也解读成了一个康德派，却似乎是走得太远了④）。柄谷行人的这种解读，

---

① 齐泽克：《视差之见》，季广茂译，浙江大学出版社 2014 年版，第 3—4 页。

② 同上书，第 31 页。

③ 同上书，第 85 页。

④ 参见齐泽克《视差之见》，季广茂译，浙江大学出版社 2014 年版，第 44—60 页。

时下无疑是较难为人们所接受的。但可能会使人们感到意外的是，马克思本人的一些说法却似乎能够印证在其理论中双重视角的存在①。因而，由双重视角所导致的"视差之见"也可以说正是辩证法所揭示的观念内在矛盾的根由。

倘若上述说法成立，则关于正聿教授辩证法理论在康德与黑格尔之间位置的不同定位的"视差之见"，便也可以说正是在某种意义上显示出了关于辩证法批判性问题内在的矛盾性。既然如此，这种"视差之见"就不仅是属于辩证法理解上的题中应有之义，而且对于深化对辩证法的理解亦有积极的作用。因而，对此"视差之见"，我们便不应当以非此即彼的非辩证眼光去看待，必欲找出谁对谁错，将视差消除之而后快，而应当视之为具有积极意义的认识存在状态，从而对这种必要状态予以保持。当然，这种保持并不意味着静止状态的冰藏，而是意味着交互批判性的对话，并通过批判性对话推进"视差之见"的进展。而这一点，我以为正聿教授大概是能够认同的。

---

① 可参见王南湜《剩余价值、全球化与资本主义——基于改进卢森堡"资本积累论"的视角》，《中国社会科学》2012 年第 12 期。

哲学前提的反思与马克思主义
辩证法的当代理解视野

——并论孙正聿先生对马克思主义哲学研究的贡献

刘怀玉　王巍*

摘要： 马克思主义辩证法的当代形态究竟是什么？这一列宁哲学问题已历百年。答案在于对哲学前提的反思。经典马克思主义辩证法走过了一个超越德国古典辩证法反思传统走向对哲学现实前提反思追问重构的过程，最终形成了作为对现代性历史前提进行反思的社会批判理论的辩证法。孙正聿先生对辩证法的探索则经过一个先是回到德国古典哲学反思传统，然后再回到马克思《资本论》哲学经典形态的过程，最终使马克思辩证法研究从哲学史的"复本"回到当下生活的"原本"。

关键词： 马克思主义辩证法；经典形态；当代形态；孙正聿

整整一百年前（1915年），列宁在第一次世界大战的隆隆炮声中，写下了以《黑格尔〈逻辑学〉一书摘要》和《谈谈辩证法》为核心、并因此而著称于世的"伯尔尼笔记"。自此伊始，辩证法便成为20世纪马克思主义哲学的重心，由此也引发了关于"马克思主义辩证法的当代形态究竟是什么"的世纪之争。这场由第一次世界大战引起的百年思想大战一直没有停息，故也一直没有定论。孙正聿先生就是几十年来持之以恒地探索这个世纪难题中的一位哲人，并取得了一系列的理论成果。今撰小文纪念。本文拟从以下几

----

* 作者简介：刘怀玉（1965—　），男，南京大学哲学系教授；王巍（1986—　），男，南京大学哲学系博士研究生。（江苏　南京　210023）

个方面展开讨论：（1）经典马克思主义辩证法的三次探讨，（2）20 世纪马克思主义辩证法多元化探索争论及其困境，并由此视野来看（3）孙正聿先生辩证法研究的独特贡献。

一　经典马克思主义辩证法的三次探索及争论

在马克思的哲学视域中，历史辩证法与历史唯物主义是其思想体系中最为核心的两块基石。可以说，如何理解辩证法问题是理解马克思哲学思想问题的关键所在。在其严格意义上，马克思的辩证法思想并不能被宽泛地归结为人类思想史上的唯物主义辩证法传统之发扬光大，而是源自于德国古典哲学的观念论辩证法，即强调人作为社会历史认识主体的能动性、自由性、超越性和思想至上性的辩证法。所以，总体上说，马克思视野中的辩证法是革命的、批判的，"辩证法不崇拜任何东西，按其本质来说，它是批判的和革命的"①。作为思想领域中的思想活动，马克思的辩证法是一个不断地反思哲学自身思想前提的历史认识过程，主要是批判、怀疑和否定旧哲学的思想前提，不断地追问其思想前提或来源是什么，从而达到对旧哲学思想前提的重构并生成新的思想前提。马克思辩证法对哲学思想前提的反思具体表现在以下两个方面：一是主要针对德国古典哲学中黑格尔唯心主义（观念论）前提的反思和改造，二是马克思不断地对自己哲学思想前提的反思和改造。也就是平常所说的那样一个"在批判旧世界中发现新世界"的双重性的反思过程。

马克思对辩证法问题的探索与思考，主要经历了以下三个重要的异质性理论阶段，即人本唯物主义辩证法；物质生产实践的历史辩证法；批判资本逻辑统治的狭义的现代性批判辩证法，即历史认识论的辩证法。在这其中，每一步的理论深入都是对前一阶段思想前提的反思和突破。

马克思在创作《1844 年经济学哲学手稿》时期，他的辩证法是以人的主体性为前提的人本唯物主义辩证法，这是马克思对辩证法的第一个探索阶段。其主要任务与内容是对以黑格尔为代表的德国观念论的哲学思想前提的反思和批判。黑格尔辩证法的根本错误就是把思想本身当成思想的前提，而忘记了"现实"——特别是"现实的人"及其"现实活动"本身才是产生

①《马克思恩格斯选集》第二卷，人民出版社 1995 年版，第 112 页。

思想的前提。黑格尔是把世界的万事万物看成是绝对精神的外化和对象化。反过来说，作为外化或对象化而存在的现实现象本身，在黑格尔的反思哲学中，反倒是作为绝对精神的环节或局部而呈现为暂时的自我本质丧失和异化，即对象化是绝对精神的物化和沉沦。青年马克思所说的现实正是黑格尔所反讽的观念的异化，而黑格尔所说的观念主体本身倒是马克思所批判的现实的人的本质存在的异化："黑格尔从异化出发（在逻辑上就是从无限的东西、抽象的普遍的东西出发），从实体出发，从绝对的和不变的抽象出发，就是说，说得更通俗些，他从宗教和神学出发。"① 所以说，黑格尔哲学是颠倒的，青年马克思对黑格尔辩证法的改造就是把被黑格尔唯心主义所颠倒的"原本与副本"或"主词与宾词"关系重新颠倒过来。青年马克思对黑格尔辩证法的唯物主义颠倒主要分为以下两个步骤：

第一，马克思在费尔巴哈人本唯物主义的启发下，把黑格尔所神秘化的、从而抽象化发展起来的观念主体转换成感性的、现实的、实践的人的主体性。在马克思眼里，黑格尔把感性的东西变成一种抽象的精神东西，这是名副其实的异化和颠倒："在黑格尔那里是这样表现的：感性、宗教、国家权力等等是精神的本质，因为只有精神才是人的真正的本质，而精神的真正的形式则是思维着的精神，逻辑的、思辨的精神。"② 马克思把哲学本体理解为感性的人和人化自然，并不是把黑格尔的绝对精神还原为近代唯物主义意义上的那种客观（机械）自然，而是还原成费尔巴哈式的人的感性生命和自然。马克思哲学所关注的"存在"，被现象化地理解成"感性自然"的存在物。正如马克思所说："人是肉体的、有自然力的、有生命的、现实的、感性的、对象性的存在物，这就等于说，人有现实的、感性的对象作为自己本质的即自己生命表现的对象；或者说，人只有凭借现实的、感性的对象才能表现自己的生命。"③ 在马克思看来，人的感性对象化存在是对人自我的肯定，即作为"自己本质的即生命表现的对象"，也就是说，人只有在对象化中才能"表现自己的生命"。黑格尔把对象化看成是绝对精神丧失自身的结果，而马克思则认为对象化恰恰是人的生命的体现和人的生命的确证。在1845 年之后马克思的广义历史唯物主义语境中，黑格尔的绝对精神则被马克

① 《马克思恩格斯文集》第一卷，人民出版社 2009 年版，第 200 页。

② 同上书，第 204 页。

③ 同上书，第 209—210 页。

思改造和还原为能动的、对象化、改造现实的物质生产实践活动。

第二，当时马克思也含蓄地指出了费尔巴哈由于"过分崇拜自然"而简单地抛弃黑格尔辩证法合理内核的理论缺陷，从而肯定了黑格尔"作为推动与创造事物原则"的"否定性辩证法"的伟大意义。马克思把人的自我异化、人的自我丧失看成是人走向解放的必经的历史阶段和环节，并且对黑格尔的否定辩证法原则和历史性原则加以人本唯物主义的改造。这就使得马克思可以批判性地继承了黑格尔唯心主义辩证法中的能动性和历史性内涵。这种历史性与能动性正是黑格尔基于唯心主义的立场所特别强调的、人在创造历史中的主体能动性。当然，必须强调，虽然在《手稿》中，马克思看到了人类历史是通过人的物质劳动创造的过程，但当时他的辩证法终极归宿或无意识的叙述逻辑前设仍然是"人的本质的复归"，即照例是一个自我封闭的目的论体系，仍然是循环论证，具有很强的泛逻辑主义的思辨色彩。这是因为，马克思此时还没有研究真正意义上的现实的历史的活动、现实社会关系中的人，而是把人的本质看成是所有人共同具有的类本质，因而没有找到真正意义上的哲学现实前提。

1845 年之后，马克思实现了实践观和人学观上的革命，走向了广义历史唯物主义的创立，这是马克思辩证法探索的第二个阶段。该阶段的辩证法是以物质生产实践为理论地平线的社会历史生产的辩证法，这一基于社会历史生产逻辑的辩证法虽然是客体向度的，但不同于苏联教科书所谓的客观物质世界所固有的、缺乏主体性的（即"无人的"客观规律世界）的辩证法。此时，马克思所说的辩证法是以人的实践活动为根基，历史的规律性是建立在人的活动的基础之上。因此，这种历史辩证法既体现主体的活动，又表现为客观的规律，是主观与客观的统一，是广义历史唯物主义与历史辩证法的统一，是基于生产实践活动视野之中的反思性的客观历史辩证法。在该阶段，马克思首先在《德意志意识形态》第一章第一节的结束和第二节的开头批评了德国古典哲学都忘记了哲学和现实的关系，用思辨的神秘主义观点将哲学与现实的所有关系掩盖起来了，从而遮蔽了现实世界，忘记了哲学的现实基础和现实的前提，"这些哲学家没有一个想到要提出关于德国哲学和德国现实之间的联系问题，关于他们所作的批判和他们自身的物质环境之间的联系问题"①。

---

① 《马克思恩格斯文集》第一卷，人民出版社 2009 年版，第 516 页。

其次，马克思从现实的历史唯物主义出发，清算了自己以前的，即人本唯物主义辩证法的隐性唯心史观。在马克思看来，人的解放不是一个抽象的理想，而是应该具有其历史的、现实的前提。这个现实前提就是工业、交往的历史，"人们所达到的生产力的总和决定着社会状况，因而，始终必须把'人类的历史'同工业和交换的历史联系起来研究和探讨"①。马克思认为，只有通过政治经济学的研究，才能把握住"人类的历史"的前提，即历史的四重活动。第一个历史活动是"生产满足这些需要的资料，即物质生活本身"②，第二个历史活动是"已经得到满足的第一个需要本身、满足需要的活动和已经获得的为满足需要而用的工具又引起新的需要"③，第三个历史活动是"每日都在重新生产自己生命的人们开始生产另外一些人，即繁殖"④，第四个历史活动是人们之间一开始就有的"社会关系"，即"许多个人的共同活动"。正是这种"不断采取新的形式"的社会联系表现为"历史"⑤。通过把握历史发生的现实基础，我们才能知道德国古典哲学之所以陷入唯心主义，或者说其思考的前提实际上是现实的社会关系，是"德意志的意识形态产物"。黑格尔的问题是把现实的人的活动变成了神秘的精神活动。对黑格尔的颠倒不是颠倒为同样无限的客观物质世界，而是颠倒为人的现实主体的生产实践活动过程。也就是把无限的绝对精神逻辑变成现实的、有限的、人的能动活动及其关系形式。如果说黑格尔是通过绝对观念来创造万物与历史，马克思则是通过对工业实践的政治经济学研究发现，现代历史转变为世界历史是由工业和世界交往引起的，这一世界历史不是局部的，而是普遍的；不是观念的世界历史，而是现实的、活生生的物质过程。正是通过对国民经济学和人的劳动过程的研究，马克思把黑格尔以绝对精神所统摄的历史改造成了一部人类劳动创造人类生活的历史。

随着政治经济学研究的不断深入，马克思进一步深刻地发现，对德国古典哲学的改造，既不能把它还原成感性的人的现实活动，也不能把它简单地还原成一部人类生产发展的广义历史，而必须把它限定在它所赖以产生的现代资本主义社会存在决定的前提下。换言之，只有对资本主义历史颠倒性客

① 《马克思恩格斯文集》第一卷，人民出版社 2009 年版，第 533 页。
② 同上书，第 531 页。
③ 同上。
④ 同上书，第 532 页。
⑤ 同上。

观社会存在这个特殊的哲学前提和历史本质加以批判，才能解释古典唯心主义的秘密：思辨的颠倒的唯心主义逻辑，其现实前提是资本主义社会主客体颠倒的物化统治。所以，马克思在《资本论》及其手稿中开始了对德国古典唯心主义辩证法进行第三次改造和重建，创立了历史认识论的辩证法，这是马克思辩证法的第三个理论形态。

马克思一方面批判地揭示了资本主义作为巨大的"似自然"颠倒性的伪客观世界而存在的这个认识论前提，指出了古典政治经济学的理论前提是抽象的、非历史的、孤立的原子状态的个人。与此同时，他还批判了古典经济学把资本主义社会视为纯粹自然的、理性的、永恒的自然状态的意识形态神话。其历史真相是，并非客观自然物，而是抽象物成为现实统治力量，人的主体性被人的创造物所奴役；所谓的"自然状态"，其实是主客体颠倒这一认识论前提所决定的抽象个体认识主体对其周围世界的无意识神秘直观。另一方面，马克思也对自己的广义历史唯物主义、辩证法的前提作了进一步的思考。因为，"广义历史唯物主义确实存在有违于马克思实际上已经在《政治经济学批判大纲》（1857—1858 年经济学手稿）中确立的严格的历史批判精神，因而没能完全摆脱超历史的形而上学幽灵的问题……马克思先是用社会静力学的方式对人类社会的结构层次做了决定论意义上的说明，又从社会动力学角度指出了两重社会基本矛盾所推动的人类社会发展过程及其形态。这无疑是在实证科学层面指认人类社会有一个普遍适用的过程与规律，实际上也就成了对生产方式、社会结构等马克思自己的核心概念的非历史、非批判的扩张和运用。第二，马克思因为当时对东方历史还不够了解，使用了'亚细亚生产方式'一词，这难免不落入欧洲中心论的历史哲学狭隘性之窠臼。"① 历史辩证法的认识论核心思想认为，任何一种社会生产方式与存在都是有限的，都是必然灭亡的，任何一个社会结构和生产方式与以往的历史都不是一个简单连续性的、统一历史过程的一个阶段性表现。它往往是和以往的东西以及未来的东西具有结构性差异和断裂。构成历史发展本质的，不是每个历史时代连续的一般性和共同点，而恰恰是"区别于这个一般和共同点"的"差异"②。据此，德里达后来进一步引申说："并不存在一种单一的

---

① 刘怀玉、章慕荣：《论历史唯物主义的两种"历史"概念与意蕴》，《南京社会科学》2013年第 11 期。

② 《马克思恩格斯文集》第八卷，人民出版社 2009 年版，第 9 页。

历史，一种广义的历史，而只有在记载它们的形式、律式与模式上各种不同的历史——相间隔的、有区分的历史。"① 这种断裂性和差异性体现在资本逻辑的突起上。资本主义社会的特殊性就在于其是一个以掩盖自己历史起源、将自己作为自己起源的自我膨胀、自我繁殖的过程，历史成了一个没有主体的抽象物支配人的主客颠倒的必然性过程。这个过程如果不采取一种历史的、辩证的想象是无法把握的，只有指出资本主义是独特的、暂时的历史形态，而不是以往社会的自然延续，才能洞穿资本主义社会的暂时性、独特性，才能在根基上批判资本主义。

马克思在《资本论》中使用黑格尔《逻辑学》式的"从抽象到具体"的叙述方式，从某种意义上说，这正是他所能找到的在理论上再现资本主义生产逻辑发生、发展过程的最好方法。在马克思看来，资本主义的生产不是为了眼前的、直接的物质生活需要，而是为了追逐剩余价值，是一种抽象的价值驱动和支配下的现实的生产与再生产。现代社会的特点是人第一次通过自身的劳动生产摆脱自然的时间和空间控制，而形成了一种可以自我生产的现代性能力。人第一次创造了不再是在自然界的空间，而是人在自己实践世界或生产关系空间中的一种特殊的社会存在。这种社会存在体现为一种不平等的结构。这就是福柯所讲的"关于现在的历史"②，即结构化的历史："在一切社会形式中都有一种一定的生产支配着其他一切生产的地位和影响，因而它的关系也支配着其他一切关系的地位和影响。这是一种普照的光，一切其他色彩都隐没其中，它使它们的特点变了样。这是一种特殊的以太，它决定着它里面显露出来的一切存在的比重。"③ 这种资本主义社会结构化的历史，作为一个现实的本质的物，仿佛是自动生成和统治世界的，它和黑格尔所说的绝对观念生成万物的逻辑是"同构的"，或者说具有"家族相似性"。也就是说，要想洞悉这个由抽象物所构成的资本逻辑世界的真相，任何感性的唯物主义反映论都是无济于事的，而是需要同样的抽象思维和反思思维才能把握。资本主义社会追求剩余价值现实的历史活动过程与黑格尔绝对观念自我外化、自我扬弃的过程恰是高度一致的，正像绝对观念是遮蔽了历史起

---

① 〔法〕雅克·德里达《多重立场》，余碧平译，生活·读书·新知三联书店 2004 年版，第 65 页。

② 〔法〕米歇尔·福柯：《规训与惩罚：监狱的诞生》，刘北成等译，生活·读书·新知三联书店 1999 年版，第 33 页。

③ 《马克思恩格斯文集》第八卷，人民出版社 2009 年版，第 31 页。

源、社会起源和意识起源的形而上学怪影一样，资本主义也总是想尽一切办法遮蔽自己作为以往历史结果的前提，将资本生产的前提当成永恒的自我运动。在马克思那里，从抽象到具体当然不是观念生成万物并在万物中认识自身、实现自身的唯心主义的神秘过程，也不只是科学再现事物的研究方法，更是揭示资本主义特殊的、必然的历史特征的科学方法。所以在这里马克思把对黑格尔的绝对观念论的形而上学批判和对资本主义拜物教、资本主义主客体颠倒，资本逻辑的批判放在一起。正是在这个意义上，马克思把辩证法、认识论、逻辑学三者统一起来了。

有一种很流行的说法认为，资本主义社会在其现实性上是主客体颠倒的，马克思通过革命的办法，把物对人的统治的现实变成人对物的解放。这就是革命的实践的辩证法。实际上，马克思的辩证法并非如此简单明了，而是需要一个中介的，这个中介可以说是对现代性的社会结构的历史前提的反思或辩证的历史认识论，即反思性地意识到认识主体与现实社会历史存在之间的根本区别。只有通过这个反思，马克思对黑格尔辩证法的改造才算真正完成。也就是说，马克思辩证法历史观要想与黑格尔辩证法实现真正的决裂，是不可能仅仅用一种同样的形而上学的超越历史的人的实践活动辩证法，或借助于一种普遍的、客观的生产实践为基础的历史辩证法，就可以实现的。马克思此前的这两种辩证法探索的尝试，固然要比那种把绝对精神主体置换为物质世界本体论的简单的唯物主义辩证法颠倒深刻得多，但仍然无法从根本上克服黑格尔辩证法的非历史的泛逻辑主义思维定式。真正意义上的马克思主义辩证法，肯定是有限的社会历史生产本体论以及同样的有限的社会历史认识论和作为再现与把握这种独立现实的批判性思维逻辑三者之间的异质性矛盾与统一。换言之，人类社会不存在一般的、永恒的社会生产，还原论意义上的历史是不存在的，只有用历史的、批判的方法才能重构历史认识论意义上的历史。再次借用福柯的话来说：马克思所关心的并不是"从现在的角度来写一部关于过去的历史"，而关心的是"关于现在的历史"①。这就意味着马克思辩证法经典形态的最高成就一定是狭义的历史唯物主义，批判反思现实前提与现象的抽象本质的社会历史认识论，以及作为对现实批判之反思性表现的哲学范畴本身的历史性批判的资本逻辑批判。马克思并不

---

① ［法］米歇尔·福柯：《规训与惩罚：监狱的诞生》，刘北成等译，生活·读书·新知三联书店 1999 年版，第 33 页

是在不可知性意义上指认本体论缺失，也不是在逻各斯意义上指认本体论的合法性，而是通过从抽象到具体的认识论，于既在场又不在场的（"偶在性"或"情境性"）意义上指认本体论的客观存在与历史辩证法矛盾发展的特征。

要理解马克思的作为历史认识辩证法的狭义历史唯物主义，我们就得时刻牢记他谆谆教诲的那一段至理名言："在研究经济范畴的发展时，正如在研究任何历史科学、社会科学时一样，应当时刻把握住：无论在现实中或在头脑中，主体——这里是现代资产阶级社会——都是既定的；因而范畴表现这个一定社会即这个主体的存在形式、存在规定、常常只是个别的侧面；因此，这个一定社会在科学上也决不是在把它当做这样一个社会来谈论的时候才开始存在的。"① 也就是说，"实在主体仍然是在头脑之外保持着它的独立性；只要这个头脑还仅仅是思辨地、理论地活动着。在理论方法上，主体，即社会，也必须始终作为前提浮现在表象面前"②。这就说明，马克思的历史辩证法认识论与黑格尔辩证法的根本区别，就在于并不是在无限的反思视野中把握现实，或把现实看作是观念思想主体的综合创造物，而是始终反思性地意识到：认识主体一方面无可选择地被内置于现有的社会存在之中，因而是有限的历史现实的主体，另一方面又与现实社会历史存在始终保持根本区别，因而具有批判性和否定性关系；反思性地意识到作为抽象地把握与再现资本主义现实世界的哲学逻辑范畴本身，并不是自足的、永恒的、存在的先验认识前提，而是被现实的资本主义社会生产实践这个客观前提所决定的思维形式。(1) 现实的资本主义社会存在这个颠倒着的客观的前提（并非现成在场的伪本体论），(2) 把资本主义这个主客体、现象与本质颠倒着的现实加以重新颠倒与本质再现的历史认识论（并非现成在场的辩证历史主体想象），(3) 对掩盖着资本主义现实的形而上学逻辑范畴本身的现实前提的反思与批判（把意识形态批判转变为现代性社会批判）。它们共同构成了马克思经典的历史辩证法认识论或狭义历史唯物主义的三重异质性、矛盾性与总体性的视野。这三种视野并不是一种先验的统一性、共存性关系，而是相互揭露着对方的虚假性、片面性，同时又相互依赖着的、不断生成着的、移动着的、矛盾着的历史结构。并不现成在场的哲学本体论承诺，为批判的再现

① 《马克思恩格斯文集》第八卷，人民出版社 2009 年版，第 30—31 页。
② 同上书，第 25—26 页。

与重建本体论的历史认识论提供了必要性与可能性。马克思主义认识论就是将现实理解为并不现成在场而是充满了矛盾的历史过程，是从特定历史主体角度有层次地、有界限地再现某个暂时性在场的过程。

二 20 世纪马克思主义辩证法的多元化发展及当代挑战

马克思逝世之后，他的辩证法思想变成了一份充满着歧义而沉重的遗产。作为其直接继承者，第二国际的理论家们普遍对马克思主义哲学问题持消极厌倦态度（普列汉诺夫是个例外，但也并不真正懂得辩证法）。以伯恩斯坦为首的右翼理论家们甚至认为马克思没有哲学而只有政治经济学，这都导致了第二国际马克思主义者在辩证法问题上的集体失语与短视。列宁第一个意识到马克思辩证法的重要性，而且第一个极其深刻地发现，马克思辩证法的最高成就或最后形态是《资本论》的辩证法。并且说：不懂得黑格尔的逻辑学就读不懂《资本论》；同样，不懂《资本论》的辩证法，也无法理解黑格尔的辩证法。这样列宁便深刻地指出了马克思主义的辩证法、历史唯物主义与其政治经济学批判之间的内在关联性。列宁指出，辩证法既是世界的本体论，又是历史认识论，也是主观的语言思维逻辑。这就为后人理解马克思主义哲学当代形态奠定了极为重要的基础，指明了极为关键的思路和方向。但由于时间和精力原因，列宁并没有对其进行深入的思考，他也没有来得及对十月革命折射出来的辩证法问题进行完整的理论阐述。所以，列宁的三统一思想仍然没有摆脱近代唯物主义本体论、反映论和近代整个认识论的枷锁，没有说清楚这个"三统一"到底是统一于什么？至少从其自觉层面上，列宁仍然固守着恩格斯所说的自然界固有的客观本体论或辩证法。列宁虽然看到了辩证法与认识论的高度统一，却没有揭示认识论与社会历史批判的内在关系，这就直接导致了后来的苏联教科书体系将认识论当作从本体论辩证法过渡到历史观的最后一个环节。现在看来，那种把认识论置于历史观之前、之外的辩证唯物主义体系，显然是"前马克思主义"的。

西方马克思主义者的思路和方向是从德国古典哲学传统开始的，所以就走向了与苏联马克思主义不同的道路。他们倚重人的主体性，强调对资本主义拜物教批判辩证法维度，但是或多或少、或自觉或不自觉，程度不同地回避、忽略乃至于最终取消了马克思主义辩证法的社会历史前提和社会历史基础，缺少对社会历史现实前提的反思，而置马克思主义辩证法于越来越缺少现实社会历史特征与内涵的抽象主体基础之上，使马克思辩证法向着前马克思主义的人学辩证法退化。

作为西方马克思主义的开山者，卢卡奇突破了第二国际反对辩证法的实证主义思维方式，克服了长期存在于其中的理论与实践相脱节的现象，通过理论与实践相统一的方式重新恢复辩证法在马克思主义哲学中的"王位"，发展了马克思主义辩证法的主体性、反思性、能动性、超越性以及总体性与历史性原则。从 20 世纪二三十年代开始，弗洛姆、马尔库塞、萨特、列斐伏尔、赖希、哥德曼、梅洛－庞蒂，"东欧的马克思主义"（如科拉柯夫斯基、沙夫、科西克、赫勒等）乃至南斯拉夫的"实践派"，相继用新人本主义（如弗洛伊德主义、现象学与存在主义）重建马克思主义哲学本体论，他们更为关注个体的生存状况，希望现实的个人以心理、道德、文化批判方式从资本主义总体异化中解放出来，实现自由和尊严，而把社会客观现实看成应当加以否定和摧毁的绝望的消极的压迫力量。这实际上把社会生产的历史客观性基础等同于资本主义条件下占主导地位的物化统治现象，从而以一种异化批判的主体辩证法逻辑取代生产方式理论的核心地位。这实际上就是将马克思的广义历史唯物义悬置了，忽视了社会历史客观发展的矛盾本身的革命性，西方马克思主义辩证法最终陷入了唯心主义的沼泽，落入了乌托邦的迷宫，走向了审美和救赎的绝望式反抗误区。

而以阿尔都塞为代表的结构主义学派则反对人本主义辩证法思潮，相应地也就回避了辩证法的主体性维度。他主要把广义历史唯物主义改造成为一种社会关系、社会结构的多元决定论，从而将历史决定论变成了结构决定论，历史也就成了"无主体的过程"。用无主体的、无历史的结构取消了人的主体地位，成了另一种悲观主义。阿尔都塞的结构主义辩证法是作为对人学辩证法的反动，对马克思历史原则和主体原则的否定而出场的。这里的关键问题是，取消了马克思主义哲学的主体性和历史性，强调马克思主义历史性和人本主义的根本断裂，这还有辩证法吗？答案是有的，他继承了德国古典哲学和法国反实证主义的理性主义的认识逻辑，这是辩证法的一个内在特征。其优点是批判了实证主义，批判了人本主义马克思的抽象主义的主体性，但是这并不意味着完全取消主体，而是以一种隐蔽的方式思考了主体问题。他把主体看成是构成的，而不是先验自明的。结构主义马克思主义的深刻性在于，表面上是取消历史性，实际上是深化了对马克思的历史概念的理解，深化了马克思认识论的辩证法的思想。阿尔都塞既是用隐蔽方式对根深蒂固的苏联教科书的物质本体论进行釜底抽薪式的瓦解，更是对更为强大的、一脉相承的资产阶级人道主义意识形态与政治哲学基础——基督教神学论、逻各斯中心论，即"在场的"形而上学主体论的颠覆。阿尔都塞是想通过斩断马克思与黑格尔的思想联系，决意以"矫枉过正"的方式，使马克思主义辩证法与黑格尔辩证法的历史逻辑关系或者重叠而暧昧的关系发生一次断裂，以此来再现马克思主义辩证法真正的变革性面目。这也在一定意义上算是对马克思一生都没有完成的"对从前哲学信仰的清算"或者对哲学理论的非哲学前提反思的继续，然而这项工作仍然没有完成，却有可能引向歧途。他的那些"后马克思主义"的继承们之所作所为便是明证。

在今天，马克思主义辩证法面临的最严重挑战是对自身思想历史合法性的解构与怀疑。其表现之一就是对包括马克思主义辩证法在内的思想史的整体性、合法性的瓦解之后而形成的实证主义与历史虚无主义的迷局。换言之，马克思主义思想史的研究实际上遭遇到了被"非历史化地解构"的挑战。我们这里应当关注的不是从明确政治立场角度批评与动摇马克思主义在西方思想史上的合法性的那些或隐蔽或公开的"新自由主义式"做法，诸如哈耶克或者阿伦特这些人的公开批判态度。他们要么认为从柏拉图到黑格尔、马克思的辩证法史内在地有一条走向现代极权主义思想史的逻辑，要么认为从近代开始到马克思许多思想大师均曲解了西方古典的社会政治思想史传统，比如阿伦特就认为，马克思由于颠覆与曲解了亚里士多德的实践哲学，而突出了劳动大众在社会中的作用，从而要为20世纪人类社会的某些极权现象负责。

我们需要关注的是那些从一般意义上质疑宏观思想史逻辑合法性与可能性的后现代主义。后现代主义思想史学方法论旨在去除包括马克思主义在内的所有现代性思想的神圣合法性，以至于我们不得不在动态灵活的意义上坚守马克思主义言说的合法界限与领域阵地，而不至于为了瓦解某种过去错误的思想史理解逻辑，而陷入对整体思想史"万劫不复"式的怀疑与否定的虚无主义情绪中。

诚然，后现代主义激进思想在某种意义上正是辩证法批判精神的延续与"回光返照"：辩证法所具有的怀疑精神、批判精神、否定精神正是后现代思潮"否定一切"、"重估一切"、"颠覆一切"的思想温床。但二者的根本区别不容混淆：辩证法始终认为事物有本质与现象的区别、有主体与客体的差别，坚信可以把握和认识世界本质并通过实践获得人的自由解放；而后现代激进思想则一味强调本质对人的压迫性，声称要摧毁对事物本质的信仰和服从，进入一个差异的多元世界以宣布人类的自由解放。而实际上，多元价值差异视角下的平面化世界是一个失去了批判能力与否定能力的世界，没有了实践的根基和阶级的支撑，无论多么激进的话语都会很快畸变为花哨的、时髦的学术商品而被资本的逻辑所消解与收编。后现代主义最终也没能逃脱与资本主义现实同谋的命运。不过吊诡的是，激进话语往往又在自觉不自觉、显性或隐性地继承并吸收马克思批判否定资本主义社会同一性统治的辩证话语，从而积聚形成自己的批判能量。在相对主义、虚无主义的"理论肥料"中，我们仍然可以提炼出辩证法的真谛。在西方（即后现代），辩证法的多样化发展以脱离历史唯物主义基本原则和政治经济学批判语境为代价，从而以各种微弱和坚守的方式存在于文化研究、社会理论研究以及社会抗议活动之中，使辩证法呈现出弱势的姿态。在此过程中，辩证法经历了从主客体辩证法到人学辩证法，到结构辩证法，再到空间辩证法的多重转向，既有绝对一元论实践形态的辩证法追求，也有多元理论形态的辩证法探索与建构，由此导致了 20 世纪马克思主义辩证法在东西方世界、在理论与实践之间的分裂与分化式的繁荣发展。面对辩证法的多元化发展与实际上分裂的格局，面对后现代主义与新自由主义不谋而合的对辩证法总体性逻辑的挑战，辩证法的当代形态重建仍然是一桩"道在途中"的未竟之业。

三 孙正聿先生对马克思主义辩证法的贡献

有感于经典马克思主义辩证法失落的命运，针对苏联教科书体系的理论弊端，面对后现代主义、新自由主义等各种当代思潮对辩证法的挑战，孙正聿先生几十年来走过了一个通过重新恢复马克思哲学的德国古典哲学来源，对经典马克思主义辩证法进行重新思考、重新表述和重新建设的艰辛探索过程。这是孙先生对马克思主义辩证法的独特贡献，是经典马克思主义者"想做而没时间精力"去做的事情，是苏联时代与中国改革前许多学者"想做而不敢做"、甚至"不敢想"或者"没有能力"去做的一桩学术事业。孙正聿先生继其恩师高清海先生以及老一辈中国马克思主义哲学家们的未竟之业，作出了自己的艰辛努力。这就是既没有局限于对经典马克思主义辩证法思想进行简单的修修补补，也不是直接因袭或照搬西方马克思主义的某些现成范式，更没有屈从于包括后现代主义、新自由主义在内的各种当代思潮之挑战与诱惑，而是能坐得住冷板凳，耐得住寂寞，对马克思主义辩证法做了最

"系统、持久、坚决"的研究，最终实现"建卓于微"、"返本开新"，对马克思主义辩证法进行了当代的、系统的思考与建构。

1. 突破了旧教科书的局限，把对马克思主义经典形态辩证法的理解建立在对德国古典哲学辩证法遗产的深入系统的挖掘—继承—发扬基础之上

已如前述，经典马克思主义辩证法走过了一条如何继承与"走出"德国古典观念论辩证法的发展的思想道路，与此相映成趣，孙正聿先生却走过了一个如何从马克思之后的苏联辩证法"次形态"，"回到"马克思之前的德国古典辩证法"原生态"的过程。孙正聿老师对辩证法的当代理解，其理论起点是针对苏联传统教科书中辩证法的非反思性和无主体性的根本缺陷而展开的，恢复了马克思主义辩证法的反思性、主体性、批判性和革命性特质。苏联传统教科书中对辩证法定义的根本缺陷是它将辩证法理解为客观世界本身固有的联系和发展的规律："'马克思主义的辩证方法'即'唯物辩证法'，是研究自然界现象及其发展过程的方法，具有联系、发展和量变质变等基本特征"①；并且认为这是对黑格尔唯心主义辩证法的唯物主义颠倒，认为黑格尔辩证法是唯心主义的，只要把绝对精神还原为物质世界，就把唯心主义辩证法改造成了唯物主义辩证法。这其实是把辩证法变成一种坏的形而上学或者实证科学，是缺乏反思精神的庸俗辩证法。针对苏联教科书体系的弊端，孙正聿先生通过把马克思主义经典辩证法的理解建立在对德国古典哲学辩证法遗产的深入系统挖掘的基础上来突破苏联教科书的局限性，从而开创了一条通过回归德国古典哲学来重新建构马克思主义经典形态辩证法的思路。

首先，孙正聿先生通过继承德国古典哲学中的主客体辩证法思想，探讨了辩证法与哲学基本问题的关系。孙正聿先生曾明确指出，"探析马克思主义经典文献关于辩证法的基本命题，首要的是回答辩证法与哲学基本问题的关系，离开哲学基本问题而把辩证法直接地归结为具有最大的普适性的对象性理论，这既是对恩格斯关于辩证法的定义的庸俗化解释的根源，也是由此而形成的对辩证法理论的全部误解的根源之所在"②。由此可以看出，对辩证法与哲学基本问题关系的理解关涉到辩证法的命运。那么，孙正聿先生是如何重新理解二者之间的关系问题呢？（1）孙正聿先生通过"反思论"重构

---

① 参看联共（布）中央特设委员会编著《联共（布）党史简明教程》，人民出版社 1975 年版，第 115—146 页。

② 孙正聿：《辩证法理论的当代反思》，《教学与研究》1997 年第 2 期。

了《路德维希·费尔巴哈和德国古典哲学的终结》中关于哲学基本问题的经典论述。把马克思主义认识论从反映论推进至反思论，指出晚年恩格斯所强调的"思维与存在的关系"并不是主观与客观、物质与意识两种实体相互作用或决定—反作用的模式，而是反思的认识论和辩证法命题，是黑格尔意义上的思想中的思维与存在的关系问题。（2）孙正聿先生从辩证法的实践精神去诠释思维与存在的关系问题，他指出："只有从现实的人及其历史发展出发，达到对哲学基本问题的实践论理解，才能正确地理解和解释'思维和存在的关系问题'"①。这就突破了传统的本体论辩证法和认识论辩证法范式，从而赋予辩证法思想当代的实践存在论形态。这是因为，思维和存在的关系问题所蕴含的全部矛盾关系，都植根于人类实践活动的历史过程中，只有从现实的人及其历史发展出发，达到对哲学基本问题的实践论的理解，才能实现唯物论与辩证法的有机统一。孙正聿先生通过对辩证法与哲学基本问题关系的研究，最终摆脱了传统教科书把思维与存在关系理解为僵化的反映论的束缚，恢复了德国古典哲学中的主客体认识论辩证法的原有意义，重新阐释了哲学的基本命题。

其次，孙正聿先生继承了德国古典哲学中黑格尔的自我意识辩证法，来阐释个体自我意识与社会自我意识之间的辩证关系。黑格尔自我意识辩证法的核心内涵是个体理性与普遍理性辩证融合的过程，"因为每一个其他的人也仍然是一个我，当我自己称自己为'我'时，虽然我无疑地是指这个个别的我自己，但同时我也说出了一个完全普遍的东西"②。孙正聿先生批判性地继承了黑格尔的自我意识辩证法，提出了人的精神家园是"活生生"的辩证法，其"集中地表现为'我'的自我意识的矛盾，即由'我'的自我意识所构成的'我的世界'的'关系'的矛盾"③。通俗地讲，就是作为个体性存在的"小我"与社会性存在的"大我"之间的矛盾。"有意识的生命活动"中的个体自我意识与社会自我意识的矛盾辩证法摆脱了黑格尔自我意识辩证法的抽象性和思辨性，扎根于具体的社会关系中，而且二者不是两极对立的，而是互为中介、彼此融合的。

---

① 孙正聿：《哲学通论》，高等教育出版社2000年版，第42页。
② 黑格尔：《小逻辑》，商务印书馆1980年版，第81页。
③ 孙正聿：《马克思主义辩证法研究》，北京师范大学出版社2012年版，第325页。

2. 对马克思主义辩证法进行当代的、系统的思考与建构

孙正聿先生对马克思主义辩证法的独特贡献还体现在他依据西方哲学史发展内在逻辑对哲学的前提进行了当代的、系统的思考与建构。近代哲学一般都是对思想前提的自觉反思与批判，恩格斯曾指出："十八世纪的唯物主义……只就这个前提的内容去研究这个前提：它只限于证明一切思维和知识的内容都应当起源于感性的经验……只有现代唯心主义的而同时也是辩证的哲学，特别是黑格尔，还从形式方面去研究了这个前提。"孙正聿先生批判性地继承了先哲的思想精髓，通过对"思想的前提批判"的研究来对马克思主义辩证法进行当代的、系统的思考与建构。

在孙正聿先生的整个哲学活动之中，对"理论思维的前提批判"构成了他哲学思想的"研究范式"和"解释原则"。在《哲学通论》一书中，孙先生对"前提批判"的思想作出了系统的阐述。这就是：人类的思想活动可以区分为两个基本的维度，一个是"构成思想"的维度，一个是"反思思想"的维度；科学是把思维和存在服从同一规律作为"不自觉的和无条件的前提"，去"构成"关于世界的"思想"；哲学则把科学所构成的关于世界的思想作为批判对象，"反思"科学所构成的"思想"。哲学对科学的"反思"，是"反思"科学思想中所隐含的各种"前提"。思想的"前提"，是思想构成自己的根据和原则，也就是思想构成自己的逻辑支点，它具有"隐匿性"和"强制性"。其一，思想的前提是思想中的"一只看不见的手"，是思想构成自己的"幕后操纵者"，这就是它的"隐匿性"；其二，隐匿于思想活动中的思想前提，它规范人的所思所想和所作所为，即规范人的思维方式和思想内容、行为方式和行为内容，这就是它的"逻辑强制性"。哲学对"思想"的"前提批判"，就是揭示隐匿于思想中的各种"前提"，并"解除"这些思想前提的"逻辑强制性"，从而变革人的思维方式、价值观念、审美意识和终极关怀，进而变革人的实践活动。孙正聿先生对思想的前提批判，主要表现在下述五个方面：一是对构成思想的基本信念的前提批判，即对"思维和存在的同一性"的前提批判；二是对构成思想的基本逻辑的前提批判，即对思想的外延逻辑、内涵逻辑及其实践基础的前提批判；三是对构成思想的基本方式的前提批判，即对常识、宗教、艺术和科学等人类把握世界的基本方式的前提批判；四是对构成思想的基本观念的前提批判，即对世界、历史、人生、真理、价值、发展、自由等基本观念的前提批判；五是对构成思想的哲学理念的前提批判，即对哲学本身的前提批判。

哲学在思想的前提批判中不仅反映和表征时代精神，而且塑造和引导新的时代精神。对思想的前提批判，既体现了哲学的特殊的理论性质和独特的活动方式，又展现了哲学发展的自我批判的活力和永不枯竭的理论空间。辩证法就其作为哲学前提反思的科学，是符合哲学自由思想本性的，也是符合马克思哲学在批判旧世界中发现新世界的实践本性，在改造客观世界的同时改造主体的实践本性所在。这也正是孙正聿马克思主义哲学贡献的根本意义与启示之所在。与此同时，也可能面临着一定的理论困境，即完全内在的哲学自我反思解决不了哲学前提问题，也开不出足以承担时代现实使命的辩证法新形态。所以，近几年孙正聿先生通过研究《资本论》回到政治经济学语境，重新认识到，需要在哲学之外进行哲学前提的反思，并深刻理解到辩证认识现实世界的形态与本质之重要性，唯有如此，才能使辩证法思想更具有革命性和批判性。

3. 通过重新回到马克思的政治经济学批判与《资本论》哲学经典形态上，使对马克思辩证法的探索从"复本"回到"原本"

要想突破旧体系的束缚，就不可能一而再、再而三地反复吸收旧有的知识，就不能单纯地依靠完全内在的哲学自我反思。这是开不出足以承担时代历史使命的辩证法新形态的。要想抵御形形色色的意识形态陷阱，就要学会把辩证法与现实社会形态研究结合起来。所以，近几年孙正聿先生在研究《资本论》的过程中，通过重新回到马克思的政治经济学批判语境，使对马克思主义辩证法的探索从哲学史逻辑批判这个"复本"回到对辩证法的历史现实基础批判这个"原本"上来，这就真正彻底地回到了马克思主义经典思想的深处。孙正聿先生通过这样的理论建构，从而找到了重建马克思主义辩证法更为可靠的道路，并肯定和促成了辩证法的存在论转向，从而对后现代的虚无主义思想进行了有力的回击。这既能使马克思主义辩证法具有合法性又不会迷失方向，也不会导致马克思主义辩证法的"自我放逐"和被"边缘化"的风险。

孙正聿先生在研究《资本论》的过程中深刻地发现，马克思主义辩证法的思想前提是现实的历史条件，"人类解放和人的全面发展的价值理想以人类社会的历史发展为基础，因而是一个现实的而非虚幻的历史性的实现过程。在人的历史活动中，'历史条件'构成人的'历史活动'的'前提'，因此，人们的历史活动就不是随心所欲的，人们的价值理想就不是虚无缥缈的。"① 这是因为，《资本论》中阐释的"经济范畴只不过是生产的社会关系的理论表现"②，离开"人们的现实生活过程"，就不可能真正地理解商品、货币、资本、地租、利润等全部经济范畴及其逻辑关系。

与此同时，孙正聿先生通过对《资本论》的深刻研究，在继承列宁的认识论、逻辑学、辩证法三统一思想的基础上，提出了"存在论、认识论、辩证法三者相一致"的思想，探索了马克思主义辩证法意义上的存在论转向之可能性、可行性与必要性。马克思在《资本论》一书中，向我们呈现的一方面是商品、货币、资本、地租、利润等全部经济范畴及其逻辑关系；另一方面是商品、货币、资本等物与物之间的关系。但实质上，孙先生认为，《资本论》中提到的经济范畴之间的逻辑关系还是物与物之间的关系，归根结底是人与人之间的关系。由此我们可以看出，《资本论》在本质上是关于"现实的人及其历史发展的科学"，也就是从存在论的角度来理解人的存在状态和意义。这是极其重要的，并具有重大的理论意义，因为在当代哲学的各种理论论争中，人的生存意义被不断地凸显出来，所以"人的存在方式以及由此形成的人的生存和发展问题成为当代辩证法理论的聚焦点"③。孙正聿先生通过"存在论转向"来表达对马克思主义辩证法的根本性理解，这凸显了孙正聿先生作为哲学家关注人类命运的价值取向，这是值得我们后辈学习和敬仰的。

综上所述，我们可以看出孙正聿先生辩证法的核心思想是对哲学前提的反思，是对自我的反思和认识，也是对自我思想中前提的反思。通俗地说辩证法就是认识你自己，不断地进行自我提升，不断地对自己的思想进行反思和超越。孙正聿先生的辩证法思想既来自马克思的哲学思想，又来自中国的传统文化。这就把认识论、存在论和中国传统的人生哲学融为一体，这就把马克思主义哲学的当代理解赋予了丰厚的中国人生哲学内涵。孙正聿先生沟通了古今和中西之间的隔阂，打破了中西文化僵硬的逻辑壁垒，做到了既回到了西方古代，又回到了中国的心性良知哲学，从而使自己的哲学修养达到一个更高的境界。将马克思主义辩证法赋予了很深的中国化的人生哲学和人

① 孙正聿：《〈资本论〉与马克思主义哲学》，《学习与探索》2014 年第 1 期。
② 《马克思恩格斯选集》第一卷，人民出版社 1995 年版，第 141 页。
③ 孙正聿：《马克思主义辩证法研究的当代课题》，《社会科学辑刊》2012 年第 4 期。

生修养、人生境界的内涵，把认识论、辩证法、历史观、人生哲学融为一体。孙先生作为哲学家最终回到了当下，回到了中国传统文化，回到了人类的精神家园。这也算是一种重构马克思主义辩证法当代形态的宝贵尝试——"哲学你得认识人自己"，这既是哲学天职，也是马克思主义辩证法的最终任务与最高境界。

思想的起兴与辩证法的舞蹈

——体会《哲学通论》

邹诗鹏[*]

在中国新时期以来出现的多种《哲学导论》类著述中，孙正聿先生的《哲学通论》（以下简称《通论》）形成最早，影响最大，传播也最广。自 20世纪 90 年代在长春听孙先生的《通论》，到近十多年来自己开设《哲学导论》课程，笔者一直在学习和领会孙先生的《通论》及其哲学思想，这里不妨谈谈如下三个方面。

一 "后教科书哲学范式"的自觉探索与引领

20 世纪 80 年代马克思主义哲学研究的突出成就，是在哲学观念与思维方式的自觉变革探索中，努力突破传统教科书，开启马克思主义实践哲学研究范式（或"实践的唯物主义研究范式"，二者有一些差异，此略）。已故著名哲学家高清海先生是这场学术理论变革运动的引领者与主导者。孙先生是高先生的高足，不仅得其真传，且继续前行，开辟新域，卓然一家。90 年代以来，马克思主义哲学研究状况与格局发生了一些变化。孙先生曾区分为三种马克思主义哲学范式："20 世纪 80 年代以前的教科书哲学，20 世纪 80年代的教科书改革的哲学以及 20 世纪 90 年代以来的后教科书哲学。这三个基本阶段，分别是以物质、实践、哲学为核心范畴，以物质—规律、实践—

* 作者简介：邹诗鹏（1966—   ），男，复旦大学哲学学院教授，当代国外马克思主义研究中心研究员。（上海 200433）

选择、哲学—对话为实质内容构成的三种研究范式。"① 孙先生自己则开创了
后教科书哲学研究范式，而其标志，正是《通论》及其讲授。

　　大体说来，在后教科书哲学"时代"，对教科书批判从学术上已经完成，
论坛哲学与讲坛哲学的界分也已经形成，实践的唯物主义、人、主体性、价
值等探讨仍在持续深入，与西方学术资源的对话也正在敞开。孙先生的《通
论》正是在这样的背景下走向前台的。《通论》有自己较为足够的学术支
撑，这就是其自正式进入哲学专业以来即确定的辩证法理论的探讨，代表作
即《理论思维的前提批判》，这是作者对马克思主义辩证法理论展开的十分
精湛的研究与阐发，连同此前发表的《从两极到中介》等一批卓越的论文，
构成了《通论》的学术基础。从很大程度上说，《理论思维的前提批判》乃
《通论》的学术版。依孙先生自己的定位，《通论》本身就是"专著性质的"
哲学导论教材②。笔者体会：一是《通论》中有些理论问题讲得更透，格局
更大，且开出了一些新的论域（如实践转向、语言转向、美学以及对现代哲
学较全面的清理等等）。二是相对当时哲学研究水准而言，这部新论及新知
迭出的《通论》，依然还是学术层面的著述，而非一般的教科书。名为《通
论》且不得不定位于学术著作，可以见出当时多少令人无奈的学术水准。但
是，《通论》之为"通"，还有一层含义，并体现着孙先生的哲学职志，即
由其个性化并标举着理论高度的理论探索与思想建构向哲学本身向不同的哲
学传统与资源，向生活世界、向哲学诸学科的通达与开拓。在这方面，《通
论》无疑表现出了相当的理论担当与自信。

　　后教科书哲学时代，哲学探索必定面对，也要求拓展出新的格局。哲学
观变革面对的是僵化的教科书模式。其实，撇开教科书模式，哲学观变革还
面向更为广泛的领域。因此，20 世纪 90 年代蓬勃兴起的诸领域哲学（实践
哲学、主体性哲学、人学、价值哲学、文化哲学、社会哲学、生存哲学、生
活哲学等等）的探索与建构，乃哲学观变革的必然延续。但是，在诸领域哲
学全面开花、各据要津时，高、孙及其吉林大学马克思主义哲学学科同人抓
住的，依然还是马克思主义哲学基础理论。高先生致力于类哲学及其中国哲
学传统的阐扬。孙先生则紧紧抓住辩证法及其哲学观（下面还将详细分述），
实现了从特色研究向"通论"格局的拓展，并在随后使吉大马哲及其整个学

────────────

① 参见《中国社会科学报》2012 年 5 月 16 日。

② 孙正聿：《哲学通论》，吉林人民出版社、人民出版社 2010 年版，第 613 页。

科的哲学研究确定为哲学基础理论这一稳定而且前景广阔的方向；这显然也
是吉林大学马克思主义哲学学科传统的持续发扬，辩证法理论至今依然是孙
正聿、孙利天、贺来等探讨的主题。

20 世纪 90 年代以后，中国社会前所未有地接受了现代市场经济的洗礼，
哲学研究也要求从相对单一或集中的教科书批判向更为宽广深厚的现实生活
基础拓展，这也是为高清海、孙正聿明确意识到并积极有所作为的方向。而
且，孙先生事实上在拓展新域工作。事实上，若仅仅满足于"论坛哲学"与
"讲坛哲学"的界分，就有可能体制性地使哲学走向新的"经院"——这本
身也是 20 多年来中国哲学学术存在的一个症候。如果说高清海先生实是无
奈地接受了"论坛哲学"与"讲坛哲学"的二分，那么，孙正聿先生则是
在一个新的方向上突破了这一界分，这就是从课程性质乃至于学科属性均区
别于马克思主义哲学的哲学通论领域拓展。《通论》实是由"论坛哲学"向
"讲坛哲学"的主动融通，而且融通的方向是通识教育，或整个人文学科及
其世界，是哲学发生影响的本质领域。当然，市场经济所激起的人文精神的
勃兴，本身也需要来自哲学的自觉回应。《通论》应运而生，其成功不仅有
孙先生个人的实力与功力，也是时代的馈赠。

"后教科书哲学"的命名是否得当？如何看待实践的唯物主义与辩证唯
物主义及历史唯物主义的关系？是否已经破除了论坛哲学与讲坛哲学的二分
格局？如何理解作为本体的物质？都是依然值得探讨的问题。新时期以来的
哲学观念变革，本身就是 80 年代巨大的思想解放运动的延展，对苏联模式
教科书在学理层面的批判已经完成或基本完成，但因为各种原因，教科书的
基本范式依然延续，因此，认同"后教科书哲学"这一提法，也不意味着教
科书改革的任务已经完成（当然，人们注意到，孙先生并没有特别多地强调
"后教科书哲学"）。在将新时期以来中国马克思主义哲学研究方面取得的较
为成熟、并且已经为官方接受的学术成果（诸如实践观变革、理论自觉、资
本批判、拜物教批判、人类解放、以人为本、世界观价值观人生观的统一等
等）以恰当的方式融入讲坛哲学，依然面临大量的课题与难题，但需顺势而
为且要有所作为，在这方面，孙先生的努力依然是中国哲学界的典范。实践
的唯物主义、历史唯物主义、辩证唯物主义三种称谓，虽然一直存在着某种
平衡，但在不同的研究取向上，侧重还是有的。20 世纪 80 年代的观念变革
中，实践唯物主义或实践哲学范式多少占据学术或学理上的优势。晚近以
来，随着对马克思主义哲学当代性研究的兴起，唯物史观或历史唯物主义的

优先性再次凸显出来。其中，对实践观、主体性、人学、价值等的重视，以及对唯物史观的重视，大都经历了对辩证唯物主义话语的某种"去蔽"，即拒绝承认或至少淡化以物质为本体的辩证唯物主义话语体系，不再只是将实践看成是认识论的首要的、根本的范畴，而是将其看成是整个马克思主义哲学的首要的和根本的范畴。与此同时，也反对将辩证唯物主义总体化，并将历史唯物主义看成是辩证唯物主义在社会历史领域的推广和运用，而是要求将历史唯物主义看成是马克思主义哲学的总的理论。总之，在三种话语中，尤其是在实践唯物主义、历史唯物主义与辩证唯物主义之间，实是存在着难以弥合的扞格。孙先生较好地把握了三种话语的平衡，包括也肯定了作为辩证唯物主义核心理论的唯物辩证法。至于究竟如何理解作为本体的物质范畴，如何看待和评价辩证唯物主义，显然还需要坚持不懈的探索。

二 哲学基础理论的成就奠定了《通论》的学术基础

哲学导论类型的课程无疑要求在根本重大的哲学基础理论方面有所成就，而这本身就是通论成功的关键。孙先生不仅钟情于且始终致力于探索哲学基础理论。他非常重视哲学观，认为哲学观是把握哲学理论的基本前提，他认同苏格拉底式的爱智慧的哲学品性，尤其推崇和强调黑格尔的反思精神，认为哲学应当追求理论上的系统、逻辑上的严密、智慧上的圆融以及精神人格的独立与伟大。孙先生显然关注到晚近以来后现代主义哲学所谓去体系化的思想主张，但他坚持的还是执着的古典哲学理想。面对当下理论浮泛无根的状况，如此理想显得越来越金贵。

孙先生对哲学的定位特别强调两重区分：与常识的区分及与科学的区分。由此获得两个基本判断：哲学不是常识；哲学不是科学。在人们总以为可以凭直观的经验进入哲学，甚至于以种种个人意见代替哲学时，将哲学与常识区分开来尤其必要。而在经历了实证科学以及科学主义洗礼，且在很多场合依然误将哲学视为"科学之科学"的前提下，尤其应该将哲学与科学区分开来。这都是贯彻哲学的反思精神的题中应有之义。如此区分并非一定要针对某种倾向——尽管这种针对性本身也揭示了某种妨碍哲学出场的障碍，而是在更大程度上指向哲学本身；"解蔽"实是为了"显真"。

因此，比如，关于哲学基本问题，在遵循恩格斯有关判断之后，孙先生强调不应将思维与存在的问题简化为物质与意识的关系问题："强调'精神和物质'的关系问题在'思维和存在'的关系问题中的重大意义，是十分重要的。这有助于人们鲜明地区分哲学的唯物主义和唯心主义。但是，简单地把'思维和存在'的关系问题归结为'精神和物质'的关系问题，却会导致对哲学的简单化、经验化的理解，以至于丢弃哲学的'反思'的思维方式。"① 实际上，经年以来习惯的哲学的简单化，正是在将哲学下降为常识或科学化过程中发生的。再比如，认识论看上去最有可能是依附于自然科学的哲学领域，但在很多时候，认识论本身就被看成是哲学科学化的立论前提，《通论》则是通过对康德与黑格尔的考察，澄清了认识论何以是自然科学的先验前提，包括知性在内的一系列认识论范畴均从属于哲学的逻辑学，而不是作为自然科学对象的经验性范畴，而《通论》则从认识论中引出"思想客观性"，并作了历史理论性质的阐释，而在对马克思的实践变革及其本体论变革的领会中，在对列宁有关思想的领会中，又全面地阐释了辩证法、认识论与逻辑学三者的同一；在对马克思主义哲学的系统阐发中，贯注着黑格尔哲学的深厚功底。

说哲学不是常识，不是科学，并不意味着哲学与常识、与科学无关。《通论》将哲学与常识、与科学区分开来，不是否定哲学与常识、与科学的关系，恰恰是为了更好地说明哲学与常识、与科学的关系，进而还原哲学本身。《通论》提出了"哲学的常识论"，也即"非常识的常识化"。"哲学的常识化，正如科学的常识化，是以哲学或科学去变革和更新常识。具体地说，主要是以哲学的或科学的世界图景、思维方式和价值规范去变革和更新常识的世界图景、思维方式和价值规范，也就是使哲学和科学成为人们普遍认同的和普遍遵循的常识。"② 其实质即"非常识的常识化"，在孙先生看来，"非常识的常识化，是人类文明的实质性内容和时代性标志。"③ 这一观点无疑标举一种基本的启蒙立场。至于对常识中蕴含且常常又是为常识所遮蔽的生活智慧及其人生境界的发掘与阐发，《通论》已经注意到，但可能因为侧重面等方面的原因，相对着墨并不多。

关于哲学与科学的关系，《通论》肯定了科学的理论性质及其科学理论的范式转换，孙先生对现代科学主义思潮有过系统研究，因而对科学理论的

---

① 孙正聿：《哲学通论》，吉林人民出版社、人民出版社 2010 年版，第 168—169 页。

② 同上书，第 95 页。

③ 同上。

逻辑力量与逻辑之美，有一种发自内心的欣赏。事实上，孙先生本人就认为，哲学理论在概念及其论证方面，堪与科学理论的严密相比。因而，其哲学不是科学的判断，绝非出于对科学的拒斥，而恰恰是在肯定科学理论的前提下对哲学的逻辑与理性力量的强调，进而强调哲学对科学的反思关系。依照《通论》的分析，哲学显然有理由蕴含并且释放出较科学而言更为自觉而内在的价值关怀。

三 "赞美"与"领舞"：哲学的道与行

多年以后笔者还忆起当年听孙先生《通论》时的盛况，通过孙先生激昂通透的讲解，大家切实感受到哲学的存在，訇然洞开，豁然开朗，的确是思想起兴的盛宴。在孙先生看来，开设《通论》的"根本目的"，在于"激发学生的理论兴趣、拓宽学生的理论视野、撞击学生的理论思维、提升学生的理论境界。"① 先生对辩证法的独特而深刻的领悟，进而延伸至哲学的诸多资源、领域、学科及其问题，其讲授条分缕析、言辞切切、激情四溢、气势如虹，听者则是聚精会神、群情激昂、心潮澎湃、欲罢不能，整个一个巨大的思想气场，令人激动感怀。同样是辩证法的精彩运用，所以我套用美国马克思主义者奥尔曼分析马克思主义辩证法的《辩证法的舞蹈》，把孙先生的《通论》课程现场描述为"辩证法的舞蹈"，孙先生本人，即是辩证法的"领舞者"。

孙先生先前曾将《通论》定位为著作性质的教材，但就其发挥的巨大的人文教养价值而言，时至今日将其看成是一部开创性的和成功的大学通识教材也未尝不可。二十多年来，中国大学较普遍地开设了《哲学导论》课程。这一课程不仅成为常规的哲学专业课程，也成为通识教育的最重要课程，广受学生欢迎，对于培养学生的人文素养与精神世界，锻造成熟稳健的价值世界，以及提升中国大学的思想与创新意识，均发挥着重要的作用。在很大程度上，是否能够开设并且讲好《哲学导论》，已象征着大学的品位与品质。孙先生得风气之先，也引领着学术理论的走向。

孙先生以《通论》赞美哲学，而我们则赞美《通论》。《通论》不只是一个哲学文本，而是包含着《通论》文本，并渗透进整个哲学教育及其传

_____

① 孙正聿：《哲学通论》，吉林人民出版社、人民出版社 2010 年版，第586—587 页。

播，带来了巨大学术、思想及其解释效应，呈现的是一项哲学活动及哲学艺术（品），《通论》乃孙先生哲学艺术活动的剧本。当然，作为哲学艺术品，除了理性的激情或激情的理性，显然还洋溢着对哲学的礼赞或赞美，一位哲学献身者身体力行的赞美，而《通论》本身无疑是贯注于审美意识及其美学意味的——作者本人也写过"赞美哲学"，这种美是一种崇高的美，是壮美，也是哲学之美——作者本人也曾著文或撰文阐释现时代应有的崇高精神与现代教养（如《崇高的位置》与《现代教养》）。

《通论》的精神气质，特别属意于美学或审美。《通论》本身也是关于哲学的赞美理论，且具有极强的针对性。无论是面对市场经济及其单一物化逻辑，还是面对日趋严重的学科分化及其固化；无论是面对相对封闭、自说自话且新知匮乏的传统哲学教学，还是面对创新及想象力匮乏的大学教育体系；无论是回应将哲学还原为政治课程，还是回应自外于现实生活的经院学术；无论对形成健全成熟的人生价值，还是对于纠正诸多乖张病态的人格及其价值观念，孙先生的赞美理论都是必要的。《通论》实际上发挥着多重综合性的效应，其美学及文学价值也是值得深入挖掘的。

无疑，《通论》本身更属意于形而上学，这是哲学最本己的价值。用孙先生自己的描述，即"超越精神"（《超越精神》本身即其一部著作的书名）。其对存在的分析偏重于存在的阐释，有意引向存在意义及其阐释，并示范一种超越的精神气质与人生态度。超越是对感性杂多的现实生活的超越，超越精神本身依然是理想主义。这样的精神，看上去仿佛越来越不能为当下时代所肯定，但却注定是匮乏的，因而，当我们被《通论》吸引时，尤其需要凝视自己的匮乏。

哲学的开端显然有其寂寞与"寒意"。感恩于《通论》，总能让我们在哲学的开端处停留，从而坚定一种守望，一份沉潜，那是夜深人静、独自入思者的意兴阑珊般的顿悟与意会，是面对浮生浊世而敦守力行者回应入口处的承诺；但思者并不孤独，行者尤为清醒。如此，方能真正回返于哲学本身所迷恋的伟大开端处。

哲学的伟大开端处总呈现为徜徉与逗留，而中国当代思想的开端处同时又显示出某种兴奋与艰难，但终究是真正的思能够显现的时代；《通论》即见证了如此的徜徉、逗留、兴奋与艰难。

"这里是罗陀斯，就在这里跳吧！"

哲学活动方式研究

生命意义的批判与表征

——孙正聿哲学的思想特征与理论旨趣

高广旭[*]

摘要："意义"问题是探析孙正聿哲学的思想特征与理论旨趣的重要视角。在这一视角下，孙正聿哲学实现了对于哲学作为独特思维方式的三重理论自觉。其一，理论思维的前提批判指向的是"思存关系"问题背后所隐匿的生命意义问题，思存同一性的前提批判就是生命有限与无限同一性的前提批判，哲学的前提批判是"意义批判"。其二，哲学"表征"区别于科学"表述"和文学"表达"的关键在于，哲学在反思生活的"本质"与"虚无"的边界中，澄明生命的意义与价值，哲学的理论表征是"表征意义"。其三，作为"批判"前提与"表征"意义相统一的哲学，以辩证法的思维方式在建构与解构生命意义的过程中守护了人类的精神家园。

关键词：孙正聿哲学；前提批判；表征；意义世界；精神家园

孙正聿先生是我国当代著名的哲学家。自 2005 年忝列孙先生门下，如今受惠先生哲学的润泽已有十余载。十年来，孙先生的哲学思想无时无刻不在影响着我的哲学思考、哲学研究乃至哲学表达。如同在武侠小说中，弟子拜别恩师下山独闯江湖后，总要报出自己出自何门何派、恩师哪位一般，在别离先生他乡工作后，我也在自觉地反思这个重要的身份定位和精神认同问题：我何以是孙先生的学生？先生哲学影响我行走哲学江湖的核心精神符号究竟是什么？近年来，通过再读先生论著，回味先生教诲，我感到孙先生哲学思想中的一个概念最能诠释我对于先生哲学的精神认同，也最能激发我的

---
* 作者简介：高广旭（1982— ），男，东南大学人文学院副教授。（江苏 南京 210096）

哲学热情，这个概念就是"意义"。在我看来，"意义"问题是探析孙正聿哲学的思想特征和理论旨趣的一个重要视角，在这一视角下，孙正聿哲学以"意义批判"的理论高度反思了哲学的思维方式，以"表征意义"的独特视角诠释了哲学的理论价值，以"意义世界"的博大胸怀守护了人类的精神家园，进而实现了对于哲学作为人类独特思维方式的理论自觉。

一　意义批判：哲学的思维方式

众所周知，哲学的思维方式是反思，人们对于哲学思维方式的这一认识通常来自哲学原理教科书。在哲学原理教科书中，哲学被解释为是"关于自然知识、社会知识和思维知识的概括和总结"，是"最普遍、最一般的本质和关系的高度抽象和概括"。具体科学则是"人们对于世界某一领域的认识和把握"[①]。因此，具体科学构成哲学反思的对象和"生长的土壤"，哲学则为具体科学提供"世界观和方法论的指导"[②]。可见，教科书哲学试图通过对于哲学与科学两种不同思维方式区别与联系的描述，实现关于哲学思维方式特质的界定。

教科书哲学对于哲学思维方式的界定虽然能够"自圆其说"并长期占据着大众对于哲学理论本性的主流理解，但其自身却有着根深蒂固的理论硬伤。这就是，如果科学是对"世界某一领域的认识和把握"，哲学是对"最普遍、最一般的本质和关系的高度抽象和概括"，那么哲学不就是在做着一种科学式的工作吗？既然哲学在进行着一种科学式的工作，那么哲学反思何以与科学反思区别开来？反思作为哲学思维方式的特质又从何谈起？可见，教科书哲学实质是以科学的逻辑在说明哲学的逻辑。结果，它不仅没有阐明哲学的独特思维方式，反而遮蔽了哲学的理论特质，损害了哲学的理论品质。

哲学原理教科书对于哲学思维方式的理解严重束缚了我国哲学研究领域的思想解放，制约了改革开放以来的哲学教育和哲学研究。正是在这一背景下，孙正聿先生《理论思维的前提批判》和《哲学通论》两部著作先后问世，打破了教科书哲学体系的死寂，为哲学理论界带来了一股久违的清新之

---

① 李秀林等：《辩证唯物主义和历史唯物主义》，中国人民大学出版社 1995 年版，第 4 页。
② 同上书，第 5 页。

风。两部著作通过追问"究竟如何理解辩证法的批判本质?"① 和"哲学究竟是什么?"② 两大问题,开始了对于哲学作为一种独特思维方式持久、深入和颇具启发性的追问。

必须注意的是,孙正聿先生对于"两大问题"的追问,是通过对一个重大理论问题的创造性发现、深入理解和重新阐发实现的,这个重大理论问题就是作为哲学基本问题的"思维与存在的关系问题"(以下简称"思存关系"问题)。在这两部著作中,作者着重强调,恩格斯关于哲学基本问题的论述对于阐发哲学思维方式具有重大理论价值。这就是,"我们的主观的思维和客观的世界遵循同一些规律,因而两者在其结果中最终不能互相矛盾,而必须彼此一致,这个事实绝对地支配着我们的整个理论思维。这个事实是我们的理论思维的本能的和无条件的前提"③。立足于恩格斯这一论断,孙先生提出,正是这个"本能"和"无条件"的前提为哲学思维提供了独特的批判对象,或者说,哲学思维正是通过对于这个"本能"和"无条件"对象的批判才与科学思维区别开来,才确立了自身思维方式的独特性。因而哲学思维的反思性并非像科学那样,以思存同一为前提形成对于普遍性知识的总结和概括,而是以构成科学知识的逻辑前提,即思存同一性本身为反思和批判的对象。正是在这个意义上,孙先生强调,哲学的反思不同于科学的反思,"哲学的反思是反思的特定层次——前提批判的反思活动"④。

两部著作对于哲学思维方式的反思和阐发在学界产生了广泛影响,它们在逻辑前提的意义上颠覆了教科书哲学对于哲学思维方式的定义,引发了学界对于哲学作为独特思维方式的反思和追问,推动了我国哲学基础理论研究的思想解放。但是同时,相关思想也引起了学界的一些质疑,这些质疑共同指向的正是其立论的出发点,即把"思存关系"问题看作哲学基本问题的合理性。其中比较有代表性的观点认为,思维与存在的关系问题只是西方近代哲学以来的知识论传统中的基本问题,而不是一般性哲学问题本身。"必须指出的是,这一关系问题(指'思存关系'问题)并不是哲学的基本问题,而不过是一种特殊类型的哲学,即长期以来在西方哲学史的发展中占主导地

---

① 孙正聿:《孙正聿哲学文集》第 6 卷,吉林人民出版社 2007 年版,第 1 页。
② 孙正聿:《哲学通论》,辽宁人民出版社 1998 年版,第 21 页。
③ 《马克思恩格斯选集》第四卷,人民出版社 1995 年版,第 364 页。
④ 孙正聿:《哲学通论》,辽宁人民出版社 1998 年版,第 172 页。

位的知识论哲学的基本问题。"① 所以，以哲学史的一个阶段的特殊问题来探究哲学的普遍问题是不合逻辑的。那么这一质疑是否撼动了孙先生立论的根基呢？首先必须指出，孙先生自然深知近代哲学二元论体系及其被超越的哲学史事实，其对于"思存关系"问题的追问并非源于对于近代哲学史的忽视。② 问题是，为什么在深知作为近代哲学基本问题的思存二元关系问题后，仍然把该问题理解为哲学的一般性和基本性问题呢？这里我想从"意义批判"的视角谈谈对这一问题的看法。

为什么非得从"思存关系"视角探讨哲学的基本问题？这是因为，一方面，"思存关系"问题当然是近代哲学的重大理论问题，而且在实践哲学的层面上已被黑格尔、马克思乃至现象学所超越。但是，另一方面，"思存关系"问题作为理论哲学层面的基本问题则是无法超越的，康德哲学所强调的"物自体"剩余是必然的。正如海德格尔追问的，思维作为心理性的存在，存在作为物理性的存在，二者具有不可调和的异质性，那么传统认识论所承诺的认识的"内在性"，即以心理的存在如何走出自身的内在性并进入到"一个不同的外在的范围"？③ 正是在这个意义上，"思存关系"不应该仅仅被当作近代哲学的基本问题，而是具有了一种普遍性的意义，因为它表明的是哲学作为一种理论思维方式不可克服的内在"缺陷"或"矛盾"。这个"缺陷"和"矛盾"在理论哲学家看来，正是能够彰显哲学思维方式特质的重大理论资源。

为什么思维与存在之间不可克服的"矛盾"和"缺陷"反倒成为了哲学这一独特的理论思维方式呢？这是因为"追问自身存在的意义，既是人类理论理性的无法消解的寻求，又是人类实践理性的不可替代的基础。哲学作为人类把握世界和人类自身存在的一种基本方式，根源于人类的理论理性对存在意义的寻求和存在意义对人类的实践理性的支撑"④。所以我认为，对于这一问题的回答，可以引入存在论的"意义"视角。从这种视角出发，孙先生透过"思存关系"问题来界定哲学思维方式的思想深度和理论高度将获得新的阐释空间。

---

① 俞吾金：《关于哲学基本问题的再认识》，《北京大学学报》（哲学社会科学版）1997 年第 2 期。

② 参见孙正聿《从两极到中介——现代哲学的革命》，《哲学研究》1988 年第 8 期。

③ 参见海德格尔《存在与时间》，生活·读书·新知三联书店 2006 年版，第 70—71 页。

④ 孙正聿：《哲学的表征意义》，《社会科学战线》1997 年第 3 期。

哲学对于"思存关系"的"矛盾"和"缺陷"的关注，其存在论意义在于"思存关系"的内在矛盾源自人类对于生命存在有限性的焦虑和紧张，对于生命意义的永恒定位的渴望。因为人类本身就是一种充满了矛盾和"缺陷"的存在，而在这些矛盾和"缺陷"当中，最为核心的是"生死"矛盾这一不可克服的固有"缺陷"。在上帝面前，"思存关系"是不构成问题的，因为上帝的思维与存在是同一的，上帝的思维就是存在，存在就是思维。但是人则不同，人的思维既维系于自身的有限生命之中，生命的完结必然意味着思维的终结，同时又试图超越生命的有限性去求索无限和永恒，所以"思存关系"问题是只有人这一有限性存在才关注的固有哲学问题，它必然始终困扰着人类，激发人类意识的超越性。而这种超越性，"最为强烈地表现在它要超越自我意识到的死亡，以自己的生命的追求实现自己'诗意地居住在大地上'。"① 在这个意义上，"思存关系"问题的本质实际上是有限与无限的关系问题，是人类运用有限的思维去反思和求索无限存在的问题。当然，在人类思想史上，求索无限的方式多种多样，如文学、艺术、宗教、伦理等等。但是在诸多求索方式中，唯有哲学思维方式切中问题本身，因为只有哲学自觉到了，这条求索的道路并没有尽头，求索过程本身就是求索的目的，而这也就是哲学本体论的固有内涵，"一种追本溯源式的意向性追求，一种理论思维的无穷无尽的指向性，一种指向无限性的终极关怀"②。

那么，哲学求索过程所无限指向的本体究竟是什么？是《荷马史诗》中的古希腊英雄，还是凡高油画中吃马铃薯的人？是瓦格纳的音乐，还是爱因斯坦的方程式？对于这些问题，哲学的回答只能是：既是又不是。哲学指向的是崇高、是永恒，但是哲学又不沉湎于崇高和永恒，而是反过来批判崇高和永恒。哲学就是哲学家所游走于有限与无限、渺小与崇高、毁灭与永恒之间的《查拉图斯特拉》之"钢丝"。一句话，哲学求索和指向的是"意义"。正是在这个意义上，我们认为，哲学思维之所以总是指向作为其他思维方式自明性前提的"思存关系"问题，其根本原因在于，哲学是一种求索和表征生命意义的思维方式。哲学对于思维与存在的矛盾及其同一性前提的反思与批判，其实质是对于生命本身所固有的有限性与无限性矛盾及其同一性前提的批判，是对于生命意义的审查、求索与表征。哲学思维方式的反思和批判

---

① 孙正聿：《孙正聿哲学文集》第 2 卷，吉林人民出版社 2007 年版，第 170 页。
② 孙正聿：《哲学通论》，辽宁人民出版社 1998 年版，第 231 页。

是"意义批判"。

　　基于以上理解，我们认为，孙正聿先生之所以在明知"思存关系"问题是近代哲学所关注的哲学史"特殊"问题的情况下，仍然从思存关系问题入手去阐发作为哲学"普遍"问题的哲学基本问题，正是因为"思存关系"问题对于确证哲学思维方式的理论特质，达到哲学思维方式的理论自觉具有超越哲学史的普遍意义，所以，孙先生对于哲学基本问题的考察以及在此基础上对于哲学反思本性的强调，所体现出的是一个"哲学家"而非"学问家"对于哲学本身的深刻思考。如果我们站在一种"学问家"的立场上来看待"思存关系"问题，那么就必然局限于哲学史特别是近代哲学的视域内，而无法透视到"思存关系"问题背后所蕴藏着的能够昭示出哲学思维方式本性的思想资源。更无法看到，哲学对于"思存关系"问题的批判性反思，其实质是对于人类生命意义的批判性反思，是对于人类生活意义的批判性表征。在这个意义上，孙先生以一种"知其不可为而为之"的超越性视野和思想高度阐发"思存关系"问题以及哲学思维方式的理论特质，这体现的是一种只有"哲学家"才具有的理论气魄。

二　表征意义：哲学的理论价值

　　如果说通过对哲学基本问题的反思与追问，孙正聿先生实现了对于哲学思维方式的反思与追问，并在这种追问和反思中自觉到：哲学反思是对于人类生命意义的反思，哲学批判的本质是意义批判；那么接下来的问题是，哲学的意义批判如何处理人与人所创造的生活世界的关系？或者说，哲学的意义批判对于丰富和拓展人类的生活世界具有怎样的理论价值？

　　对于上述问题的回答，孙先生在《寻找"意义"：哲学的生活价值》一文中指出："人的世界是实现人的发展的'有意义'的'生活世界'；人与世界的关系，包括哲学在内的人类把握世界的各种方式，都应当从人类创造'生活世界'的'意义'去理解。……哲学是作为'意义'的社会自我意识而存在的；揭示、反思和塑造人的'生活世界'的'意义'，是哲学对人类生活的不可或缺和不可替代的独特价值。"[①] 可见，孙先生对于哲学这一独特思维方式的现实生活价值有着充分的理论自觉，这就是哲学总是以意义批判

---

　　① 孙正聿：《寻找"意义"：哲学的生活价值》，《中国社会科学》1996 年第 3 期。

的视角面向现实生活世界，总是通过反思与批判构成现实生活世界诸意义的理论前提，从而去塑造生活世界的崭新意义，引导时代的精神发展。

正如上文所提到的，意义批判的哲学思维方式与人类生命有限性与无限性矛盾内在相关，而人的生命本性决定了人总是不会满足于按照自然的单一尺度去"生存"，人总要以人的尺度去"生活"。"人是寻求意义的存在。意义大于人的存在。人总是为寻求意义而生活，人总是为失落意义而焦虑。人的意识的超越性，在于它总是超越'存在'而创造'意义'，从而使人'生活'在自己所创造的'意义世界'之中。"① 可见，在孙先生看来，哲学之所以是一种意义批判的思维方式，是因为哲学的意义批判与生活世界是相契合的，理解哲学这一人类把握世界的基本方式，必须从人类自觉创造的生活世界角度入手。"人的世界，是人类的全部活动历史性地创造的'有意义'的'生活世界'，人与世界的相互关系，人类把握世界的各种基本方式，都应当从人类创造的'有意义'的'生活世界去理解'。"② 在这个意义上，哲学的意义批判就是对于生活世界本身的意义批判。

由上可见，意义批判并非哲学思维的终极目的，理论思维的前提批判也并非书斋式的抽象玄思。哲学总是通过反思和批判体现人与世界关系的诸多思维方式，从而关切现实生活世界的意义构成，并且在此基础上去寻找和塑造立足时代精神又超越时代精神的"生活意义"。而这体现的是哲学独特的实践功能和生活价值，即对于生活意义的"表征"，"哲学作为'意义'的社会自我意识，并不是以定义、命题、原理的形式'给出'判断、解释和评价'意义'的根据、标准和尺度，即不是以'知识'的形式为人们提供'意义'；哲学是以自己所提出的问题、自己的提问方式以及对问题的求索去'表征'生活的'意义'。哲学的理论方式是表征性的。"③

如果说，在《寻找"意义"：哲学的生活价值》一文中，孙先生只是提出了哲学的表征意义问题，那么在《论哲学的表征意义》一文中，孙先生则专门系统地论证了如何从"表征意义"的视角确证哲学的理论价值。在该文中，作者首先从当代哲学的知识论困境视角分析了"卡尔纳普问题"。卡尔纳普通过区分语言的两种职能（即表述职能和表达职能）提出，表述职能形

---

① 孙正聿：《人生哲学读本》，吉林人民出版社 2012 年版，第 50—51 页。
② 孙正聿：《寻找"意义"：哲学的生活价值》，《中国社会科学》1996 年第 3 期。
③ 同上。

成关于经验事实的命题，并且这些命题可以在经验中检验其真伪，所以通过语言的表述职能能够获得"有意义"的"真问题"。表达职能与表述职能不同，它所形成的不是基于客观经验并能在经验中检验的事实性命题，而是关于人类的主观情感、意愿的种种看法。这些看法因为无法到经验中加以检验，既无法证实也无法证伪，所以是"无意义"的"假问题"。① 显然，按照波普尔的逻辑，哲学要获得自身的语言合法性，要么如科学一般表述关于经验事实的实证命题，要么如文学一般表达丰富细腻的情感。表面上看，卡尔纳普似乎在为哲学的当代合法形态进行一种前提性的奠基工作，实际上他恰恰揭示了当代哲学的尴尬处境，即要么科学化，要么文学化，否则就无法获得坚实的语言学前提支撑。

面对卡尔纳普问题及其对于哲学独特理论价值的消解，孙先生提出，哲学作为一种区别于科学、文学等其他思维方式具有不可消解性，哲学把握世界的方式既不是表述，也不是表达，哲学拥有自己独特的研究对象以及相应的语言逻辑，这就是"存在意义的表征"。"哲学之不可'消解'，在于它是人类自身存在的一种基本方式，也是人类把握世界的一种基本方式；哲学方式的特殊性及其独特价值，根源于人类存在的特殊方式，也就是人对世界的特殊关系。人是一种特殊的存在——不仅是意识到自身存在的存在，而且是反思自身存在的存在。"② 因此，"存在的意义既不是以语言的'表述'职能来陈述的经验事实，也不是以语言的'表达'职能来传递的情感或意愿。存在的意义是人类关于自身存在的自我意识，并实现为哲学的'表征'方式。"③

可见，在孙先生看来，卡尔纳普问题不应该成为我们消解哲学理论特质的消极借口，而应该认识到，在表述与表达双重职能面前的退场不仅不会导致哲学话语权的丧失，反而为哲学以更加与众不同的方式出场扫清了障碍，这就是哲学区别于科学和文学所独有的话语模式——"表征意义"。但是，关于孙先生的"哲学表征"思想，我们也听到了一些质疑之声。比如有人说，表征并非是哲学独特的把握世界的方式，文学小说、科学概念在表达和表述的过程中，也总留有些许"言外之意"，也总是以隐喻的方式诠释世界，

---

① 孙正聿：《哲学的表征意义》，《社会科学战线》1997 年第 3 期。
② 同上。
③ 同上。

而这是不是一种哲学式的表征呢?① 首先，我们认为，这种质疑的产生是源自质疑者对于哲学独特思维方式的无知。因为"哲学并不是以某种特殊的语言职能来实现自己对世界的独特把握，而是以自己的把握世界的独特方式使哲学话语系统获得特殊的意义。"② 正如本文第一部分所提出的，哲学是一种对于思存同一性前提展开意义批判的独特思维方式，所以哲学表征与文学隐喻的根本区别在于，哲学的表征总是以一种前提批判视角面向表征对象，也就是哲学概念的形态去凝练对象本身蕴含的意义逻辑，而不是如文学或艺术那样以形象方式去象征性地打开对象的意义场。而且，我们只有把"哲学表征"的思想放在确证当代哲学的存在方式的意义上，才能真正超越对其狭隘化的理解，发现这一哲学思想的重大理论价值。

一方面，哲学表征职能的提出为哲学在人类把握世界的诸多方式中完成自我的身份认同，重新确证自身的存在感奠定了基础。"表征意义"不仅是对于哲学思维方式和理论价值的一种新的确证，在更深层的意义上，这一思想为哲学在当今被普遍质疑乃至攻击的时代争取了应有的话语权，更是对于当代哲学"生存权"有原则高度的理论申辩。

哲学作为一种古老思维方式自诞生之日起始终存在着自我身份认同的危机或者说存在感的危机。从"物理学之后"到"神学的婢女"，从"无家可归"到"四海为家"，从"形而上学的终结"到"思之任务"。哲学总是既从根本上推动着人类对于世界把握方式的丰富，又被这些基本方式所"排挤"和"遗弃"，但是哲学却总能在这种身份认同危机中不断反思自身的理论特质，总能以一种"置之死地而后生"的宿命顽强地宣示自身的存在。在这个意义上，孙先生对哲学语言表征性职能的强调，在其直接性上，它使得哲学的语言形式可以清晰地与其他把握世界基本方式的语言形式区别开来。因此，这一哲学思想所体现的是一种对于哲学思维方式在当代发挥独特理论作用的难得信心。而这一信心的重大价值在于，它为我们在科学主义思潮与人文主义思想激烈交锋的当代哲学背景下，克服哲学的实证化、叙事化危机，恢复以及加强哲学自身的存在感，开辟了一条颇具启发性的思想道路。

另一方面，哲学表征职能回答了以哲学的目光反思和构建现代生活的意

---

① 参见"对孙正聿哲学表征说的质疑"（http：//hi.baidu.com/yxsunset/item/4e6cc21a8bb9fcf186ad4e1d）。

② 孙正聿：《本体论的反思与表征——追问和理解哲学的一种思路》，《哲学动态》2001 年第 3 期。

义何以可能。"哲学表征职能"思想强调，哲学概念既不是对于经验现象的实证性表述，也不是对于情感、体验的象征性表达，而是游走于表述与表达之间，以思辨的方式澄明存在事实性与非事实性，揭示人类生命与生活中充满张力的诸多矛盾，以一种"必要的张力和微妙的平衡"方式把握生命与生活的幸福与苦难。这时，哲学目光所触及的对象似乎以一种虚无的方式展现出来，因为它既不像经验常识那般让我们"确信不疑"，也不似情感体验那般让我们"感同身受"，但是却向我们呈现了一种真正属于人类本身的"真实"——"意义存在"。所以在这个意义上，哲学语言表征职能的提出为"哲学的目光"确立了独特的"观看"对象，这一对象依靠表述与表达都无法把握到，只能经由哲学的思辨性表征加以澄明。这时，当哲学以表征的方式澄明了人类生活的意义时，在它的目光中所呈现出的既不是一个冰冷残酷的、充满苦难的现实世界，也不是一个美轮美奂、诗意盎然的理想世界，而是一个基于现实却又高于现实的"意义世界"，一个人类独有的精神家园。

三　意义世界：人类的精神家园

哲学是人类把握世界的一种基本方式，哲学"意义批判"与"表征意义"的根本目的是寻求生活的"意义"，是建设属人的"意义世界"。哲学通过"批判"和"表征"人类经由多个文化扇面所创造出的"意义世界"，超越了常识思维和科学思维以及二者所构建的世界图景，以辩证法的思维方式批判和表征了"意义世界"的内在矛盾，澄明了人类生活世界的"意义总体"。因此，哲学的"意义批判"与"表征意义"是以别样的方式守护了"意义世界"这一人类共有的精神家园。

人是寻求意义的存在，人无法忍受没有意义的生活，因为人区别于其他存在物的根本之处在于，人是一种可能性高于现实性的超越性存在物。"超越'现实'的'理想'使人类永葆自我超越的活力去追求对人来说更加美好的未来。这就是人类的超越意识所构成的五彩缤纷的人的'精神世界'。"①

卡西尔认为："真理不像一种经验的对象，它必须被理解为使一种社会活动的产物。在这里，我们获得了对于'人是什么？'这一问题的新的、间

---

① 孙正聿：《孙正聿讲演录》，长春出版社 2010 年版，第 280 页。

接的答案。人被宣称为应当是不断探究他自身的存在物——一个在他生存的每时每刻都必须审问和审视他的生存状况的存在物。人类生活的真正价值，恰恰就存在于这种审视中，存在于这种对人类生活的批判态度中。"① 可见，人与世界的关系不是存在者之间的现成性关系，这种关系由于人的反思与批判而充满了可能性。世界对于人而言并非一个陌生的对立性他者，人的世界是人自己所自觉创造的世界，也就是属人的世界。在这个意义上，人类世界与自然世界的根本差别在于，人总是通过自己的活动把自然世界变成由人的文化形式和精神符号所建构起来的"意义世界"。

因此，人创造属人的世界与人有意识地"审视"这个世界是一个过程，人并不是什么神秘的存在，人就是人的世界，世界也不是人之外的神秘"物自体"，世界就是人自己为自己所创造的存在论境遇。反之，如果我们对于人与世界关系的理解从一种空间性视角出发，"世界"之于人就只不过是人所控制和操作的对象，人之于世界也不过是与其他生物没有区别的"匆匆过客"。结果，世界之于人的精神符号价值被遮蔽，人沦落为漂泊无根的"异乡者"。正如海德格尔所说，不是"空间关系"，而是"意蕴关系"才能真正揭示"人在世界之中"的真实存在论意义。"此在必须同'在之内'这种存在方式划清界限。'在之内'等于说，一个本身具有广袤的存在者被某种广袤事物的具有广袤的界限环围着。'在之内'的存在者与环围者都现成地摆在空间之内。"② "那些关联在自身中勾缠联络而形成源始的整体，此在就在这种赋予含义中使自己先行对自己的在世有所领会。它们作为这种赋予含义恰是如其所是的存在。我们把这种含义的关联整体称为意蕴（Bedeut-samkeit）。它就是构成了世界的结构的东西，是构成了此在之为此在向来已在其中的所在的结构的东西。"③ 海德格尔这里提出的"在之内"显然就是把人在世界之中当作一种在空间关系，世界被降格为只具有空间性质的"物理世界"。而与"在之内"有着清晰界限的"在之中"及其所具有生存论"意蕴"则强调，人总是在进行着一种"赋予"世界以"含义"的建构活动，人的世界并不是一个无意义的"物理世界"，而是一个由"含义"整体所构成的"意义世界"，人与世界的结构关系已经在人赋予世界以意义的活

---

① 卡西尔：《人论》，上海译文出版社 1985 年版，第 8 页。
② 海德格尔：《存在与时间》，生活·读书·新知三联书店 2006 年版，第 118 页。
③ 同上书，第 102 页。

动中向人展开了。可见，在卡西尔和海德格尔视域中，舍勒关于"人在宇宙中的位置"问题就只能通过反思人所创造的"意义世界"来回答。因为离开"意义世界"，人便无法诠释自己生命的意义和生活的价值。在这个意义上，我们认为，哲学作为寻求意义的独特思维方式，其"独特性"在于，它对于人类生命意义批判和表征也就是对于人类"意义世界"的一种认识和把握。

人类所创造的世界图景丰富多彩，人类认识和把握世界的方式也多种多样，如哲学、常识、科学、文学、宗教、艺术、伦理等等。但是从人类把握世界的概念框架上看，这些把握世界的基本方式又可以区分为三种基本层次，即常识的思维方式、科学的思维方式和哲学的思维方式。① 循着对于三种把握世界方式基本层次的分析，我们可以获得哲学把握世界视角之独特性的认识。

首先，人类把握世界的最原初也是最基本的方式就是常识的思维方式。常识是基于时间、环境和约定俗成的一般经验性积累所形成的"普通、平常但又持久、经常起作用的知识"②。依据常识人们形成的是一个常识的世界图景，"常识的世界图景，是以人们的经验的普遍性为中介的世界图景"。可见，常识与常识世界图景的共同特征在于"经验性的普遍性与共同性"。因此，常识思维方式对于常识世界图景的把握所采用的就是最能体现经验普遍性的方式——"例证"。"例证"是指我们在认识对象的过程中，总是在共同经验的层面上去追问对象"是不是"、"有没有"或"对不对"。对于这些问题的回答以及答案的检验也只能借助经验的共同性，所以"例证"的答案必须是单一的，即或者"是"或者"不是"，或者"有"或者"没有"，或者"对"或者"不对"。

常识这种"例证"的思维方式的理论实质是一种非此即彼的形而上学思维模式。因为经验常识无法容忍矛盾原则，对于经验常识的检验只能依靠直观的明证性，直观的明证性保证了在经验常识视域中，肯定性与否定性的区分泾渭分明，自相矛盾的逻辑现象不可能发生。因此，在常识的世界图景中以及对于这一图景的认识过程中，我们无法触及体现人类超越经验生命之外的意义问题。

其次，科学尽管是一种与常识具有实质区别的理论思维方式，科学思维

---

① 孙正聿：《哲学通论》，辽宁人民出版社 1998 年版，第 52 页。

② 同上书，第 58 页。

所把握的世界图景是对于常识世界图景的一种批判和超越，但是，科学思维所依托的思维模式实际上仍然没有脱离常识的形而上学思维方式。"科学活动是以思维的规律去把握和描述存在的规律，从而形成关于经验对象的'普遍必然性'知识。"① 所以科学的思维方式决定了科学所形成的只能是一个"普遍必然性"的世界图景，这个世界图景和常识同样要求结论的确定性和实证性，只是科学的确定性并非建立在对于经验的直接例证上，而是建立在对于经验的超越性总结、概括和判断的基础上即"实证"的基础上。

"实证"的逻辑基础是形式逻辑，形式逻辑的矛盾律决定了，科学和常识同样遵循的是形而上学的思维模式，同样无法触及超越经验之上的意义问题。矛盾律要求，在同一思维过程中，对同一对象不能同时做出两个矛盾的判断，即不能既肯定它，又否定它。作为知性思维的逻辑法则之一，矛盾律虽然是一种思维的纯形式，但是这一逻辑形式实质上总是非真的，因为知性思维的真理性最终仍然需要诉诸经验现象来检验，只有在对经验现象的"理智直观"中，知性思维才能获得真正的明证性。可见，在思维逻辑意义上，科学实际上与经验常识一样，同样无法触及体现人类超越经验生命之外的意义问题。

那么，究竟何种思维方式能够既超越常识的经验杂多性，摆脱"例证"的直接性，又能够超越科学的形式同一性，摆脱"实证"对于经验的依赖，并进而去求解超越"经验世界"之上的"意义世界"之谜呢？答案是——"辩证法"。

与常识思维和科学思维不同，辩证法的思维方式始终把人与世界的关系看作一种意义总体性。辩证法不管从思维对存在的否定性，还是从主体对客体的否定性，都是一种揭示思维和存在、主体和客体的意义关系的思维方式，都是把对立面看作一种意义总体的自否定性。因为当辩证法不是把世界看作事实的总和，而是看作一个意义的总体时，那么否定性就不是外在的排斥和消灭，而是对被否定者存在意义的提升和超拔，是对被否定者融入意义总体性的一种逼迫。②

在这个意义上，辩证法不仅仅是纯粹主观的思维规律，也是具有客观性

① 孙正聿：《哲学通论》，辽宁人民出版社1998年版，第99页。
② 参见高广旭《意义批判的逻辑——马克思辩证法的存在论阐释》，中国社会科学出版社2013年版，第239页。

的存在规律，辩证法进而作为主客体思维活动或实践活动建立起人与世界的总体性的意义结构。正如捷克哲学家卡莱尔·科西克所言："如果不理解事实的意义是什么，不理解实在是一个具体的总体，这个总体为了认识个别事实或事实系列而变成了一个意义结构，那么，关于具有实在本身的认识就无异于神秘主义，或者，这种认识本身就是不可认识的东西。"① 因此，这个总体性的意义结构由于始终是主体对客体的反思和批判，从而实现对于客体存在意义的表征，所以辩证法思维方式所构造的世界图景必然不同于常识世界图景的"例证总体性"，也不同于科学世界图景的"实证总体性"，而是一种超越例证和实证之上的"意义总体性"。

基于辩证法思维方式所把握到的"意义总体性"世界图景，人类不断超越现实世界的当下性而去建构理想的"意义世界"，去批判和守护人类的精神家园。一方面"人是寻求意义的存在，'意义'大于'存在'。人为寻求意义而生活，为失落意义而焦虑。人的精神家园就是创造意义的家园。'时间'创造了人的'文化世界'和'意义世界'，从而构成了'自己超越自己'的人的精神家园。人类历史上的每一代人都创造着新的意义世界，都体验着新的意义世界。"② 另一方面，人又总是在意义世界的建设过程中，不断以辩证法的思维方式去反思和批判作为世界的意义总体性，又以辩证法的思维方式去表征人类为何自我构成、自我超越"意义世界"这一存在论之谜。因此，哲学辩证法正是在"反思"、"批判"和"表征""意义世界"及其"意义总体性"的过程中守护了人类的精神家园。

综上，如果说哲学总是以"个体性的风格，去求索人类性问题"，哲学总是"署名"的，那么"孙正聿哲学"则以其个性化的思想风格批判和表征了生命的意义问题，守护了作为人类精神家园的生命意义世界，实现了对于哲学作为人类独特思维方式的理论自觉。

---

① 科西克：《具体的辩证法》，社会科学文献出版社 1989 年版，第 23 页。
② 孙正聿：《辩证法与精神家园》，《天津社会科学》2008 年第 3 期。

从思辨和体验的统一看哲学的活动方式

莫　雷[*]

摘要：思辨是哲学的工作方式，体验是哲学的感悟方式。没有思辨，经验往往流于常识；没有体验，思辨往往变得空乏。灌注了体验的思辨，才使概念成为活生生的，有生命力的；灌注了思辨的体验，才使体验变得深刻。哲学的研究方式是思辨和体验的统一。思辨和体验的统一是逻辑和想象的统一，是深度和厚度的统一，是"减法"和"加法"的统一。只有实现这种统一，哲学才能讲出真道理，才能富有想象力。

关键词：哲学；思辨；体验

一　哲学的工作方式：思辨

哲学，我们不应将其看作一个名词，而应看作一个动词。正如哲学的原意是"爱智慧"一样，我们应该重视的是哲学对智慧的抑制不住的热爱和渴望。这种热爱和渴望绝不能在"抽象的名词、枯燥的条文和现成的结论"中体现出来，而是表现为"顽强的、艰苦卓绝"的哲学的自我追问。这种追问就以思辨的方式体现出来，对思想的前提进行反复的追问。这种追问和反思旨在"有说服力和有启发性地展现一种哲学的可能的活动方式"[①]。

首先，这种追问和反思是对常识和科学的思维方式的拷问。常识和科学是人们日常生活中最容易接受和采取的思维方式。之所以要对常识和科学进行追问，就是为了避免人们以常识和科学的思维方式来看待哲学，避免把常识的思维方式和科学的思维方式简单平移到哲学中来。如果以常识的思维方

---

* 作者简介：莫雷（1982—　），女，南开大学哲学系副教授。（天津　300071）

① 孙正聿：《哲学：思想的前提批判》，吉林大学哲学社会学院（打印稿），2015年，第11页。

式来理解哲学，会把哲学庸俗化和教条化，"把'哲学的'与'常识的'世界图景、思维方式和价值规范混为一谈，把'哲学'变成冠以哲学名词的'常识'。"① 不过在这种反思和追问中，我们也要避免对哲学和常识的关系的抽象的理解，不能简单地否定常识的作用以及哲学与常识的关联，"常识既是哲学反思的重要对象，又是防止哲学反思陷入脱离生活的幻觉之中的重要基础。我们强调用哲学去'化'常识，从而实现'哲学的常识化'，这主要是从如何理解'哲学'的角度论述的，而不是否定常识的生活价值及其对哲学的意义。源于常识而又超越常识，反思常识而又化为常识，这是常识与哲学的'良性循环'"②。而科学和哲学同是人类把握世界的理论思维的基本方式，科学和哲学的关联更为密切，也更难以辨别。如果以科学的思维方式来理解哲学，容易从知识论的角度来理解哲学，从普遍性和特殊性的差别区分哲学与科学的适用范围，并不能真正厘清哲学与科学的区别。孙先生认为，"科学集中地表现着思维和存在高度统一的维度，哲学则集中地表现着反思思维和存在关系的维度。因此，哲学对科学的关系，从根本上说，既不是普遍性对特殊性的关系，也不是一种特殊性对另一种特殊性的关系，而是以'思维和存在的关系问题'为中介所构成的哲学对科学的反思关系"③。所以，科学与哲学的区别在于构成思想与反思思想的差别。在此差别的基础上，我们可以重新认识两者的关系，达到对二者关系的思辨的理解。正是由于它们集中代表了思维和存在的关系的不同维度，所以两者也存在内在的关联，哲学对科学的反思构成了哲学的反思活动的非常重要的内容，而且"这种对科学成果的哲学反思，不仅意味着哲学对科学的超越，即把科学成果转化为哲学理论，而且意味着哲学的自我超越，即随着科学的发展而变革哲学自身"④。

其次，只有以思辨的方式对思想的前提进行不断的批判，才能够"有说服力和有启发性地揭示哲学的活动方式"，使人们真正进入哲学，达到对哲学的理论自觉。如果不是以思辨的方式而是以知识论的方式把哲学当成某种

① 孙正聿：《哲学：思想的前提批判》，吉林大学哲学社会学院（打印稿），2015 年，第 103 页。

② 同上书，第 104 页。

③ 孙正聿：《哲学通论》，辽宁人民出版社 1998 年版，第 92 页。

④ 孙正聿：《哲学：思想的前提批判》吉林大学哲学社会学院（打印稿），2015 年，第 120 页。

需要背诵的结论，把哲学当成对文献的简单的梳理和对逻辑关系的简单的重组，就难以把握住哲学的真正要义。只有通过反复追问哲学以及哲学的可能的活动方式，才可能抓住哲学领域的重大的基本问题，以符合哲学本性的方式对哲学进行研究。如孙先生以"思想的前提批判"为核心，对构成思想的基本信念、构成思想的基本逻辑、构成思想的基本方式、构成思想的基本观念和构成思想的哲学理念五大方面的内容都做了非常系统和深入的论证，给我们提供了哲学思考的经典的范本和模型。另外，孙老师达到了非常深刻的理论自觉，指出了前提批判的局限性，"对构成思想的'基本观念'的前提批判有三个方面的局限性：一是具有选择性，即局限于对某种构成思想的基本观念的前提批判；二是具有历史性，即局限于我们时代所达到的对这些基本观念的前提批判；三是具有意见性，即局限于作者所把握到的我们时代对这些基本观念的前提批判。当然，上述三个方面的局限性，也在不同程度上适用于本书对构成思想的基本信念、基本方式、基本逻辑和哲学理念的前提批判。正是这种局限性，表明对思想的前提批判是行进中的哲学活动，而不是完成了的哲学理论。"① 这些局限性非但不是一种阻碍，反而进一步启示我们哲学的思辨活动是不断行进中的，哲学理论也永远是在前提批判的路途中。

其三，这种追问和反思也有助于哲学本身的自我审视和自我澄清，达至自由的思想或思想的自由。正如黑格尔所说，"自由的思想就是不接受未经考察过的前提的思想。"② 如果我们未经批判、未经考察就将某些思想接受了下来，从未考察过它们的限度和范围，那么这样的哲学在黑格尔看来就缺乏内在的自我审视和自我澄清，总是受制于外在的根据，因而就不能达到内在的自明性，不能实现自由。在哲学的思考中，一切思想都要放在理性的法庭上进行拷问，一切思想都没有豁免权，都要为自身的合法性进行辩护，为自己的存在提供根据。在哲学史上，正是通过这种不断的自我审视和自我澄清，哲学实现了它自身的不断发展。所以，哲学与其他学科不同，它不断把自身作为对象反过来而思之，它的活动方式就是需要以"退步"的形式来实现自身的进步，以批判的方式来实现自身的自由。

---

① 孙正聿：《哲学：思想的前提批判》，吉林在学哲学社会学院（打印稿），2015 年，第 12 页。
② 黑格尔：《小逻辑》，商务印书馆 1980 年版，第 118 页。

二　哲学的感悟方式：体验

如果思辨更多的是"知"道，那么哲学的体验则更多的是"悟"道。如果思辨更多的是"了然于心"，那么体验则更多的是"活化于心"。什么是体验呢？"体验，从字面上解释，就是体悟经验或经验体悟，也就是以经验自身为对象反过来而悟之。简言之，就是领悟。"① 体验是一种切实的、痛切的生命感受。日常生活中的点点滴滴、社会生活的巨大变迁、大众文化的强势崛起都是我们体验生活、感悟哲学的最好领地。因此，哲学并不是高高在上的、敌视生活的玄思和遐想，而是哲学家在对生活的深切思考和真切体验中对生活的辩证理解和深刻领会。这种体悟、体察、体验的功夫，就是"道不离日用平常"、"劈柴担水，无非妙道；行住坐卧，皆在道场"。通过这种体验，我们的思考和生活才不是外在分离的，而是内在融合的，我们的精神境界和精神气质也会因为这种体验发生变化，变得充实和丰盈。

首先，哲学的体验要体验什么？虽然体验总是关乎个体，是一种不同历史背景和社会条件下不同个体的个性化的感受，但是哲学工作者的体验和体悟应该关注抛去了个性化、特殊化的感受之后共同性的、普遍性的、人类性的内容。哲学最根本的应该是对这个时代的社会发展状况和精神状况的体验，也就是孙老师所讲的哲学是以哲学家个人的名义讲述"人类的故事"。今天，我们所处的这个时代，正是马克思所讲的"以物的依赖性为基础的人的独立性"的阶段，或者用鲍德里亚的说法，今天的时代是一个消费社会的时代。"我们处在'消费'控制着整个生活的这样一种境地。所有的活动都以相同的组合方式束缚，满足的脉络被提前一小时一小时地勾画了出来"②，日常生活的"宁静需要永久性地被消费暴力来维系"③。我们每个人都能体验到商品给人们生活带来的便利，同时又能深切地感受到消费暴力尤其是文化商品化所带来的困境。文化商品化使文化屈从于商业和金钱的逻辑，文化商品重形式轻内容，重效果轻意义，重视欲望和享受的满足而忽视精神的愉悦和升华。有学者指出，"无论是装神弄鬼的玄幻文学、神秘异类的科幻电

---

① 孙正聿：《孙正聿讲演录》，长春出版社 2011 年版，第 87 页。
② 鲍德里亚：《消费社会》，牛津大学出版社 2014 年版，第 5 页。
③ 同上书，第 12 页。

影还是卖萌装疯的脱口秀，不得不承认我们正面临着大众文化的'低幼化生产'和'嬉戏式消费'。"① 当人们特别是年轻人习惯了沉浸于感官享受时，自然而然就不愿意去做艰苦的思想探索；当人们习惯于从功利主义的角度来衡量一切事物的价值时，自然而然就会放弃从事哲学等人文社会科学的专业研究。因此，我们整个时代哲学所面临的精神状况和黑格尔所处的时代相比从根本上来说并无差别，"哲学所要反对的，一方面是精神沉陷在日常急迫的兴趣中，一方面是意见的空疏浅薄。精神一旦为这些空疏浅薄的意见所占据，理性便不能追寻它自身的目的，因而没有活动的余地。"② 如何来改变这种精神状况？首先，对这种精神状况的体验是非常有必要的。只有深切体验到功利主义和大众文化对人的生活方式和思维方式的影响，才会感到痛苦并从而产生改变现状的强烈的使命感；其次，在与大众文化的正面较量中，才能彰显哲学的意义和价值。哲学的意义就在于给人们提供一种批判的维度、否定的维度和反思、超越的维度，使人们自觉体悟到大众文化对人的操纵和控制，从而体验到哲学的切实针对性和独特的魅力，思考另一种可能的生活方式和思维方式，自觉追求高级的精神愉悦。这就是"哲学的常识化"的过程，以哲学来更新常识，变革观念，提升素质。

其次，从体验方式上看，哲学有体验，常识也有体验，艺术也有体验，宗教也有体验，哲学的体验与其他人类把握世界的方式有什么区别和联系呢？

常识的体验提供给人们的是对日常生活的最直观的感受和体会，是表象层面的丰富的杂多，是经过生活积淀之后人们共同接受的基本观念。哲学的体验与常识的体验不同，它不是对经验的直觉和复制，而是同日常经验拉开间距，"反过来而悟之"，突破日常生活的重复性，思索生活的别样的可能性。

艺术给人们提供的是一种美的世界，"一个表现了人的感觉深度的世界，一个深化了人的感觉与体验的世界。在艺术世界中，情感体验本身获得了自足的意义。"③ 哲学的体验与艺术的体验有所不同，它不仅仅是情感体验，哲学的体验必须和概念的辨析结合在一起，以思辨的方式关注现实、体悟

① 周志强：《是"青春文化"，不是"青年文化"》，《人民日报》2015 年 1 月 13 日。

② 黑格尔：《小逻辑》，商务印书馆 1980 年版，第 32 页。

③ 孙正聿：《哲学通论》，辽宁人民出版社 1998 年版，第 49 页。

现实。

宗教给人提供的是对神圣存在的体验，是对神和人之间关联的一种神秘体验。哲学的体验与宗教体验不同，它不是对终极存在的信仰，恰恰是对终极存在的质疑，对人类的安身立命之本的不断追问。

虽说哲学的体验与常识的、宗教的、艺术的方式有所不同，但其中所蕴藏的对超越性的追求、对自由的向往、对美的追求还是和宗教、艺术有某种相通之处的。如哲学在苦思冥想之后豁然开朗时得到的体验就是一种美的心理体验，尤其是在对时代精神的把握上，更能凸显哲学和艺术的关联。虽然艺术是"时代敏感的神经"，艺术总是时代的先声，但在时代精神的把握上，艺术要以哲学为依托才能具有思想性，同样的，哲学也具有艺术的旨趣，"哲学作为人类心灵的最深层的伟大创造，它不是冷冰冰的逻辑，不是超然世外的玄想。它要为人类提供生活的理想、并促进世界成为人所理想的世界。对人类进步的关注，对人类命运的沉思，对人类未来的憧憬，对人类理想的追求，这应该是哲学的内在的艺术旨趣——把世界变成'美'的世界。"①

三　哲学的活动方式：思辨与体验的统一

哲学的活动方式不能只是脱离了思辨的体验，也不能只是脱离了体验的思辨。孙老师曾经深刻地概括了思辨与体验的统一："在哲学活动中，思辨或体验，或者说反思与领悟，二者可能有所偏重，但不能有所偏废。""思辨，在于具体地辨析思想，因而重在对概念的反思；体验，在于真切地领悟经验，因而重在对生活的体验。但是，反思的概念有其经验内容，体悟的经验需要概念表达。经验无概念则盲，概念无经验则空。离开概念的经验内容，所谓的思辨就成了黑格尔所批评的纯粹的'形式推理'；离开表达经验的概念规定，所谓的思辨就成了黑格尔所批评的单纯的'物质思维'。在真正的哲学活动中，思辨与体验总是融合在一起的，既不存在没有体验的思辨，也不存在没有思辨的体验。"② 孙老师是从思维方式的角度来表明思辨与

---

① 孙正聿：《哲学：思想的前提批判》，吉林大学哲学社会学院（打印稿），2015 年，第 113 页。

② 孙正聿：《哲学：思想的前提批判》，《中国高校社会科学》2014 年第 2 期。

体验的统一，我尝试从以下几个方面来理解和把握这两者的统一关系。

首先，思辨和体验的统一是逻辑和想象的统一。思辨侧重理性的思考，在思想的逻辑展开中对思想的前提进行追问；思辨体现的是一种强大的逻辑思考能力，它可以对所有的理论问题都进行合乎逻辑的追问，它需要的是一种不断沉潜的功夫，合乎逻辑地向下挖掘。而体验侧重非理性的情感体验，它是一种涵泳的功夫，人们在体验中所感悟到的最强烈的情感和难忘的经历会影响研究者研究问题的方向，会将他们的研究带到最亟待解决的问题之上。并且，生活的体验往往会提供某种直觉使人们摆脱逻辑的束缚，形成某种生活的智慧，这种智慧又会给人们的研究提供某种想象力，为人们提供别样的思考空间。逻辑和直觉、逻辑和想象的统一会给哲学提供双重的内在根据的支撑，"作为根据的哲学理由总是要求哲学家或哲学工作者的逻辑直觉、道德直觉、审美直觉乃至正义直觉等的内在支持，它不仅是清楚明白的，而且是通情达理和令人信服的，亦即它必须具有事实和价值双重意义上的自明性。"①

其二，思辨和体验的统一是深度和厚度的统一。思辨通过对概念的辨析和对理论思维的前提的追问和反思，达到的是思想的深度，而体验则通过情感和体悟，通过生命体验的积累达成思想的厚度。缺乏丰富体悟的思辨，是一种无厚度的单薄的见解，虽然说的是同样的话，却未必能明白其中真意。如同黑格尔所讲的"老人讲的那些宗教真理，虽然小孩子也会讲，可是对于老人来说，这些宗教真理包含着他全部生活的意义。即使这小孩也懂宗教的内容，可是对他来说，在这个宗教真理之外，还存在着全部生活和整个世界"②，因为老人是用他一生的全部丰富经历和体悟在阐发这句格言的意义，所以格言从老人口中讲出来特别能打动人。反之，缺乏深刻思辨的体悟，是一种无深度的平面化的体会。比如，我们普通人对现实问题都有自己的体验，但如果没有进行深刻的思辨和整体的把握，只关注某些局部的、细节的、片面的内容，不能深入理解这些问题产生的真正根源，就不能提出解决问题的辩证方案。只有实现了思辨与体验的统一，才能达到深度和厚度的统一，从而形成某种深厚的思想。

其三，思辨和体验的统一是"减法"与"加法"的统一。反思是不断

---

① 孙利天：《高清海哲学思想讲座》，中国社会科学出版社 2014 年版，第 232 页。
② 黑格尔：《小逻辑》，商务印书馆 1980 年版，第 423 页。

做减法的过程，通过对思想前提的批判不断破除思想的偏见和固执，除去思想不必要的包装和束缚，使思想能够面向自身，回归自身，实现自身的澄明，达到大道至纯、大道至简的境界。而"体验"则是不断做加法的过程，它是生命感受和内在体悟不断丰富的过程，是生命自身的不断成长。思辨和体验的统一就体现在：思辨的"减法"会使人们在对"大道"的追问中不为日常的、琐碎的生活所累，回到平凡而又真实的生活，有助于生活世界的积极的沉淀并加深对生活的体悟，而体验的"加法"则会使人们以健全的常识和生活智慧来区分和甄别好哲学和坏哲学，以"平常心"来做"异常思"。

其四，思辨和体验之所以能够统一，源于人的实践活动的特性。"'向前提挑战'的哲学，绝不是远离生活的玄思和遐想，而是源于人的实践的存在方式。人类的实践活动，从根本上说，是人对世界的否定性统一活动，是人在对世界的否定性统一中实现人的自身发展的活动。"① 正因为人的实践活动要不断破除其前提，不断地把世界变成人的理想中的世界，人的思维才能不断"挑战其前提"，将原有的世界观、价值观和方法论都进行前提批判，使其更具有理论的自洽性并能更好地解释和建构我们的生活世界。从这个根源上，我们就能够理解哲学是最敌视抽象的；我们也能够明白，思辨和体验的统一源于人的实践活动的特性并在人的实践活动中得到最确切的解释。

总之，哲学的研究方式是思辨和体验的统一，是哲学的内在反思与体验事物本身本真呈现的统一。没有思辨，经验往往流于常识；没有体验，思辨往往变得空乏。灌注了体验的思辨，才使概念成为活生生的，有生命力的；灌注了思辨的体验，才使体验变得深刻。思辨和体验的统一，就是孙老师讲的"慎思明辨的理性"和"体会真切的情感"的统一。只有实现所思所想和所感所悟的统一，哲学才能讲出真道理，才能富有想象力。

---

① 孙正聿：《哲学：思想的前提批判》，吉林大学哲学社会学院（打印稿），2015 年，第 147 页。

从思辨与体验的视角看"商品"

——敞开理解《资本论》开篇问题的一条新路径

邵　然[*]

摘要：根据马克思提到的两种方法论原则，《资本论》开篇商品要么被理解为商品一般，要么被理解为简单商品，抑或被理解为二者的综合。柄谷行人双重视角说的引入能较好地证明开篇商品所具有的双重性质以及两种方法论原则的内在联系。然而，根据任何理论体系所要求的无矛盾性，双重视角本身存在的理论悖论又使人不可能引入双重视角说来讨论开篇商品。为此，需要进一步从思辨与体验的视角看待商品，强调商品这一经济范畴所独有的哲学意蕴及其所表现出的科学品质和人本倾向的综合，从而开启一条新路径去理解《资本论》的开篇问题。

关键词：开篇商品；"事前"视角；"事后"视角；思辨与体验

一　问题的提出：《资本论》开篇商品的性质问题

《资本论》的开篇问题近年来再次受到学界关注，对于"商品"这一范畴以及与其内涵相关的诸如价值、交换价值、价值形式等规定的讨论，国内学界已经达成了一个基本共识，即：《资本论》的开篇问题，从宽泛意义上看，也就是《资本论》的逻辑起点问题，商品作为《资本论》的逻辑起点是毋庸置疑的，因此，商品作为《资本论》的逻辑起点构成了马克思研究和批判资本主义政治经济、研究和批判资本主义社会意识形态的出发点。

* 作者简介：邵然（1986—　　），男，云南省社会科学院哲学研究所助理研究员；吉林大学哲学社会学院暨哲学基础理论研究中心博士研究生。（云南　昆明　650034）

　　但是，对于《资本论》开篇中的"商品"到底是什么性质的商品，学界对此还没有达成共识，存在着认识上的诸多分歧。自20世纪80年代起，国内学界主要持有以下两种非此即彼、针锋相对的基本观点：一种观点根据马克思"从抽象到具体的思维形成"的方法论原则，认为《资本论》的逻辑起点只能是简单商品规定或抽象的商品一般①；另一种观点根据马克思"逻辑与历史相一致"的方法论原则，认为《资本论》的逻辑起点是作为资本主义历史前提的简单商品②。从这两种基本观点出发，近年来，学界对于《资本论》的开篇问题又进行了改造和深化，推进并发展出两种主要的引申观点：第一种引申观点强调，从抽象到具体的科学进程须臾离不开资本主义这一特定研究对象，《资本论》的逻辑起点尽管以反思方式包含着历史的因素，其真正起点只能基于资本主义生产，因此，作为《资本论》开篇的商品，其性质不是简单商品，而是资本主义商品生产的"一般规定"，是从属资本的"一般概念"，换句话说，它只能是抽象的"资本主义商品"。③ 第二种引申观点认为，逻辑起点不能直接等同于研究对象，逻辑起点只涉及研究对象的某一局部，在逻辑和历史的辩证运动中，逻辑起点从研究对象的某一局部开始逐渐过渡到研究对象的整体；由于研究对象的整体是资本主义社会，而商品只是这一研究对象的局部，是"作为资产阶级财富的元素形式"，是"资本产生的前提"，因此，作为《资本论》逻辑和历史运动起点，其性质不是抽象的资本主义商品，只能是简单商品，而否定"简单商品生产"的客观存在，将陷入历史唯心主义。④

　　可以说，这两种主要的引申观点对于进一步理解和认识《资本论》的开篇问题乃至整个《资本论》的理论体系问题都具有极大的促进作用：大致说来，根据第一种引申观点，强调开篇商品仅仅是简单商品规定或抽象的资本主义商品，这其实是为了突出《资本论》从抽象上升到具体的叙述方式，从而突出了马克思写作《资本论》时的研究方式与黑格尔的哲学研究方式在本质上的亲缘关系。根据第二种引申观点，强调开篇商品仅仅是包含着历史因

---

　　① 王惟中、洪大璘：《〈资本论〉第一章研究的对象是否是简单商品生产》，《上海经济研究》1982年第4期。

　　② 熊穆权：《是资本主义商品还是简单商品——探讨〈资本论〉开篇中商品的性质》，《江西师范大学学报》（哲学社会科学版）1985年第2期。

　　③ 罗雄飞：《论〈资本论〉的逻辑起点》，《政治经济学评论》2014年第1期。

　　④ 高岭：《论作为〈资本论〉逻辑起点的商品的性质——兼与罗雄飞教授商榷》，《当代经济研究》2015年第7期。

素的简单商品,这其实是为了突出《资本论》在历史与逻辑相一致的研究方式下,其逻辑起点的规定性不断丰富和发展的现实的历史过程,从而突出了马克思写作《资本论》时所持有的独特的唯物史观。

然而,这两种引申观点都存在着不容回避的问题:针对第一种观点可以提出如下问题:如果作为《资本论》逻辑起点的商品只能被看成是资本主义现实生产的"虚幻反映",抽象的资本主义商品"在本质上是一种超历史的、非历史的'存在'"①,那么,这种作为逻辑起点的资本主义商品与黑格尔《逻辑学》中的存在概念在何种程度上具有差别?那种抛弃了"现实的历史"的资本主义商品"概念",就其本质而言,难道不就是抽象的"存在"吗?针对第二种观点也可以提出如下问题:如果作为《资本论》逻辑起点的商品只能被看成是作为资本主义生产前提的、并被表现为"庞大堆积"和"元素形式"的"资本主义经济细胞"②,那么,这种作为逻辑起点的简单商品与亚当·斯密、李嘉图等古典经济学派论述的"实体商品"在何种程度上具有差别?那种抛弃了"商品一般"这一抽象规定的"单个商品"及其"集合",就其本质而言,难道不就是"素朴实在论"意义上的"物质实体"吗?这样,如果按照第一种引申观点的逻辑往前推进,就会陷入历史唯心主义,那么,按照第二种引申观点的逻辑往前推进,则将退回到旧唯物论中去。

事实上,目前对这个问题的主流看法往往并不像上述两种引申观点那样极端。主流看法认为,历史与逻辑相一致的研究方式与抽象上升到具体的研究方式本质上并不冲突,只要商品一般能正确反映简单商品生产,商品一般和简单商品生产就没有本质区别,因此,作为《资本论》逻辑起点的商品,既可以看成是抽象的商品一般,也可以看成是包含着历史因素的简单商品。③主流观点把历史与逻辑相一致、抽象上升到具体这两种研究方式在某种程度上进行了统一,揭示了马克思对黑格尔哲学、古典政治经济学和资产阶级庸俗经济学的批判性研究,论证了只有正确认识作为《资本论》开端的商品所具有的逻辑成分和历史因素,才能更好地从整体上把握《资本论》的开篇问题。然而问题依然存在:①如何证明商品一般与简单商品生产在本质上并没

---

① 罗雄飞:《论〈资本论〉的逻辑起点》,《政治经济学评论》2014年第1期。

② 高岭:《论作为〈资本论〉逻辑起点的商品的性质——兼与罗雄飞教授商榷》,《当代经济研究》2015年第7期。

③ 丁堡骏、王金秋:《〈资本论〉的逻辑起点及当代意义》,《经济纵横》2015年第1期。

有区别？②如何证明上述两种研究方式（历史与逻辑相一致、抽象上升到具体）在本质上并不冲突？③究竟要如何把握这种既可以被看成是商品一般，又可以被看成是简单商品的开篇商品呢？

二　解决问题的前提：引入双重视角说

关于如何证明商品一般与简单商品生产在本质上并没有区别，以及如何证明历史与逻辑相一致、从抽象上升到具体这两种研究方式在本质上并不冲突的问题，可以首先引入柄谷行人在《跨越性批判——康德与马克思》中所提到的"事前"与"事后"两种视角予以说明。

何谓"事前"与"事后"的视角？柄谷行人首先追溯到康德，他说："康德在《判断力批判》中，把于既成的法则中整理每个事物的'规定性判断力'与'反思的判断力'做了区分，后者是探索那种在既成的法则中无法得到整理的例外事物以思考其包含的新的普遍性。这种情况下，综合判断的困难在于后者一方。反思的判断力能够顺利实行，只能靠'理论的信念'。但是，一旦这种判断得到了认可，之后该判断就会成为规定性的东西。在此，我们可以把规定的、反思的这一区别当作事前性的、事后性的区别来思考。康德在《纯粹理性批判》中，首先把综合判断视为已确立的，在此基础上来探索其超越论的条件。这是一种事后性的立场。但是，这并不意味着综合判断是容易的……康德在综合判断中发现了困难，是在他站到所谓'事前'的立场思考的时候。"① 单就"事前"与"事后"的角度来看，柄谷行人这段话包含了三层含义：其一，"理论的信念"作为"事前性的思考"，它同作为"事后性的思考"的"规定性的东西"相区别；其二，《纯粹理性批判》中的综合判断被视为一种"事后性的立场"；其三，综合判断中所发现的困难是康德站在所谓"事前"的立场上所产生的，换句话说，"事后性立场"所带来的困难是"事前性的思考"所产生的。

与此类似，关于商品，柄谷行人说，"斯密是在事后进行思考的"，只是"将其投射到事前，认为商品中早就存在交换价值"；而马克思与之不同，"他是将此作为一种'综合'来把握的。换言之，他是从'事前'来观察事

---

① ［日］柄谷行人：《跨越性批判——康德与马克思》，赵京华译，中央编译出版社 2011 年版，第 151—152 页。

态的。这个时候，综合能否达成并没有保证"①。马克思在《资本论》中把商品作为使用价值和交换价值的"综合"来观察，并注意到了这里存在的困难即商品的二律背反。柄谷行人认为，这种困难或商品的二律背反恰恰是因为马克思"是在所谓'事前'的立场上观察的"②。最后得出结论，"总之，从事后的角度看，商品是使用价值和交换价值的'综合'，但从事前的角度观之，它并不存在。要获得实现，它必须被其他商品（等价物）所交换"③。因此，柄谷行人认为马克思考察商品的方法也就是运用了一种"事前"和"事后"的双重观察视角。

对于柄谷行人提出的这种双重观察视角，王南湜教授给予了高度评价，他认为柄谷行人对马克思方法的理解是非常深刻且极具启发性的。王南湜进一步提出："如果将其阐释与马克思在分析资本主义经济过程时所指出的'科学分析总是采取同实际发展相反的道路……是从事后开始的，就是说，是从发展过程的完成的结果开始的'，以及'当事人的日常观念'和'科学分析'两种视角的观念联系起来，便不难引申出'事先'和'事后'这两种视角，无非是实践中的当事人或行动者视角与科学或理论研究中的观察者视角……如果我们把这一'事前'和'事后'的双重视角放置在希腊哲学的背景下，则这两种视角大致相当于阿伦特所着力阐发的希腊人所说的'行动者'和'旁观者'两种视角。"④把"事前"和"事后"的双重观察视角引申发展为"实践中的当事人或行动者视角与科学或理论研究中的观察者视角"，本质上是为了突显马克思哲学思想当中所具有的人本取向和科学品质的双重维度："事前"的视角表征着马克思具有人本倾向的改变世界的实践视角；"事后"的视角表征着马克思具有科学品质的解释世界的理论视角，这种双重视角在《资本论》中表现为一种相互制约。但是，由于"'事前'的实践把握具有直接性，但却不具有确定性；而'事后'的理论把握达到了确定

① ［日］柄谷行人：《跨越性批判——康德与马克思》，赵京华译，中央编译出版社 2011 年版，第 150 页。

② 同上书，第 152 页。

③ 同上书，第 153 页。

④ 王南湜：《改变世界的哲学何以可能——一个基于行动者与旁观者双重视角的构想》，《学术月刊》2012 年第 2 期。

性，但却失去了直接性。"① 这样，处于"旁观者"视角的"事后"思维为了从"行动者"那里获得新的直接性，就必须不断地"移动"视界，不断地从"旁观者"移动到"行动者"，从而不断地打破之前封闭起来的理论系统，以期在理论上重构"行动者"的新鲜经验。这种不断移动视界，不断让"事前"视角和"事后"视角交替行进的过程，就构成了所谓的马克思"移动式批判"。

王南湜教授对柄谷行人哲学思想的阐释和进一步发挥为我们理解《资本论》的商品性质、理解《资本论》的研究方式甚至整个马克思哲学思想都有巨大帮助。就《资本论》的商品性质和研究方式而论，这种引入"事前""事后"双重视角所带来的帮助至少体现在以下两个方面：第一，双重视角说的引入能让人更好地理解开篇商品所具有的双重性质。通过"事前"的行动者视角，马克思看到的商品既是作为生活所需的看得见摸得到的有用物，又是"作为资产阶级财富的元素形式"和"资本产生前提"②的简单商品；通过"事后"的旁观者视角，马克思理解的商品则主要是抽掉其使用价值的商品一般，代表了一种"无差别的人类劳动的单纯凝结"③。因此，开篇商品作为简单商品，分有"事前"和"事后"两种视角；作为商品一般，主要突出了"事后"视角的维度。

第二，双重视角说的引入能让人更好地理解抽象与具体的研究方法同逻辑与历史相统一的研究方法的内在联系。"事前"的行动者视角突出了"由完整的表象蒸发为具体的规定"这条道路，即从"感性具体"到"理性抽象"的道路，它主要同历史与逻辑相一致的"研究方式"相对应；"事后"的旁观者视角突出了"抽象的规定在思维行程中导致具体的再现"这条道路，即从"理性抽象"到"理性具体"的道路，它主要同抽象上升为具体的"叙述方式"相对应。"事前"与"事后"视角的引入突出了马克思研究方式和叙述方式的差异，同时，两种视角的统一也就代表着两种方式具有内在联系。

---

① 王南湜：《政治经济学批判起点上的人本逻辑和科学逻辑——〈1844 年经济学哲学手稿〉的一种后黑格尔主义的阐释》，《哲学动态》2014 年第 9 期。
② 《马克思恩格斯全集》第 49 卷，人民出版社 1975 年版，第 4 页。
③ 《马克思恩格斯文集》第五卷，人民出版社 2009 年版，第 51 页。

三 解决问题的尝试：从双重视角说看商品

首先具体分析第一点，即分析为什么引入柄谷行人的双重视角说能让人更好地理解开篇商品所具有的双重性质这个问题。马克思在《资本论》第一篇第一章中一开始就指出："商品首先是一个外界的对象，一个靠自己的属性来满足人的某种需要的物。"① 在这里，首先提出的是商品的单纯性质，即商品作为生活所需的看得见摸得到的有用物。"物的有用性使物成为使用价值。但是这种有用性不是悬在空中的。它决定于商品体的属性，离开了商品体就不存在。"② 也就是说，"商品体"的属性决定了物的有用性，物的有用性使商品成为使用价值，而商品的使用价值又是人们生产商品的直接目的。这里不仅突出了商品的有用性即使用价值，也同时突出了商品作为"商品体"的物质属性。但是，这种仅仅作为有用物和使用价值的商品体并能直接等同于简单商品。"如果把商品体的使用价值撇开，商品体就只剩下一个属性，即劳动产品这个属性。"③ "随着劳动产品的有用性质的消失，体现在劳动产品中的各种劳动的有用性质也消失了，因而这些劳动的各种具体形式也消失了。各种劳动不再有什么差别，全部化为相同的人类劳动，抽象人类劳动。"④ 由于商品的有用性被抽出，劳动的各种具体形式也随之消失，变为抽象的人类劳动；在抽象的人类劳动中反观商品，它就只剩下"幽灵般的对象性"，变成了"无差别的人类劳动的单纯凝结"，体现为商品的抽象的价值。商品一般主要体现了商品的抽象的价值（量）而非具体的使用价值。这样，作为简单商品的开篇商品就同时具备了价值和使用价值的双重属性，换句话说，开篇商品作为简单商品，它是作为有用物的"商品体"和作为抽象价值的"商品一般"之"综合"。

为什么马克思要把开篇商品看做价值与使用价值或商品体与商品一般的综合？关于这个问题，柄谷行人认为，因为马克思首先"是从'事前'来

---

① 《马克思恩格斯文集》第五卷，人民出版社 2009 年版，第 47 页。

② 同上书，第 48 页。

③ 同上书，第 50—51 页。

④ 同上书，第 51 页。

观察事态的。这个时候，综合能否达成并没有保证。"① 也就是说，站在
"事前"的"行动者"立场上，马克思还无法保证商品的价值和使用价值一
定能实现综合，在"事前"，这种综合只是表现为一种"理论的信念"或
"理论预设"，其实这种综合并不存在。只有站在"事后"的"旁观者"立
场上，这种综合才能成立，"从事后的角度看，商品是使用价值和交换价值
的'综合'，但从事前的角度观之，它并不存在。要获得实现，它必须被其
他商品（等价物）所交换。"② 一个商品被其他商品所交换才会具有价值，
这就是站在"事后"的"旁观者"立场，从"价值形态"来理解商品才得
出的结论。其实，这种站立于事后旁观者立场，从价值形态出发把商品理解
为商品一般，也一直是古典经济学派所秉持的观点，古典经济学派把各种商
品在价值（量）上是否相等作为衡量的主要标准，该商品对他人是否具有使
用价值则不加注意。既然商品在价值（量）上被认为是相等的，那么商品的
性质无非就是从单个商品及其集合中抽象出来的商品一般，商品的本质无非
就是抽象劳动了。古典经济学家对商品性质的这种见物不见人的理解本质上
是一种形而上学的思维方式，马克思就是要站在资产阶级经济学家的反面，
从批判商品开始，因此，"从事前的立场观之，不管生产中被投入多少劳动，
商品对他人来说都必须是使用价值"③。这样，从"事前"的"行动者"立
场上说，马克思重视的是使用价值："没有一个物可以是价值而不是使用物
品。如果物没有用，那么其中包含的劳动也就没有用，不能算做劳动，因此
不形成价值。"④ 由于人的具体劳动创造了商品的使用价值，所以，马克思在
探讨商品时本质上是在关注人的具体劳动、关注人本身，马克思是在破除了
形而上学的思维方式之后，试图揭示商品形式的秘密。

可以看出，双重视角的引入为进一步理解《资本论》的商品性质问题提
供了帮助。从"事前"的"行动者"立场、"事后"的"旁观者"立场，以
及两种视角的不断"移动"的过程中，可以更为深入地理解《资本论》开
篇商品的性质问题。总结起来，作为简单商品的开篇商品，它分有了"行动
者"的"事前"视角和"旁观者"的"事后"视角，该视角的引入一方面

---

① ［日］柄谷行人：《跨越性批判——康德与马克思》，赵京华译，中央编译出版社 2011 年版，
第 150 页。

② 同上书，第 153 页。

③ 同上。

④ 《马克思恩格斯文集》第五卷，人民出版社 2009 年版，第 54 页。

强调了马克思对商品的使用价值的重视；另一方面又揭示了马克思对商品所持有的"理论信念"，即商品一定是使用价值和价值的统一。作为商品一般的开篇商品，它突出了"旁观者"的"事后"视角，该视角的引入一方面证实了马克思对商品所持有的"理论信念"，使该理论信念"成为规定性的东西"；另一方面又使马克思把商品及其发展把握为具有因果必然性的科学结构，展现出《资本论》深刻分析资本主义生产方式、揭示资本主义社会发展规律的科学意义。因此，在两种视角的不断移动中，就能说明马克思讨论商品及其性质的本质目的，在于揭示出那种隐藏在物与物的关系背后的人与人之间的关系，从而揭示出商品拜物教的秘密，为人类的现实自由和解放提供理论手段。

再具体分析上述第二点，即分析为什么引入双重视角说能让人更好地理解两种研究方法的内在联系这个问题。关于政治经济学批判的研究方式问题，马克思在《〈政治经济学批判〉导言》中进行过详细论述，其中首要问题就是政治经济学批判应该从哪里开始。马克思指出："从实在和具体开始，从现实的前提开始，因而，例如在经济学上从作为全部社会生产行为的基础和主体的人口开始，似乎是正确的。但是，更仔细地考察起来，这是错误的。"① 这是马克思所说的第一条道路："完整的表象蒸发为抽象的规定"②；马克思又说："从表象中的具体达到越来越稀薄的抽象，直到我达到一些最简单的规定。于是行程又得从那里回过头来，直到我最后又回到人口，但是这回人口已不是关于整体的一个混沌的表象，而是一个具有许多规定和关系的丰富的总体了……后一种方法显然是科学上正确的方法。"③ 这是马克思所说的第二条道路："抽象的规定在思维行程中导致具体的再现。"④ 从认识论的角度看，第一条道路也可以表述为人的认识活动从"感性具体"到"理性抽象"的过程，第二条道路则表述为人的认识活动从"理性抽象"到"理性具体"的过程。那么问题在于，为什么马克思会说第一条道路是"错误"的而第二条道路是正确的呢？引入双重视角说可以更好地解答这个问题。

如前所述，柄谷行人认为马克思的政治经济学批判是一种不断移动视

① 《马克思恩格斯全集》第30卷，人民出版社1995年版，第41页。

② 同上书，第42页。

③ 同上书，第41—42页。

④ 同上书，第42页。

界、重构行动者新鲜经验的"移动式批判",关于这种"重构行动者的新鲜经验",王南湜教授认为包括两种情况:"一种是在探索性的研究过程中,不断重构行动者所获得的新的经验材料,以扩展理论的深度与广度或对理论进行修订;另一种则是在探索性研究完成之后如何表述研究结果的逻辑进程中,将涉及的经验内容分成若干层次,依的从抽象到具体的逻辑进程,不断扩展所涉及经验的范围,以逐步地丰富、充实概念的规定性,直至达到最大的经验范围和最丰富的概念规定性。"① "探索性的研究过程"为了不断重构新的经验材料,"必须充分地占有材料,分析它的各种发展形式,探寻这些形式的内在联系。只有这项工作完成以后,现实的运动才能适当地叙述出来。"② 这就突出了马克思作为行动者去进行探索性研究的"事前"视角,此时,马克思的"研究方式"必须以"直接的现实"或"完整的表象"(感性具体)作为开始。与此不同,"表述研究结果的逻辑进程"则要将经验内容分成不同层次,依着从抽象到具体的逻辑进程,"从分析中找出一些有决定意义的抽象的一般的关系……这些个别要素一旦多少确定下来和抽象出来……各种经济学体系就开始出现了。"③ 这就突出了马克思作为旁观者去进行理论性研究的"事后"视角,此时,马克思的"叙述方式"必须以"最简单的经济范畴"或"抽象的规定"(理性抽象)作为开始。

由此可见,"事前"、"事后"视角分别指向了马克思的"研究方式"和"叙述方式",二者不完全相同。从形式上看,《资本论》的研究方式以"历史和逻辑相一致"的方法论原则为重点,具体公式可以表述为"感性具体—理性抽象—理性具体",其叙述方式则以"抽象上升到具体"的方法论原则为重点,具体公式可以表述为"理性抽象—理性具体";其中,"理性抽象—理性具体"作为两种方式的共同内核,具有研究方式和叙述方式的双重属性。因此,马克思说第一条道路是"错误"的而第二条道路是正确的,这只是在"事后"的叙述方式的意义上讲才成立,从"事前"的角度看,第一条道路也是正确的,也适用于马克思对于《资本论》的研究。马克思说:"哪怕是最抽象的范畴,虽然正是由于它们的抽象而适用于一切时代,但是

---

① 王南湜:《政治经济学批判起点上的人本逻辑和科学逻辑——〈1844 年经济学哲学手稿〉的一种后黑格尔主义的阐释》,《哲学动态》2014 年第 9 期。

② 《马克思恩格斯文集》第五卷,人民出版社 2009 年版,第 21—22 页。

③ 《马克思恩格斯全集》第 30 卷,人民出版社 1995 年版,第 41—42 页。

就这个抽象的规定性本身来说，同样是历史条件的产物，而且只有对于这些条件并在这些条件之内才具有充分的适用性"①。所以，"在这个限度内，从最简单上升到复杂这个抽象思维的进程符合现实的历史过程"②。这也就是说，从"事前"的研究方式的角度看，历史与逻辑相一致的研究方式与从抽象上升的具体的叙述方式并不矛盾，它们之间自在地形成了内在联系；而从"事后"的叙述方式的角度看，从抽象上升到具体的过程同时就是以逻辑必然性再现对象的历史发展的过程，换句话说，从抽象上升到具体是历史与逻辑相一致的内在要求，它们之间自为地形成了内在联系。

按照这两种视角和方式，《资本论》从商品出发，也就是从现实的历史摆在我们面前的最简单的规定性出发，从资本主义社会的各种矛盾的萌芽开始，以此揭示资本主义生产关系产生、发展、灭亡的历史规律，从而试图"消灭现存状况"、"实际地反对并改变现存的事物"③，为"每个人的自由是一切人的自由发展的条件"④ 的价值诉求提供现实根据和现实道路。无怪乎后来列宁总结说："马克思在《资本论》中首先分析资产阶级社会（商品社会）里最简单、最普通、最基本、最常见、最平凡、碰到过亿万次的关系：商品交换。这一分析从这个最简单的现象中（从资产阶级社会的这个'细胞'中）揭示出现代社会的一切矛盾（或一切矛盾的萌芽）。往后的叙述向我们表明这些矛盾和这个社会——在这个社会的各个部分的总和中、从这个社会的开始到终结——的发展（既是生长又是运动）。"⑤

四 问题的发展：从思辨与体验的角度进一步把握开篇商品

双重视角说的引入对于深入理解《资本论》开篇商品的性质问题具有重要作用和重大意义，然而，这种双重视角本身存在着一个无法回避的理论悖论：如果把马克思把握为一个"事后"视角的旁观者，就意味着马克思将世界把握为一个因果必然性的结构，从而将《资本论》作为一个绝对的决定论体系加以解释；如果把马克思把握为一个"事前"视角的行动者，就意味着

① 《马克思恩格斯全集》第 30 卷，人民出版社 1995 年版，第 46 页。
② 同上书，第 44 页。
③ 《马克思恩格斯选集》第一卷，人民出版社 1995 年版，第 87、75 页。
④ 同上书，第 294 页。
⑤ 《列宁选集》第 2 卷，人民出版社 1995 年版，第 558 页。

马克思旨在以某种方式直接改变世界，从而《资本论》首先必然要预设世界的可改变性，也就是必然要预设人的能动性和自由选择的可能性。但是根据任何理论体系所要求的无矛盾性，绝对的决定论与人的自由能动性不可能共存于同一个理论体系之中，因此，《资本论》要么只是表现"事后"视角，要么只是呈现"事前"视角；既然双重视角不可能共存于《资本论》中，我们就不可能引入双重视角说来讨论开篇商品及其性质问题。可以说，如何把握双重视角在《资本论》尤其是在开篇商品章中的相互关系及其内在联系，不是一般性的理论问题，它既是对商品性质的研究带有根本性的、最为紧要的问题，也是对《资本论》的本质规定性的判断。

关于这个问题，可以首先考虑引入"思辨与体验"这对概念来尝试进行解答。对此，孙正聿教授关于"思辨与体验"的相关论述给我们提供了极大帮助，具有极大的启迪意义。就思辨与体验的定义问题，孙正聿教授在其著作中简明扼要地指出："思辨，从字面上解析，就是思想辨析或辨析思想，也就是以思想自身为对象反过来而思之，简言之就是反思；体验，从字面上解释，就是体悟经验或经验体悟，也就是以经验自身为对象反过来而悟之，简言之就是领悟。"① 联系柄谷行人的双重视角说便不难发现，思辨的研究方式指向了那种站立于观察者视角之上的"科学分析"，它要求以思想自身为其内容，并使思想本身得到意识，在此基础上再对具体思想进行辨析；体验的研究方式指向了那种站立于行动者视角之上的实践中的"当事人的日常观念"，它要求对生活经验和生活境遇进行体察、体会和领悟，在此基础上形成相应的理论信念或理论预设。换句话说，思辨指向了"事后"视角，体验指向了"事前"视角。

就思辨与体验的关系问题，孙正聿教授一针见血地指出："在哲学活动中，思辨与体验，或者说反思与领悟，二者可能有所偏重，但不能有所偏废。思辨，在于具体地辨析思想，因而重在对概念的反思；体验，在于真切地领悟经验，因而重在对生活的体验。但是，反思的概念有其经验内容，体悟的经验需要概念表达。经验无概念则盲，概念无经验则空。""在真正的哲学活动中，思辨与体验总是融合在一起的，既不存在没有体验的思辨，也不存在没有思辨的体验。"② 既然思辨与体验的研究方式总是相互融合，二者缺

---

① 孙正聿：《孙正聿讲演录》，长春出版社 2011 年版，第 87 页。
② 同上。

一不可，而思辨指向"事后"视角，体验指向"事前"视角，所以完全可以据此作出如下结论，即双重视角必然共存于《资本论》当中，引入双重视角说来讨论开篇商品及其性质是没有任何问题的。正是由于人们把《资本论》开篇商品中所包含的思辨与体验分离开了，才导致或者以单纯的思想理解商品，或者以单纯的经验理解商品，而在这两种情况下，双重视角都不能被引入《资本论》的开篇商品，也不能在开篇商品中共存。因此，只有真正把握马克思所具有的思辨和体验的研究方式，并理解二者在《资本论》中的融合，才能真正引入双重视角说，以此展开对开篇商品及其性质问题的讨论。

其实，思辨的研究方式不仅指向了马克思作为旁观者的"事后"视角，它同时还表征着马克思"解释世界"的科学品质；体验的研究方式不仅指向了马克思作为行动者的"事前"视角，它同时还表征着马克思"改变世界"的人文内容。正如唐正东教授所说："当我们在解读马克思的哲学时，尽管直接呈现在我们面前的是生产关系等范畴，但实际上这些范畴所反映的恰恰是人文的内容，只不过已经不再是那种抽象的人类学意义上的人文内容，而是身处现实社会生产关系之中的具体的人的内容。"①

孙正聿教授认为，思辨与体验"二者可能有所偏重，但不能有所偏废"，因此，如果偏重于从体验的视角看开篇商品，就会发现马克思对商品的"体察、体会和领悟"，一方面使商品自始至终都被赋予了一种历史性的、人本取向的维度；另一方面又使商品首先被看成是满足人的某种需要的有用物。如果偏重于从思辨的视角看开篇商品，就会发现马克思对商品的"具体思想的辨析"，一方面使商品的二重性本质得到阐释；另一方面又通过阐释商品二重性进一步揭示了劳动二重性。然而，只有从思辨与体验相融合的视角看开篇商品，才能准确反映双重维度的统一或双重视角的综合。而这种统一或综合旨在说明一个原则，即《资本论》所探讨的"商品"，从表面上看属于经济学范畴；但从深层次上看，它蕴含着马克思经济范畴所独有的哲学意蕴，体现为马克思的哲学范畴中科学品质与人文内容的综合。

首先，偏重从体验的视角看开篇商品。早在《1844 年经济学哲学手稿》中，马克思就抱着对人及人类世界的强烈关怀从事经济学批判研究，他既批评旧唯物主义哲学"忘记了人"，又批评资产阶级政治经济学"对人的漠不

---

① 唐正东：《从斯密到马克思——经济哲学方法的历史性诠释》，江苏人民出版社 2009 年版，第 415 页。

关心"，"在李嘉图看来，人是微不足道的，而产品则是一切。"① 显然，马克思此时所进行的工作，是一种在经济学研究的表层结构下，以对人的关怀为深层核心的哲学探索。他说："李嘉图、穆勒等人较之斯密和萨伊的一个大进步，就在于他们把关于人的生存的问题——关于人这个商品的或高或低的生产率的问题，宣布为无关紧要的，甚至是有害的。从他们的观点来看，生产的真正目的不是资本养活多少劳动者，而是资本带来多少利息，也就是说，每年总共积攒多少钱。"② 所以，对于旧的经济学而言，"生产不仅把人当作商品、当作商品人、当作具有商品的规定的人生产出来；它依照这个规定把人当作既在精神上又在肉体上非人化的存在物生产出来。——工人和资本家的不道德、退化、愚钝。"③ 这是对当时非人化的整个社会经济及其意识形态的切骨批评。在《资本论》中，由于人在充斥着大量商品的社会中失去了自我，商品拜物教的神秘力量真实地在资本主义社会中发生作用，资本的强大力量"使人和人之间除了赤裸裸的利害关系，除了冷酷无情的'现金交易'，就再也没有任何别的联系了"④，它将现实中的一切都"淹没在利己主义打算的冰水之中"⑤。至此，马克思的劳动异化或人的异化概念已被"剥削"这个更具科学性的范畴所替代。然而，剥削的含义虽然是特定的，但也不可避免地包含着"不应当获得"的意思，单就具体的概念规定来看，既然讨论"应当"或"不应当"，就已经涉及价值判断，而非单纯属于科学性的事实问题。因此，马克思批判剥削、批判拜物教、批判劳动异化或人的异化，实质上是表达了他试图消灭私有制、把人从资本统治中解放出来的人本倾向。另一方面，关于开篇商品，弗雷德里克·詹姆逊做出过这样的解释，他认为马克思是"把'商品'一词转化成一个自身独立的实在的技术术语，其周围可以聚集强烈的物性"⑥。马克思所理解的商品首先是生活中最直接的感性对象，它凭借自身的物质属性满足人的某种需要：某物之为商品，它必须作为一种有用物，即能够以物的形式来直接满足人们的需要。因此，马克思对商品所做的体验和领悟，实质是把商品首先把握为资本主义财富生产的

---

① 马克思：《1844 年经济学哲学手稿》，人民出版社 2000 年版，第 32 页。
② 同上书，第 66 页。
③ 同上。
④ 《马克思恩格斯选集》第一卷，人民出版社 1995 年版，第 275 页。
⑤ 同上。
⑥ ［美］弗雷德里克·詹姆逊：《重读〈资本论〉》中国人民大学出版社 2013 年版，第 15 页。

"庞大商品堆积"以及"表现为这种财富的元素形式的单个的商品"。

其次,再偏重从思辨的视角看开篇商品。在《资本论》中,马克思认为仅仅从质、自然形式的规定性方面依然不能把握商品,因为商品的使用价值仅仅是为商品形态提供材料,"使用价值只是在使用或消费中得到实现。不论财富的社会形式如何,使用价值总是构成财富的物质的内容。在我们所要考察的社会形式中,使用价值同时又是交换价值的物质承担者"①。商品作为一种有质有量的现实存在,其使用价值只规定了其质的差别,其量的差别需要由交换价值来规定,使用价值作为"物质的内容"只是商品"交换价值的物质承担者"。换句话说,商品的使用价值只是其交换价值得以实现的物质载体。这样,商品的本质就由商品的二重性构成。那么如何获取商品的交换价值呢?马克思认为,"分析经济形式,既不能用显微镜,也不能用化学试剂。二者都必须用抽象力来代替"②。具体表现在资本主义的商品交换关系中,"1 夸特小麦 = a 英担铁","这个等式说明什么呢?它说明在两种不同的物里面,即在 1 夸特小麦和 a 英担铁里面,有一种等量的共同的东西"③。因此,交换价值的获取来源于一种抽象力,它抽去了商品作为使用价值、作为有用物的质的差别,单纯考察它们之间量上的比例关系。被抽去了可感性质的商品就成为一种很古怪的东西,"充满形而上学的微妙和神学的怪诞"④。这是因为,商品此时成了一种完全量化的、无质上差别的、单纯的人类劳动力耗费的凝结,而生产者的社会关系,由于抽去了其质的规定性,现在不得不依赖于这种单纯量上的、物的交换价值来实现,所以,本来应该是人与人之间的社会关系,现在反而成了在人之外的物与物之间的交换关系。由此可见,马克思正是通过他特有的对商品"具体思想的辨析",从中揭示了资本主义生产关系中人与人的社会关系所处的物化状态,也就是揭示出了商品拜物教的秘密。

马克思在论述了商品二重性的基础上又提出:"如果把商品体的使用价值撇开,商品体就只剩下一个属性,即劳动产品这个属性。""随着劳动产品的有用性质的消失,体现在劳动产品中的各种劳动的有用性质也消失了,因而这些劳动的具体形式也消失了。各种劳动不再有什么差别,全都化为相同

① 《马克思恩格斯文集》第五卷,人民出版社 2009 年版,第 49 页。
② 同上书,第 8 页。
③ 同上书,第 50 页。
④ 同上书,第 88 页。

的人类劳动，抽象人类劳动。"① 从商品二重性中发现劳动二重性，这是马克思区别于古典经济学家的最重要的方面，也是《资本论》作为政治经济学批判而非作为政治经济学的实质所在。商品之所以具有掩盖人与人之间社会关系的"微妙"和"怪诞"，其根源就在于资本主义社会所发生的独特的、可量化的、无差别的抽象人类劳动。由于商品交换本质上是劳动的交换，所以资本主义商品交换本质上就是这种可量化、无差别的抽象人类劳动的交换，而这种抽象人类劳动的交换所表现和注重的内容仅仅是商品价值量的单纯设定，因此，抽象劳动之间的交换本质上就表征着隐含在这种单纯价值关系中的社会关系的抽象化，换句话说，从商品的交换价值中揭示出来的抽象劳动，它表征着资本主义社会中的个人在各个方面都遭受抽象的统治，以及现实的人在资本主义社会中被剥削、受奴役的现状。因此，马克思对商品所做的"思想辨析或辨析思想"，实质是阐释商品的二重性本质并通过商品的二重性进一步揭示出劳动二重性，以此强调在商品拜物教弥漫的资本主义社会中，每个个人被剥削、受奴役并遭受抽象统治的现实。

最后，从思辨与体验相互融合的角度可以看到，马克思对商品的独特分析，表明了他与古典政治经济学之间的本质差别，开篇商品在《资本论》中是批判式的展露，而非描述式的呈现，它不仅是对资本主义经济现象的描述，更是对资本主义经济现实的揭露，开篇商品中隐含着资本主义生产关系的本质，所以开篇商品也蕴含着马克思经济范畴中所独有的哲学意蕴。从深层次上看，开篇商品是揭露出人在非神圣形象中自我异化的哲学范畴，这正如孙正聿教授所说，《资本论》是"通过阐发商品的二重性而揭示劳动的二重性，通过揭示劳动的二重性而凸现人的存在的二重性，从而揭示物和物的关系中所掩盖的人和人的关系，这深切地体现了马克思睿智的哲学思想。"② 因此，马克思对开篇商品所进行的哲学论述，表现的是他对资本主义条件下人与人之间的压迫、奴役和不平等关系所进行的全盘拒斥；表征的是他试图消灭私有制，从根本上打破资本主义所造成的一切抽象化，从而为通向"以每个人的自由全面发展为条件的一切人的自由而全面的发展"的解放旨趣而敞开一条现实的解放道路。

---

① 《马克思恩格斯文集》第五卷，人民出版社 2009 年版，第 50—51 页。
② 孙正聿：《〈资本论〉与马克思主义哲学》，《学习与探索》2014 年第 1 期。

前提批判的哲学理论研究

在思想的前提批判中通达哲学的自由之境

——聆听孙正聿教授的哲学"四重奏"

田海平[*]

一

从事哲学是一项"明知其不可而为之"的事业。20多年前，听孙正聿教授说这番话时，我思想深处的某种不寻常的震动，曾令我本能地感知：此乃真正遭遇哲学问题之方式。

此刻，我试图捕捉那令我深深为之动容的内在感动，手指无意识地滑过键盘，脑海里却闪回高清海老师从他的老花镜上方投过来的目光——"是么，哲学到底是什么？你自己说说看。"现在想来，高先生在多个场合至少提到了从事哲学的两个标准：从事哲学，一定要把话说清楚，这是第一个标准；与之相关联，第二个标准是说，从事哲学，一定得把道理搞明白。"把道理搞明白"就是要"讲理的哲学"。"把话说清楚"就是反对故弄玄虚的"玄学"，就是要坚持"平易近人的哲学"。这看似漫不经心的朴实话语，似乎关乎一种最低限度的且易于做到的哲学话语或哲学表达，然而，真正要做到这两条，很难。

在偌大的中国学术界，是否还有坚守并固持这两条标准，愿意将"讲理的哲学"、"平易近人的哲学"进行到底的思想传承和哲学传统？别的我不敢妄加评论，这里至少能够指认的是：在吉林大学哲学的传承中，始终流淌

* 作者简介：田海平（1965— ），男，北京师范大学哲学院教授，博士生导师。（北京100875）

着这一脉不屈不挠的"清泉"，它洗尽铅华，本真、澄澈而纯粹地在大地上前行。如果说当代中国哲学中有一个"吉大传统"，这个传统从刘丹岩到高清海，再到孙正聿，经过了三代学者，近大半个世纪的薪火相传，那么他们共同坚守的哲学表达和信条，直接呈现出来的共同体的话语特征，实际上就是这两条。

写到这里，我将目光从电脑荧屏上移开，又开始翻阅案头上摆放的孙正聿教授撰写的四种著作：《哲学通论》，《马克思主义辩证法研究》，《人的精神家园》，《哲学：思想的前提批判》——这四种著作，除了《哲学：思想的前提批判》是孙正聿教授新撰以外，其他三种都是一版再版的畅销书。每一次阅读，都有常读常新之感。即使是随手翻阅一些章节，也会产生一种"聆听"的阅读经验。这种感知亲切而顽强。"聆听"什么呢？清晰的经验和感知，一旦遇到这一问，又倏忽变得茫然。似乎，是在一种寂静的等待中，我的脑海里，豁然跳出一个标题：哲学的"四重奏"！这四部书，构成了哲学的"四重奏"——哲学的确立，哲学的展开，哲学的回归，哲学的引领。归结起来，贯穿于其中的"精神彩线"乃是：在思想的前提批判中，通达哲学的自由之境。

且将以上絮语权作序曲或邀请：让我们聆听孙正聿的哲学"四重奏"！

二

读孙正聿的书，与听他的哲学课，或者和他一起讨论哲学问题，都会有一种"如沐春风"之感。这似乎与孙正聿语言的独特魅力有关，也与他修持和展现的人格魅力有关。这一点当然是没有疑义的。然而，如果往深里进一步问：构成哲学家的语言魅力和人格魅力的核心要素是什么？是什么使得如此平易近人的语言或言说（讲授）如此富有感染力和魅力？——如果我们在这一层面提问，那么就不难看到，那种使语言、思想和人格具有魅力的"魅力因子"可能有极为不同的来源，但对于哲学家来说，最为核心的要素无疑来自哲学问题的独特性和顽固性。罗素曾经说过，"'问题'是哲学家的生命"。从这一意义上，我们可以说，哲学家的问题远比答案重要，因为"哲学问题"使哲学家真正成为哲学家。换句话说，真正的哲学家必定是咬定问题不放松的探索者。因此，哲学家之"是"，便不是由他（或她）生产或建构的"知识"或"真理"，甚至不是由他（或她）提供的"理解"或

"阐释"等来界定,而更多的是由他(或她)面对、提出并试图解决的"哲学问题"来定义的。

《哲学通论》一书,虽然不是最早,但却比较集中地透露出孙正聿"志于哲学之道"的哲学问题之消息。这本书不同于一般的"哲学导论"或"哲学概论"的地方在于,它就像是一支融合了"多重复调"的协奏曲,以仪态万千的变奏形式构成了孙正聿哲学"四重奏"的第一乐章。——"主旋律"是作者给自己(同时也是给他人)提出的问题:"哲学究竟是什么?"在该书后记中,我们读到如下表述:

> ……以"哲学究竟是什么"为主线,我计划了这门课程的整体框架和这部教材的基本结构,这就是现在所讲的和所写的内容:哲学的自我理解、哲学的思维方式、哲学的生活基础、哲学的主要问题、哲学的派别冲突、哲学的历史演进和哲学的修养与创造。我在《哲学通论》中所写的这些内容,都是围绕"哲学究竟是什么"这个根本问题,来引导学生拓宽和深化对哲学的理解,而不是分门别类地讲述有关哲学的各种问题或各种知识。①

在第一章"哲学的自我理解"的开头部分,作者如此追问:

> 哲学不是宗教,为什么它也给人以信仰?哲学不是艺术,为什么它也赋予人以美感?哲学不是科学,为什么它也启迪人以真理?哲学不是道德,为什么它也劝导人以向善?难道哲学什么都是又什么都不是吗?②

这些富有韵律感的言说和追问,敞开了全部哲学和哲学家都回避不了的一个根本问题:"哲学究竟是什么?"

一个根本性的困惑出现在孙正聿的哲学演说或写作中:宗教确立信仰,艺术关注美感,科学探求真理,道德范导善行,……那么,哲学要确立什么?这样具根本性的问题,"问之所问"不特是"询问"作为听课者的学生,而实乃是作者或言说者之深切的"自问、自识和自省"。

---

① 孙正聿:《哲学通论》,人民出版社 2010 年版,第 614 页。
② 同上书,第 25 页。

在引用了上述两段文字后，我们不免要生出如下一个疑问：每个时代的哲学家都会回应这个关乎哲学之自我理解的"哲学观"问题，这是最寻常不过的哲学史常识；——那么，它在何种意义上成了孙正聿自己的"哲学问题"呢？换句话说，人们从事哲学，实际上只需要回答这一个问题，即"哲学究竟是什么"。然而，这是一个纯粹形式上的开端。如果仅停留在这个形式上，我们等于什么也没有说。赵汀阳在十多年前概括说，这是"一个或所有的问题"。当"一个问题"和"所有问题"纠结在一起的时候，我们只能把"所有问题"忽略掉而过于匆忙地给出关于那"一个问题"的词典定义或标准答案。这样，我们是无法进入哲学之"门"的。于是，哲学家必须要做的第一件事情，是对这个形式问题给出初始内容。"哲学究竟是什么"的顽固性，在这里，执着地转化为"哲学要确立什么"的问题。

《哲学通论》中居于首位的"复调变奏"，其实交织着这两问：一问是，"哲学究竟是什么？"另一问是，"哲学要确立什么？"前者是"显"，服务于教材和哲学课的实际需要，是"把自己摆到对象或他物中去"的逻辑，是"开端"的丰富性借助"问之所问"的逻辑序列展开。后者是"隐"，融入了作者意犹未尽的言外之意，构成了一种在讲课和写作中隐而未发的思想张力，是"在对象或他物中坚持自己"的逻辑。于是，文字内外，课堂内外，交互关联成为一种"思想"的场域和势能。阅读《哲学通论》之所以会令人有一种"聆听"的感觉，除了它带有"哲学课"的印记而外，更主要的原因当是：人们在不经意间进入到"隐"于其间的哲学之确立的"正题法则"，即隐含着孙正聿关于"哲学要确立什么"的持久关切和深度问询。

一个未曾明言也似乎无须交代，但却是不能不提的另一个"复调变奏"在这里出现了——构成《哲学通论》的"理论思维前提"是什么？这问题引出了一个"复杂而宏阔"的"复调"：《哲学通论》与《理论思维的前提批判》（1992）之间的相互关联，以及《哲学通论》与"哲学课"之间的相互关联。第一个关联涉及作者作为哲学家"出场"的哲学问题之转换。第二个关联则涉及后教科书时代哲学问题方式"在场"的问题域之转换。从这两种两联性视角看，"哲学要确立什么"的问题至少由三层旨趣的拓展得到了响应：一是从"辩证法的批判本性"到"哲学之'通'"的拓展；二是从"哲学之'通'"到"哲学之'自由'"的拓展；三是从"哲学之'自由'"到"哲学之'正题法则'"的拓展。明乎此三层拓展，就能理解《哲学通论》在孙正聿的哲学"四重奏"中的意义。

如果以一句话提炼《哲学通论》的主旨，我倾向于用"自由是哲学的正题法则"这个命题来概括。当然，要解析清楚这个命题，需要回答《哲学通论》衍生出来的三问：什么是"哲学之'通'"？什么是"哲学之自由"？什么是"哲学的正题法则"？

先看第一问，什么是"哲学之'通'"？

《哲学通论》独具一个"通"字，可谓名副其实。那么，什么是哲学之"通"呢？我们知道，高清海老师的哲学最醒目的标志之一是"类哲学"。也就是说，"类"是高老师领会哲学或确立哲学的独特概念。与这个意谓一脉相承，孙正聿哲学的"名片"是"哲学通论"。换句话说，如果拨开"教材"的形式面纱，就会看到，"通"是孙正聿领会或确立哲学的方式。"类"或"通"，都是"立乎其大者"的哲学之确立。"类"偏重本质，它确立的是"人"和"人"的根本，是以哲学的方式把握"人"。"通"偏重形式，它确立的是"自由"和"自由"的根本，是"人生在世、人在旅途和人的目光"，重点是"在世"、"旅途"和"目光"的高远和自由澄明。因此，哲学之"通"，是"合内外、通天人"的超越追求，是"中西互镜、古今对看"的远见，是超越常识、反思科学的批判性思考，是"在在之道"、"生生之德"的修养与创造，是"此在"与"彼岸"的通达，是不避烦难、不堕我执、不随流俗、不尚空言的择善固持。用黑格尔的话说，"通"的真谛即自由，就是"在他物中坚持自己"的哲学之"道"。

从这个意义上看，孙正聿确立哲学的方式，可从聆听《哲学通论》的"主题基调"中辨识一二。它传递出哲学通达存在之奥秘、把握"思想中的时代"之精髓的消息。这就是：志于哲学之道者，极高明之要义，在于"说通历史、说通理论、说通现实"，且在此"哲学之通"中，切近哲学的自由之境。

再看第二问，什么是"哲学之自由"？

谈到黑格尔，不容否认，他当然有很"不通"的地方，至少不"通一俗"。然而，读黑格尔而沉浸到一种"哲学之感动"，却是进入哲学的阶梯。[①] 从这种"哲学之感动"出发，可触及对"哲学之自由"的认知。《哲

---

① 这个传统来自已故哲学家邹化政教授的卓越工作。邹老师在吉林大学哲学系的老学生（我是指20世纪80年代之前在吉大哲学系读书的学生）中成了一个永远的"传奇"。孙正聿的《哲学通论》课当然和邹老师的哲学课很不一样，但寻绎其内在的精神的相通之处，则是饶有趣味的。这是我在这里问及的"哲学之自由"时要从黑格尔说起的缘由。

学通论》中有"品味黑格尔的比喻"一节，描述了作者读黑格尔时经历的这种感动。

> ……黑格尔曾经作过许多生动形象而又耐人寻味的比喻。……"庙里的神"、"厮杀的战场"、"花蕾、花朵和果实"、"密涅瓦的猫头鹰"、"消化与生理学"、"同一句格言"和"动物听音乐"等七个比喻。①

这些关于哲学的比喻，从"存在的意义"、"思想中的时代"、"批判的本质"、"反思的智慧"、"知识的有限性"、"生活的阅历"、"生命的领会"等方面，隐喻地表达了哲学思考的自由特质。孙正聿用了一组句式来表达，他说："……真正的哲学会引起思维的撞击。……会激发我们的理论兴趣，拓宽我们的理论视野，撞击我们的理论思维，提升我们的理论境界。"② 这一组句式是一种描述性话语，描述了"真正的哲学"会是什么样子。它的"复调变奏"的结构在于，孙正聿不只是作为一位纯粹的哲学教师说这番话的，他同时还是作为一个哲学家在讲话。于是，紧随其后的问题必定是：如何做到呢？我们这些有志于哲学之道者，如何才能进入"真正的哲学"呢？

做哲学，做真正的哲学，或者说，真正从事哲学，必须在一种"哲学之感动"中领会、体认"哲学之自由"。去感知、去认识、去体悟、去思想、去追随一种"如同工人用双手建造铁路"一样的坚定性和存在感——"他的双脚必须坚实地站立在大地上"。人们以各种进路和方法从事哲学或思想的"建造"，进入和领会"哲学之自由"，成就了各种各样的旨趣迥异的哲学思想。而当我们说，孙正聿的"哲学之确立"用一个字概括就是"通"，以及《哲学通论》取法"通"之精神以切近"哲学之自由"——当我们这样说时，只是下了一个论断，支持这个论断的学理分析需要对《哲学通论》和《理论思维的前提批判》的关联性进行解读。在这一点上，我认为，孙正聿总结自己的写作体会时说的一番话，最能表达他所体认的"哲学之自由"，他讲了三个层面的"跟自己过不去"：

---

① 孙正聿：《哲学通论》，人民出版社 2010 年版，第 14 页。

② 同上书，第 24 页。

　　……写作过程中，最为看重的有三个东西，一是思想，二是逻辑，
三是语言。所谓"思想"，就是要有独立的创见，这就需要"在思想上
跟自己过不去"；所谓"逻辑"就是要有严谨的论证，这就需要"在讲
理上跟自己过不去"；所谓"语言"，就是要有优美的表达，这就需要
"在叙述上跟自己过不去"。①

　　如果说"自由"就是"在他物中坚持自己"，那么孙正聿所说的三个
"跟自己过不去"就是一种自我固持的"哲学之自由"。当然，要向完全没
有哲学之感知或哲学之感动的人阐明"哲学之自由"是什么，那将是非常困
难的事情。在这一点上，我更倾向于把《哲学通论》反过来读。

　　比如说，读第一章"哲学的自我理解"，作者正面论述了"哲学与常
识"、"哲学与科学"的相互关系。而在我看来，反过来读的意思则更有趣：
哲学可不可以违背健全的常识？"人之常情"、"物之常态"、"事之常理"的
哲学意义为何会被遮蔽在常识的理所当然中？科学在何种意义上使哲学面临
终结的命运？……孙正聿的运思针对哲学的生活世界根基和理论思维前提
这两个方面提问——对于当代中国哲学思想而言，思想的最大"敌人"和
"迷途"是什么？孙正聿说，一为"常识"，一为"科学"。哲学"常识化"
就会禁锢自由思想，沦为教条；哲学"科学化"就会压制自由思想，戴上权
威的面具。"跟着常识走"或"跟着科学走"，是顺着思想的惯习和惰性走，
也就是把哲学的反思或思想扔在了身后。孙正聿说，我们需要"在思想上跟
自己过不去"，是要对常识的前提和科学的前提进行审视和批判，把扔在身
后的反思或思想的大旗重新打出。这是在人们以常识方式或以科学方式理解
哲学的环境下，孙正聿针对时弊，指认的在思想上进入"哲学之自由"的
路径。

　　再看第二章"哲学的思维方式"和第三章"哲学的生活基础"，作者是
从正面展开"哲学的基本问题"、"哲学的反思活动"、"哲学的前提批判"
以及"哲学与人的存在方式"、"哲学与社会的自我意识"、"哲学与时代精
神的精华"等内容。但是，如果反过来阅读就会发现，这里贯穿始终的是对
"两条逻辑"的强调：一是哲学作为一种理论思维的逻辑；二是哲学作为一
种生活方式的逻辑。所谓"理论思维的逻辑"，就是把哲学看做是"理论的

---

　　① 孙正聿：《哲学通论》，人民出版社 2010 年版，第 698 页。

理论"，即对事事物物都要"理论"清楚才肯放过，是在"说理"上不接受任何未经反思或反省的前提，用孙正聿的话说，就是"一切理论思维的前提批判"。所谓"生活方式的逻辑"，就是把哲学看做是一种"理论的生活"，是"人的自我意识"的学说，是苏格拉底所说的"一种经得起反省推敲的生活"。孙正聿的说法是：哲学是"意义的'普照光'"。用这两条逻辑衡量，哲学在"哲学理论"和"哲学态度"两个方面都需要"在讲理上跟自己过不去"。这里的寓意在于，什么时候理论和实践中"讲理"的"哲学话语"大行其道，我们民族的"哲学语法"在逻辑上就会行进在"哲学之自由"的大道上。

毋庸赘言，在表达上进入"哲学之自由"是《哲学通论》最引人注目的本真面貌。孙正聿喜好用"表征"一词，应是对此"自由"有深切之领会。因为，在我看来，只有出入语言内外，打通"词与物"之扞格，不受学科界限的禁锢，让文字插上想象的翅膀飞翔，才会明了"表征"一词的意蕴或意味。哲学一旦"表征……"，那一定是自由而优美的表达，无论是"郁忧的高贵"，还是"横空出世的奇诡"，抑或是"平平常常的邻家絮语"，都可以纳入哲学之自由的表征。当然，"表征之自由"的前提，需要"在叙述上跟自己过不去"。

复看第三问，什么是"哲学的正题法则"？

《哲学通论》的立意太过直白，反而易于让读者忽略其中隐蔽的至关重要的"复调变奏"。前面提到，书中有两个层次的"哲学之确立"，构成了贯穿其中的"复调结构"：一个是表层的立意，它要从正面"端正"人们关于哲学的一般观点和看法，以"哲学究竟是什么"为主线展开叙述；一个是深层的立意，是作者转换出来的对"哲学要确立什么"这个问题的持久诘问，说到底，是作者自己的哲学问题和哲学意识的自我确立。这两者之间的相互性关联及一再复现，构成了《哲学通论》一书的"母题"。以这种方式，"哲学的正题法则"得到了一种兼具个性和历史性的回应。

所谓"正题法则"，可追溯到黑格尔。他的《逻辑学》的展开形式是"正—反—合"三题。但是，很少有人注意到"正题"的极端重要性。它很抽象，差异的内在发生还没有展现，但是，要有所确立的胚芽却是隐蔽着待时而发。从这里引申开去：一种自由成长的意志如春苗破土般乍现，——这一精神现象，在一切哲学和人文学（或精神科学）的理解和创造活动中广泛存在，构成了精神发生学的基本原则，皮亚杰称之为"人文学（包括哲学）

的正题法则"。依此立论,《哲学通论》至少在三个意义上"表征了"(借用孙正聿的用语)"哲学的正题法则"。简述如下:

第一,在方法论学的意义上,《哲学通论》在哲学理论的学理层面将《理论思维的前提批判》中系统论述的"自由辩证法",发展成为一种"元"哲学方法。它使"前提批判"这一概念术语成为从马克思哲学问题域中开出的具有生命活力的哲学范畴。仅从这一意义上讲,"前提批判"所指涉的以"哲学之通"和"哲学之自由"为指归的哲学之确立,它所关联的哲学基础理论的探索方向,以及它蕴含的一种思想的"林中路"之气象,标画出孙正聿对"哲学的正题法则"的一种极具个性的创造性回应。

第二,在精神现象学的意义上,《哲学通论》在哲学教育的实践层面将一种自由的哲学探究活动融进"哲学的正题法则"之中。这是可追溯至苏格拉底的一种哲学精神的人文底色。我更愿意将这本书所关联的"课堂内外"、"论坛上下"、"教科书前后"描绘为当代中国哲学的一个精神史片断。

第三,在当代中国的"哲学启蒙"和"思想启蒙"的意义上,《哲学通论》从一种时代性关切和中国话语关切的意义上进入"哲学的正题法则"。它对哲学常识化、哲学科学化的批判,强调哲学与科学的区分,标举"辩证法的批判本性"及"哲学之自由",力图将马克思主义哲学的研究和教学从"教科书范式"中解放出来,推进并适应"后教科书时代"的时代精神的需要,具有哲学启蒙和思想启蒙的双重意义。从这个意义上看,《哲学通论》在哲学话语或哲学理解的语境转换方面有其独特的历史性意义。①

━━━━━━━━━━

① 关于这一点,邹诗鹏将孙正聿《哲学通论》的历史意义放到由高清海老师推进的以吉林大学哲学学派为代表的学派和事业之名下,并定位为"当代中国哲学的启蒙"。见邹诗鹏《高清海与当代中国哲学的启蒙》,《天津社会科学》2015年第1期。写到这里,我说点轻松的话题。"哲学之确立"过于宏大,望之俨然。一个后现代的片断或偶识,使我想到了"牙痛",也想到了"噪音"。它总是隐隐地却又无可遏止,有如海浪一样一波一波地漫延,它激起的不安愈来愈大,……然后,几乎是突然之间,牙痛止住,噪音消失。……哲学问题的独特性在于,它最初可能是非常个人化的或者个性化的个人探究者面临的问题,或者提出的问题,就如同你不能与别人分享你的"牙痛",或者你无法让别人分担你遭遇到的"噪音"困扰一样,哲学问题总是从那"至精微"的个人经验中突破出来,于是成为公共性知识和法则。比如,大家开始讨论"牙痛"和"噪音"以及消除牙痛和噪音的方法。这就是"哲学之确立"。个人以个人身份不能成为立法者,你做的一切只是你按自身条件所理解和创造的个性化工作。但是,"哲学之确立"则可以使个人的准则成为普遍的法则。维特根斯坦用"瓶中之蝇"的隐喻描述这问题的独特性。吊诡之处在于,当大家都这样说话,或者当人们都愿意使用某个哲学家的个性化的概念(如"前提批判")时,它就会面临沦为常识的危险。当瓶中的蝇都知道往上是出离瓶中困境的出路时,事情就变得无趣。从这一意义上说,《哲学通论》的历史性意义在于,它存在于一种精神现象所经历的独特的历史分水岭上。

三

如果说《哲学通论》是孙正聿哲学"四重奏"的第一乐章，隐蔽着"'哲学之通'—'哲学之自由'—'哲学之正题法则'"的多重复调变奏，那么它在回应"哲学要确立什么"这个"正题法则"之"问"时彰显的方法学意义、精神现象学意义和启蒙的意义，则蕴含着一种精神本身的"生长的逻辑"或"展开的逻辑"。此即"哲学的展开"。——孙正聿这方面的著述大致上分为"辩证法研究"和"哲学观研究"两大部分：前者关涉"理论理性"，是"理论思维的前提批判"，后者关涉"实践理性"，是"哲学自身的前提批判"（当然这个分法似乎略显牵强）。耐人寻味之处在于，这两种"批判"往往交织在一起，你中有我，我中有你，不可分割，构成了一种相互关联的"复调变奏"。比如，我手边的这部《马克思主义辩证法研究》(2012) 就比较集中地体现了这种"哲学之展开"的复调结构。在这个意义上，也仅仅是在这个意义上，我将它列为"孙正聿哲学'四重奏'"的"第二乐章"。

孙正聿之特别关注辩证法，一方面是由于其哲学意识的最初源泉发源于此，另一方面亦由于贯穿于其哲学对话、理解和创作活动之中的理论本原来源于对马克思辩证法的重新解读和重新理解。《马克思主义辩证法研究》（以下简称《辩证法》）是孙正聿第三次集中讨论辩证法问题。这一事实表明：(1) 马克思的辩证法；(2) 马克思的哲学观；(3) 两者之间的相互关联——标画出《哲学通论》之后，孙正聿"哲学之展开"的基本路线。我们按照这条线索阅读《辩证法》一书，会发现书中呈现了一个有趣的逻辑循环：其一，从"辩证法"到"哲学观"，准确表述是，通过"发展辩证法理论"寻求"当代哲学的理论自觉"；其二，从"哲学观"到"辩证法"，准确表述是，通过"当代哲学的理论自觉"寻求"发展辩证法理论"。这个"循环"的哲学意义自不待言，它使得"辩证法"和"哲学观"都被一再地置于一种"前提批判"的审查视域中，进而透露出孙正聿所坚持的"哲学的展开原则"。这就是不断地将"辩证法"和一般意义的"哲学基础理论"带向"哲学之自由"的哲学思维和哲学态度。孙正聿概括为四个字："前提批判"。

如果上述论断成立，我们就可以指认《辩证法》在孙正聿的哲学"四重奏"中的意义。如果说《哲学通论》的主旨是要以某种方式阐明"自由是哲学的正题法则",那么《马克思主义辩证法研究》则是要以某种方式阐明"前提批判是哲学的展开原则"。

"前提批判"就是解前提之蔽。对于哲学研究来说,它是一种理论解蔽的探究活动,是在"当代哲学的理论自觉"中反思辩证法。对于辩证法的批判本性的重新认识,是孙正聿哲学的出发点。他在第一部辩证法论著(1992)中,将辩证法的批判本性概括为"理论思维的前提批判"。我们知道,理论思维前提的最大特点,是它不同于时间先在意义上的逻辑先在。它有逻辑的隐匿性和强制性等特性,导致理论前提和理论结果之间存在着内在关联。要解构这种逻辑关联,理论才能发展。孙正聿所说的"理论思维的前提批判"就是要质疑理论结论中的这种必然性的东西,从而动摇被认为是理所当然的、自明的东西,打破原有的思维定式,把思想引向一个新的层次或一个新的方向上,开辟新的思想领域。这意味着,"理论思维的前提批判"必须以一种"当代哲学的理论自觉"为前提。它在某种程度上,要求人们从哲学的当代性或者当代哲学的视角上理解马克思哲学,这与通常对马克思辩证法的传统解读大不相同。甚而至于,它的前提批判的锋芒直接指向了流行的观点。在《马克思主义辩证法研究》的第一章,孙正聿写道:

> 人们对"辩证法"的最大误解,就在于把思想的内容和形式割裂开了,把概念的内涵和外延割裂开了,把哲学的理论和方法割裂开了,从而把作为世界观理论的辩证法、作为关于真理学说的辩证法,变成了没有思想内容、没有概念内涵、没有实证知识的纯粹的"方法",似乎辩证法像某种"工具"一样,需要的时候可以拿出来用在各种对象上,用过之后,也可以收起来以备再用。①

人们为什么会对"辩证法"有这样的误解?孙正聿在该书第二章通过解析"马克思主义辩证法的经典命题"进入一种前提批判的视角。他列举了五个经典命题,分别是:"辩证法不过是关于自然、社会和思维发展的普遍规律的科学";"辩证法是最无片面性的关于发展的学说";"辩证法也是认识论";"辩证法的本质是批判的、革命的";"辩证法是建立在通晓思维的历

---

① 孙正聿:《马克思主义辩证法研究》,北京师范大学出版社 2012 年版,第 10 页。

史和成就基础上的理论思维"。分析这些命题后，得出结论说：通行的理解没有注意到这些命题之间的相互关联。……这里不厌其烦地引用和转述孙正聿的分析，旨在阐明："前提批判"作为哲学的展开原则，既源自对辩证法的批判本性的深切理解，同时也成为敞开马克思主义辩证法的当代性视角的一个"去蔽"的维度。

"前提批判"呼唤面向事情本身。它是一种反思性的哲学实践，是从"概念逻辑"和"生活实践"双重视角反思辩证法的历史遗产和当代发展。正是在这个意义上，孙正聿反复不断地直面问题：我们如何理解恩格斯关于辩证法是一种"建立在通晓思维的历史和成就的基础上的理论思维"？怎么看待辩证法的各种的理论形态？（本体论维度，认识论维度，生存论维度，实践论维度等）在一个后形而上学时代如何发展辩证法？如何理解"本体论、认识论、逻辑学"三者一致的学说？为什么说辩证法是一种关于发展的学说？翻看《辩证法》一书的第三章（马克思主义辩证法的理论遗产）、第四章（马克思主义辩证法的发展学说）和第五章（马克思主义辩证法的批判本性），……这些问题都属于关于辩证法理论的前提批判。值得注意的是，"前提批判"适合提供"反思性"的"解蔽"，擅长开启深邃而悠长的洞见，是一种"叫真或较劲"的孜孜不倦的探究意志的化身。它是一种古老的"哲学生活"的遗产，又是一种可以在后现代解构策略中一窥踪迹的新锐。苏格拉底是这种生活的榜样。黑格尔将它发展成了其哲学体系的展开原则。马克思在《资本论》及其手稿中开启了政治经济学批判的事业。海德格尔《存在与时间》中关于"存在论差异"的洞察，列维纳斯的"人质"概念，维特根斯坦说"好好活着"是哲学的最高命令……这些探究活动都具有"从前提批判的意味中清理哲学问题"的一种敏感性和直接性。前提批判的目的，不是为真理而真理，它既不是向人们推荐可以被当作常识遵循的知识真理，也不是提供对世界进行标准化解释的科学真理。而是本于"哲学之自由"的执着，通向人的自我认识的永无止境的探索。——说到底，它是通过人的自我关切寻求社会和人生的改善。在这个意义上，前提批判作为一种具体化的实践，得以确立在不同于"一切理论思维（包括以往的系统化的哲学理论在内）"的维度上。这种哲学的实践方式的最彻底的理论表达，就是"马克思主义的辩证法"。

"前提批判"推动批判的纵深扩展。对于"哲学之展开"而言，一个高明的"正题法则"如果没有与之相匹配的"展开原则"，它就只能沦为"意见"或者"高见",（这样的高见越多，越不利于哲学精神的成长）而不可能发展成为一种原创性的哲学理论。哲学问题的独特性，在于它是通过批判展开自己的，这决定了它在一种自我折磨的精神处境中寻求系统性的表达和展开。它从来不可能是孤立的问题。对任何一个问题的求解，都要求一种系统性的反思或体系化的思考。因此，以什么样的方式展开哲学的正题法则，是激发理论活力或创造力的关键。这也是孙正聿在完成《哲学通论》后又重新"回到马克思"那里去求解"辩证法之谜"的缘由。"前提批判"在理论思维的维度延展，就是要祭起辩证法的大旗以洞察理论问题的症结。《马克思主义辩证法研究》第六章中有这样一段话：

> 人类的创造性、未完成性和无限的开放性，就是人类存在的实践性。在人类的实践活动中，蕴含着人与世界之间的全部矛盾关系。对辩证法的理解，最根本的是对实践的内在矛盾的理解。[1]

辩证法的实践基础和人类智慧的形态特质，决定了"前提批判"要在理论与实践、思维与存在、词与物等相互关联的辩证关系的层面展开。从这里扩展出各种不同类型的"前提批判"。除了前面提到的"理论思维的前提批判"，"前提批判"扩展到"实践批判"、"文化批判"、"政治经济学批判"、"社会批判"、"日常生活批判"、"意识形态批判"等等各方面的进程一直在持续。"前提批判"从理论理性领域向实践理性领域的扩展，反过来又会加深人们对理论本身的理解，从而激发人们的理论创造力。

"前提批判"期待哲学系统的"突破"。哲学系统的"突破"是指抓住最紧要的理论症结，击碎它的自明前提。首先要阐明什么是今天遭遇的最紧要的理论症结。我认为，我们今天面临的最紧要的理论症结是：我们尚没有进入对自己的理论前提进行批判思考，不仅如此，我们甚至不清楚自己的理论前提是什么。或者是由于蒙昧，或者是不敢面对，无论是什么缘由，对前提的遗忘实际上是对存在之遗忘的一种变体。当代中国语境下的哲学之展现，尽管花样繁多，但总脱不了"古今中西"四个字。而这四个字中，"今"之话语远远弱于"古人言"，"中"之话语则唯"西方"话语之马首是瞻。我们向古人学习，向西方人学习，但是如果不在一种"前提批判"中面

---

[1] 孙正聿：《马克思主义辩证法研究》，北京师范大学出版社 2012 年版，第 215 页。

对我们自己的问题，学习得再好，效仿得再像，"理论前提"仍是别人的（古人的或西方人的），精神枷锁便不可能被打破。

四

也许，一种理论的破冰之旅，在"前提批判"的哲学中已然初露端倪，展现在我们的面前。在"通"的哲学描述和"正题法则"确立之后，经过对"辩证法"和"哲学观"的反复不断的反思拓展或前提批判之展开，"理论症结"似乎被找到。《哲学：思想的前提批判》（以下简称《哲学》）可谓是直抒胸臆。在它谱就的"抒情乐章"和"精神圆舞"中，我们感受到一种对于"哲学之回归"的渴望、期待或期许，自由的言说，无拘无束的清澈澄明，跃然纸上——如果说《哲学通论》是在描述"哲学之确立"的正题，《马克思主义辩证法研究》（通过探究辩证法是一种什么样的理论思维）是在典型地绽现"哲学之展开"的反题，那么，一种思想自身的逻辑在进入"哲学之回归"的合题，就是值得期待的新的哲学思想的"乐章"。《哲学》的出场是否不经意间暗合了黑格尔的"正—反—合"的逻辑，这个并不重要。重要的是，它作为孙正聿哲学"四重奏"的第四乐章，为"哲学"提供了一个正式的"命名"："前提批判的哲学"。

无论从何种意义上，这都是一个晚到的"命名"。反过来看，它出现在"合题"环节，在"差异的内在"发生充分展现之后的回归线上，伴随着"咏叹哲学"（看孙正聿在该书后记中自撰的《咏叹哲学》诗）的韵律和诗意，又似乎适逢其会，正当其时。从1992年出版《理论思维的前提批判》一书开始，孙正聿对哲学的理解，对哲学自身问题的思考和回应，可以说就是一种"前提批判的哲学"。"前提批判"是哲学之自由的逻辑展现。如果用一句话概括《哲学》的主旨，那就是：在思想的前提批判中通达哲学的自由之境。要义是激发思想观念的变革。这客观上要求哲学需要有一个系统性的突破。如何突破？《哲学》一书给出的指引是五个方面的前提批判。先看作者在该书导论开篇中的"自述"：

> 本书对思想的前提批判，主要包括五个方面：一是对构成思想的基本信念的前提批判，即对"思维与存在的同一性"的前提批判；二是对构成思想的基本逻辑的前提批判，即对形式逻辑、内涵逻辑和实践逻辑

的前提批判;三是对构成思想的基本方式的前提批判,即对常识、宗教、艺术和科学等人类把握世界的基本方式的批判;四是对构成思想的基本观点的前提批判,即对存在、世界、真理、价值、历史等基本观念的前提批判;五是对构成思想的哲学理念的前提批判,即对哲学本身的前提批判。这五个方面的"前提批判",构成了我所理解的哲学:对思想的前提批判。①

读完这段作者自述,往下读《哲学》的导论。我沉吟良久,心中不免生出对哲学家的工作方式的一些感慨。

哲学家都是一些两手空空却又功力盖世的"绝世高手"。肉眼看不见摸不着的"概念",是哲学家用来打磨思想,磨砺眼光,与世界打交道的工具,就像铁匠用的铁锤,农夫用的犁,渔民用的网一样。哲学家的劳绩是用概念表达思想,排解困惑,处理未思未究的未知之域,可能会在那里开疆拓土,或者建造一栋"面朝大海春暖花开"的房子,或者"用理性的光芒照亮黑暗的每一个角落"。他们是发现、创造和运用概念的技艺大师。在以往的哲学家那里,他们的"概念的工具箱"里总是放满了形形色色的工具,以方便他们对事物和对象进行分类研究,或者去建造理论体系或知识体系来解决麻烦,解除疑惑。以至于有哲学家将自己的理论命名为"百科全书"。这就产生了两个问题:一是当某些理论自以为能够充分有效地解决实际问题时就会摇身一变,成了"科学";二是当某些理论自以为能够充分有效地解决"概念的工具箱"中遇到的实际问题时也会摇身一变,成了"逻辑学"。问题的要害在于,当"科学"和"逻辑"毫无留恋地"叛出哲学",前者承诺在具体思想事务上为人们提供最终可靠的知识,后者承诺在抽象思想事务上为人们提供最终可靠的知识。这时,哲学承诺什么?

这其实就是孙正聿的哲学"四重奏"一以贯之的复调式的双重之"问":哲学究竟是什么?哲学要确立什么?

《哲学》一书并没有"空巢母亲"的担忧。"儿女长大成人各奔东西",诸科学和逻辑从哲学中抽身独立,这并不是坏事,也大可不必担心。"哲学的终结"——罗蒂的预言,不必当真。人类知识领域的高度分化,反而以某种方式

---

① 孙正聿:《哲学:思想的前提批判》,吉林大学哲学社会学院(打印稿),2015 年,第 11 页。

为哲学提供了通达自由之境的契机。孙正聿在《哲学》中立足其间的理解哲学
自身问题的方式及诀窍，某种程度上，是对大半个世纪前德国哲学家海德格尔
"什么召唤'思'"的一种穿越时空的回应。在一个科学不思的时代，到底什
么召唤"思"？海德格尔说得很玄：写诗的人太孤独，这孤独如同"夜到夜
半"的黑暗召唤黎明；写诗的人在孤独的黑夜中，召唤运思之人的吟咏伴唱。
孙正聿的回应，则是一贯的明白晓畅：那用作"构成思想"的前提之物，才是
值得我们大可一"思"的思想的任务。诸科学果真不思想吗？站在"前提批
判的哲学"的视角看，诸科学不是不思，而是以科学方式去"构成"的关于
世界的"思想"从来未曾进入"思"。那是诸科学看不到的它自己的"不自觉
的无条件的前提"。考古学家勘测文物的年代，但是不问时间到底是什么；建
筑学家筑造特定的栖所，但是不问空间到底是什么。一旦他们问向时间，问向
空间，就进入一种"反思"，即对他们用来"构造思想"的前提之物进行批
判，从而进入哲学之畛域。从这个角度看，哲学与诸科学（包括人类知识的一
切学科领域在内）相互关联的维度，作为当代思想的智识之维，成为催生哲学
之系统性突破的理论之症结所在。在这一背景下，孙正聿的"思想的前提批
判"，至少从三个方面上开启了通达"哲学的自由之境"。

　　第一，从哲学史的意义看。"思想的前提批判"可归类为一种"解放思
想"的哲学理论。如何"解放思想"？有很多回答。孙正聿说："……以
'非反思'的方式去理解哲学及其'基本问题'……混淆了人类思想的'构
成思想'与'反思思想'的两个不同的'基本维度'，从而也就取消了人类
思想的反思的'哲学维度'。"① 孙正聿指出的方向，是要对构成思想的基本
信念进行前提批判。他坚持不懈地执着的、纠结着的跟自己过不去的"问
题"，是一种可以称之为基本的"观念论差异"的问题。在这点上，孙正聿
遭遇哲学问题的方式与海德格尔专注"存在论差异"的情形可有一比。我们
知道，思维（思想）与存在，简化的表述是"思"与"在"，一向被理解为
哲学的基本问题。海氏抓住了"存在问题"，他捕捉到了这问题中存在的一
个"缝隙"，就是"存在与存在者"之间未曾明言、未被深究又是如此昭然
的基本差异，于是一个惊人的断语横空出世，他说：自古希腊以来的西方形
而上学的历史，是一部"存在之被遗忘"的历史。孙正聿的表述则是平实而

---

① 孙正聿：《哲学：思想的前提批判》，吉林大学哲学社会学院（打印稿），2015 年，第 15
页。

谨慎的。他抓住了"思想问题",看到观念形态中"思想"的裂隙一直未被探究,这个裂隙就是:"思"与"所思"之间的微妙差异。人们总是把"所思"(孙正聿称之为"构成思想")当作思想的全部,完全忽略了对"所思"的"思"(孙正聿称之为"反思思想")更为根本,更为重大。哲学丧失思想,不是在"所思"的意义上,再怎么糟糕的哲学都有"所思";不仅如此,一切"构成思想"的诸科学乃至文学,都是有"所思"的,但它们可能毫无"思想"。在这个意义上,《哲学》是否发现了哲学史上的另外一件更为重大的遗忘——"对思想的遗忘"——之事件呢?倘如此,前面说的"理论的破冰之旅"就是可以期待的了。我用"思"与"所思"的差别,转述孙正聿关于"构成思想"与"反思思想"之间的差异,是否妥当,可以商量。但是,这个"观念论差异"的提出所具有的哲学史意义,是值得深究的。至少沿着这个方向深入探究,意义重大。孙正聿在当代中国语境下自觉地意识到了这个差异的重要性。他对哲学作为"思想的前提批判"的系统的理解,就是立足于这个"观念论差异"。区分思想的这两个维度,在其现实性上,是要彰显哲学反思的独特性,从正面阐明哲学在前提批判中就当担负"解放思想"的使命。

第二,从时间维度看。"前提批判的哲学"指向时间维度"过去—现在—未来"的层级预设,要开出一种作为未来的"现在"和作为现在的"过去"的顺序选择,旨在用"未来"贯通传统和现代,使哲学真正成为"思想中的时代"。如果说在时间维度人们不能摆脱时间先在的逻辑,习惯于让过去决定着现在,让过去和现在决定着未来,那么一种"反其道而行之"的哲学意识在前提批判中则打破了这种决定论。从这里产生了一种"哥白尼式的革命"——看啊,不是"过去"决定"现在",决定"未来",而是"未来"赋予"现在"、赋予"过去"以意义。孙正聿用从"'层级'到'顺序'"的话语,指称和表达的就是这种自由的逻辑。它是着眼于哲学作为"思想中的时代"的前提批判之觉悟。

第三,从空间维度看。"前提批判的哲学"还指向空间维度"彼—此"、"天—人"、"主—客"的两极对立,要开出一种"本体中介化"的哲学道路,从语言、科学、艺术、宗教、伦理等各种"文化扇面"的中介出发,通过前提批判,打通"词—物"、"你—我"、"内—外"、"主—客"、"我者—他者"、"群—己"、"中—西"以及一般意义上的"人与自然"的两极差序和彼此扞格,开出一种融合两极的"中介"式的"本体观",使哲学成为

"思想中的世界"。人们在空间维度、在一种隐喻的意义上，习惯了把"本体"内引，所谓始基、努斯、本原、理念、"理一分殊"、"心外无物"、"我思故我在"等概念和命题，就属于这种向内挖掘的本体，用这个内引到极致的"本—体"阐释世界，是传统本体论的基本思维模式。它符合人们在一种自然态度下的思想习惯，就是从自己本位出发来想问题，来看世界。这在传统条件下对于确立人的主体观念是必不可少的。但是，如果人们今天仍然这样想问题，看世界，就会陷入两极对立的思想困境之中。这个世界之所以不安宁，不在于技术进步或物质文明方面的原因，根本就在于我们用以把握世界的思想有问题，它鼓励从自己本位或自我本体出发看问题，而不是从"彼此之间"的"中介"上看问题。从这里引申出一种思想领域的"哥白尼式的革命"："世界"既不是绕着"我"在转，也不是绕着"你"在转，而是"你"、"我"绕着"世界"在转；哲学上的表达就是，不是"本体两极化"的"彼此"分隔，而是"本体中介化"的"彼此"融合，构成了世界的基本结构。用孙正聿的话语表达，这就是"从两极到中介"的自由之逻辑。这是着眼于哲学作为"思想中的世界"的前提批判之觉悟。

五

"哲学的确立"、"哲学的展开"、"哲学的回归"遵循着相同的逻辑。这是一种自由的逻辑，一种解除一切精神枷锁的逻辑，一种辩证的逻辑。它在一种思想的前提批判中指向"人的精神家园"之构筑。让我们放松一下！哲学"四重奏"在一种"轻快的圆舞曲"中进入最后一个乐章——第四乐章，《人的精神家园》展现的主题是："哲学之引领"。

在哲学的展开和回归之旅中论述精神家园的哲学引领，孙正聿有一个基本判断："人的精神家园是'活生生'的辩证法"。[①] 精神家园中包含有无数的矛盾，无数的冲突，它们构成了人的生死观、理想观、幸福观、荣辱观的真实内容。[②] 一种辩证法的人生态度和人生智慧，就是要像苏格拉底所示范的那样，过一种反省过的生活，一种经得起反省推敲的生活。

---

① 孙正聿：《哲学：思想的前提批判》，吉林大学哲学社会学院（打印稿），2015 年，第 322 页。

② 同上书，第 328 页。

思想解放与前提批判的哲学方法

高云涌*

摘要：20 世纪八九十年代，为走出"哲学的社会实践功能性危机"、还哲学解放思想的社会功能以本来面目，伴随着马克思主义哲学领域教科书体系改革与哲学观念变革活动的逐步展开和深入，中国哲学界的一些有识之士开始从马克思主义哲学、分析哲学或逻辑哲学等不同的学科与专业背景出发批判"哲学的知识论立场"，进而沿着"哲学的活动论立场"和"哲学的境界论立场""哲学的生活论立场""哲学的智慧论立场""哲学的思维论立场"等不同路径对哲学的本性展开追问，并在此基础上分别提出了各具特色的包括共性内容与哲学家的哲学理念这样两个方面的哲学观。其中，"哲学的活动论立场"的阐释路径中比较有代表性的包括孙正聿先生的前提批判论、赵汀阳先生的观念本体论以及陈波先生的逻辑论证论。前提批判论作为"哲学的活动论立场"的典型代表，在发挥哲学解放思想的社会功能上表现出独有的优势。其推进当代中国哲学自身的思想解放的功能最突出地表现在，前提批判已成为当代中国哲学界自觉采用的重要的哲学创新方法之一。在新的思想解放进程中，前提批判方法因其基本宗旨与思想解放破旧立新的基本原则及走出封闭、破除迷信、转换脑筋的基本要求完全一致，从而同时具备了思想解放方法论的基本资质，在客观上发挥出并将继续发挥出推进社会的思想解放的有限功能。

关键词：思想解放；前提批判的哲学方法；哲学活动；马克思主义哲学创新；孙正聿

---

* 作者简介：高云涌（1971— ），男，黑龙江省社科院哲学与文化研究所副所长兼《学习与探索》杂志社哲学编辑。（哈尔滨　150001）

前提批判的哲学理论，不仅是孙正聿先生在坚实的生活积累、思想积累和文献积累的基础上形成的具有时代性的内容、民族性的形式和个体性的风格的哲学理念的具体体现，更是其在改革开放的中国需要基于思想解放的哲学以推进社会的思想解放的时代背景下提出的一种能够充分发挥哲学的社会功能的哲学方法论的系统表达。通过对前提批判的哲学方法解放思想的社会功能如何可能问题的系统考察，当能从一定侧面揭示出其在当代中国改革开放大潮中和实现中华民族伟大复兴梦的新征程中所具有的重大思想史意义及社会史意义。

一 解放思想的哲学与"哲学的知识论立场"

一般而言，解放思想是个破旧立新的过程，它可以使人走出封闭、破除迷信、转换脑筋，因此能够卸掉禁锢人们头脑的精神枷锁、打开正确认识客观世界的心灵之窗，能够帮助人们认识新情况、解决新问题。从历史上看，解放思想是哲学的重要社会功能之一，在社会变革的大潮中哲学往往起着先导的作用。对此，英国牛津大学全灵学院研究员艾赛亚·伯林爵士曾经有过精辟的论述："造成大量寻常意义上的常识信念的假定前提，恰好就是哲学分析的课题。""如果不对假定的前提进行检验，将它们束之高阁，社会就会陷入僵化，信仰就会变成教条，想象就会变得呆滞，智慧就会陷入贫乏。社会如果躺在无人质疑的教条的温床上睡大觉，就有可能会渐渐烂掉。要激励想象，运用智慧，防止精神生活陷入贫瘠，要使对真理的追求（或者对正义的追求，对自我实现的追求）持之以恒，就必须对假设质疑，向前提挑战，至少应做到足以推动社会前进的水平。人类和人类思想的进步部分是反叛的结果，子革父命，至少是革去了父辈的信条，而达成新的信仰。这正是发展、进步赖以存在的基础。"[1]

我国著名学者陈先达先生亦曾经指出："在中国社会变革中，哲学的确发挥了像恩格斯说的那种先导作用。先是西方的适者生存、物竞天择的进化论历史观取代传统的历史循环论和复古论的历史观，从思想理论上为社会变革争得了生存权利。接着是马克思主义，首先是唯物史观和社会主义理论在中国的传播。……马克思主义的传播促进了革命，而革命的发展又扩大了马克思主义的传播。"[2]自从中国共产党把马克思主义作为实现国家命运的工具和实现民族解放、摆脱阶级压迫的思想武器以来，马克思主义哲学就与中国社会发展紧密联系在一起，成为改造中国社会的一种重要精神力量和前进指南。新中国成立后的计划经济时期，在我国得到广泛传播并占主导地位的哲学是以苏联马克思主义哲学教科书为底本的马克思主义哲学，它承担的是指导中国社会主义建设和论证社会主义制度合法性与有效性的使命，因此在很大程度上成为对当时各项重大政策的论证和注解，成为政策变化的晴雨表。在这样的历史条件下，哲学原本具有的解放思想的社会功能逐渐被弱化乃至被消解，终于使当代中国哲学于 20 世纪八九十年代，在社会政治经济体制发生深刻变革的时代背景下陷入严重的危机（或困境）之中，其具体表现就是哲学在社会上备受冷落、"哲学无用论"和"哲学贫困论"盛行。

如何走出哲学的危机？回答这个问题首先需要对"哲学的危机"的实质和成因持有清醒恰当的判断。当时许多学者不约而同地将其归结为"哲学的社会实践功能性危机"，对如何正确认识和发挥哲学的社会功能进行了较为集中的讨论，并将这种讨论视为探寻哲学特别是马克思主义哲学具有强大生命力的现实基础及理论发展生长点的重要举措。"目前中国哲学的困境，在于长期以来人们对哲学社会功能的狭隘的功利主义的理解、要求和应用，只有彻底改变这种认识和做法，还哲学社会功能的本来面目，才能走出哲学的困境。"[3]那么，如何还哲学的社会功能以本来面目？对这个问题的回答又首先需要对哲学的本性或共性进行客观深入的理解和把握。关于哲学的本性或共性，许多哲学论著都有所论及，主要以哲学的定义的形式表现出来。计划经济时期，普通民众熟知的哲学定义往往都是各种版本哲学原理教科书的"经典表述"：哲学是系统化、理论化的世界观和方法论，是自然知识、社会知识和思维知识的概括和总结，如此等等。有学者提出，"这种教条主义的哲学理解的背后其实隐含着一种深层的哲学观，即把哲学定位于像实证科学那样的知识体系，或者可以称之为'哲学的知识论立场'。"[4]这一判断随之得到了越来越多学者的认可和支持。这样一来，走出哲学的危机，就意味着对"哲学的知识论立场"的消解和超越，也同时要求当代中国哲学需要发动一场针对自身的思想解放运动。

在这样的背景下，伴随着马克思主义哲学领域教科书体系改革与哲学观念变革活动的逐步展开和深入，中国哲学界的一些有识之士开始从马克思主义哲学、分析哲学或逻辑哲学等不同的学科与专业背景出发批判"哲学的知识论立场"，进而对哲学的本性展开了可分别称之为"哲学的活动论立场"和"哲学的境界论立场"（如张世英先生、何中华先生、陆杰荣先生等）、

"哲学的生活论立场"（如李文阁先生等）、"哲学的智慧论立场"（如张汝伦先生、安希孟先生等）、"哲学的思维论立场"等不同路径的阐释和发挥，并在此基础上分别提出了各具特色的"包括共性内容与哲学家的哲学理念这样两个方面"的哲学观。"哲学的活动论立场"的阐释路径中比较有代表性的包括孙正聿先生的前提批判论、赵汀阳先生的观念本体论以及陈波先生的逻辑论证论。笔者之所以将上述几种哲学观归结为"哲学的活动论立场"，就在于它们在走出哲学危机的诸种理论努力中殊途同归，最终都视哲学为活动而非知识，将各种哲学理论体系仅视为这种活动的方案或活动的直接结果。此外，陈宴清、王德峰、刘福森、刘永富等学者也都持有相同或相近立场。上述学者的努力共同构成了当代中国哲学走出自身生存和发展危机的一条重要问题解决路径，其哲学观也在一定意义上成为当代中国哲学自身思想解放标志性成果的重要组成部分。

"时势造英雄"。如果一定时势下只出现了一位思想英雄，那或许是一种偶然，但如果出现了多位思想英雄，那就意味着某种必然。在反叛"哲学的知识论立场"的思想解放大潮中，孙正聿先生的前提批判论、赵汀阳先生的观念本体论以及陈波先生的逻辑论证论是"哲学的活动论立场"的典型代表，这三种哲学观既表现出三位学者的哲学理念即对哲学的独特理解，同时也反映了关于哲学本性的某些共性见解。归结起来，这些关于哲学本性的共性见解主要包括以下几个方面的内容：其一，将哲学视为一种特殊的人类活动；其二，将哲学活动的对象限定为思想（或观念）；其三，特别强调哲学活动的规范、方法和技术；其四，认为哲学活动具有思想创新或思想解放的功能。在三种哲学观的相互参照中，我们可以发现"哲学的活动论立场"的兴起对于走出当代中国哲学的社会实践性功能危机所具有的方法论意义及其思想史必然性。

二 "哲学的活动论立场"的典型代表及其方法论意蕴

一般而言，人的活动就是指作为主体的人为了展现自己的潜能，主动对客体对象施加作用的过程，活动范畴就是刻画这种主动性的范畴。从活动范畴展现主体的潜能看，它是一个属性范畴，刻画的是主体的特性；从活动一定要涉及对象才能使潜能变为现实来看，它又是一个关系范畴。把哲学看作人类活动并非任意的创造。在现当代西方哲学家中，有许多人都将哲学视为一种特殊的人类活动而不是某种静态的知识体系，雅斯贝尔斯、海德格尔、维特根斯坦、德勒兹、福柯等就是其中的典型代表。例如，海德格尔就认为，哲学不是现成的知识，而是人所进行的一种活动，这种活动最能体现人的本性，只有当人进行哲学活动时才真正成为与其他事物区别开来的人。人的活动一般包括人的能力和活动的对象、目的、条件、程序、结果等要素，分析活动的一般结构就是分析这些要素的内涵及其在活动中的地位。与之相应，上述三种基于"哲学的活动论立场"的哲学观也分别对哲学活动的对象、目的、条件、程序、结果等要素的内涵及其在哲学活动中的地位进行了系统论述，提出了各自对哲学的独特理解——哲学理念。

前提批判论是孙正聿先生在《理论思维的前提批判——论辩证法的批判本性》（辽宁人民出版社 1992 年版）和《哲学通论》等系列著述中系统提出并逐步完善的。孙正聿先生认为，"哲学就是'对自明性的分析'，也就是把人们习以为常、毋庸置疑的观念作为批判反思的对象，揭示人们构成思想的诸种前提，从而变革人们的世界图景、思维方式和价值观念，激发人们对真理、正义、自由和更美好的事物的追求。"[5]"哲学是对思想的前提批判，并具体地表现为对构成思想的基本信念、构成思想的基本逻辑、构成思想的基本方式、构成思想的基本观念和构成思想的哲学理念的前提批判。对思想的前提批判，体现了哲学的特殊的理论性质和独特的活动方式，展现了哲学发展的自我批判的活力和永不枯竭的理论空间。"[6]

观念本体论是赵汀阳先生在《走出哲学的危机》（中国社会科学出版社1993 年版）和《二十二个方案》等系列著述中具体论述的。赵汀阳先生认为：哲学是追求智慧的行为，它把各种被当做既定条件而且看上去理所当然的观念当成追问对象；哲学的工作对象是诸种观念，确切地说是整个观念界，纯粹的反思就是去考察思想的存在领域——观念界，去说明思想生产观念和管理观念的方式；建立"内容逻辑"是我们所赋予哲学的任务，"内容逻辑"意味着观念界的本体论关系，建立内容逻辑就是建立观念本体论；观念本体论是一切思想研究的真正基础；创造方法问题构成了内容逻辑、观念本体论和思想方法论的核心课题。[7]

逻辑论证论是陈波先生在《论证是哲学活动的本性》（载赵汀阳主编《论证》，辽海出版社 1999 年版）一文中进行细致论证的。他明确提出："近些年来，我一直潜心研究逻辑哲学和分析哲学，与此同时也对元哲学以及哲学方法论问题作一些思考，逐渐形成了下述主要看法：论证是哲学活动的本性。这一核心命题可以依次展开为下述五个命题：（1）哲学活动就是质疑、批判与拷问；（2）质疑、批判和拷问必须以论证的形式进行；（3）论证的内核是逻辑；（4）论证的载体是语言；（5）论证是一项创造性活动。可以说，上述核心命题和五个展开命题构成了我目前所持的哲学观。"[8]

正是在对上述三位学者独特的哲学理念的分析研读和相互参照中，我们感受到三种哲学观浓郁的方法论意蕴以及由此种哲学活动的方法论自觉所引发的哲学社会功能观从"哲学万能论"或"哲学无用论"的极端向一种有限的哲学功能观的转变。一般来说，所谓哲学方法就是哲学活动的步骤、程序，是哲学活动主体为达到预期目的所采用的手段或方式。就如赵汀阳先生所说，"如果不去考虑哲学的规范、方法和技术，哲学的研究就不可能真正成为一种'研究'。哲学家绝不是那种谈论到自己的哲学观点时话说得比别人多一些的人。方法论既是研究各种哲学问题的基础，同时又是一个哲学问题，这一特殊性质使得方法论成为哲学中最根本的问题。"[9]上述三种哲学理念同时就是其既各具特色又殊途同归的哲学方法论。说其各具特色，表现在三者具有不同的知识背景、提问方式、概念框架和解释原则；说其殊途同归，表现在三者都主张哲学方法是反思方法、批判方法、论证方法的统一。

有关人类活动的研究成果表明，在人类诸种活动的相互关系中，存在着一种"结果—条件"的关系，即任何活动都离不开一定的主客观条件，活动的结果都有一定用途。"结果—条件"关系意味着，一种活动的结果可以成为另一种活动的条件。因为活动的目的有直接间接之分，活动结果也有"结果是什么"与"有什么用途"之分。[10]对于哲学活动来说也是如此。哲学活动的间接目的，要求哲学活动的主体预先想到活动结果的用途，要求其在制定活动方案时，不但要考虑当下的活动，而且要考虑如何使哲学活动的结果成为其他活动的条件。由于上述三种哲学方法论将哲学活动的对象指向了"造成大量寻常意义上的常识信念的假定前提"——"思想前提（孙正聿）""显明真理（赵汀阳）""假定和前提（陈波）"，即指向了思想的逻辑支点——包括文化传统、思维模式、价值尺度、审美标准、行为准则、终极关怀等形式，哲学活动通过对这些思想的逻辑支点进行揭示、辨析、鉴别、选择甚至再造，可以引发思想观念变革、实现思想的逻辑层次跃迁，改变人对人与世界关系的理解并导致价值观念、审美意识和整个生活方式的变革，因而使哲学活动的结果具有了解放思想的社会功能或用途。就如赵汀阳先生所言："除了哲学，我们又能怎样使思想保持新生状态并且不断进行思想的开拓与冒险呢?"[11]

上述分析表明,相对于新中国成立后很长一段历史时期内哲学在社会上备受重视甚至其社会功能被片面夸大到不该有的程度的做法,或者改革开放初期其社会地位一落千丈、"哲学无用论"和"哲学贫困论"盛行的极端态度,"哲学的活动论立场"较为谨慎地选择了一种有限的哲学功能观的道路。上述几位学者均对哲学活动持有一种明确的"界限"或"规范"意识,通过不断思考"哲学不是什么"来确认"哲学是什么",并进一步明确哲学活动不能代替其他类型的人类活动,仅以活动的结果成为其他活动的条件的形式来发挥作用。这就意味着,哲学家的活动方式必须是"哲学的",而哲学活动的功能的实现也必然体现在其他人类活动方式之中,哲学并不具有直接的应用价值和实际效用。可以说,学者们之所以得到这一基本共识,一方面是基于对哲学活动与其他类型的人类活动之间"结果—条件"关系的把握,另一方面也是基于对现代西方哲学(如美国哲学家罗蒂提出的"后哲学文化")对哲学合法性质疑的一个值得重视的批判成果的借鉴。

三 前提批判的哲学方法与马克思主义哲学创新

在"哲学的活动论立场"对哲学本性及社会功能持有的共性见解的基础上,上述几种哲学观还特别体现出各位学者对哲学活动具体特性的独特理解。其中,前提批判论随着各种版本的《哲学通论》《哲学导论》等系列专著性教材的数次印刷、再版以及"哲学通论课程和教材的建设与推广"获得国家级教学成果一等奖而被我国广大知识分子甚至相当一部分普通民众所熟知,在上述几种哲学观中是掌握群众相对最多的,也可以说是社会影响力相对最大的。因此,前提批判论作为"哲学的活动论立场"的典型代表,在发挥哲学解放思想的社会功能上也表现出独有的优势,而这些优势的现实发挥又是奠定在前提批判论坚实的方法论根基之上的。接下来本文就专门对前提批判方法推动哲学自身的思想解放和推动社会的思想解放的有限功能何以可能分别进行考察。

前提批判论推进当代中国哲学自身思想解放的功能最突出地表现在,前提批判已成为当代中国哲学界自觉采用的重要的哲学创新方法之一。笔者在中国知网的报纸、期刊、学位论文、会议论文文献数据库中的检索结果显示,篇名中直接包含"前提批判"一词的哲学文献从1991年至今有34篇,而全文中包含"前提批判"一词的哲学文献 1991 年至今就有 605 篇。此外，据读秀中文图书数据库的统计，1991 年以来出版的"全部字段"中包含"前提批判"一词的中文图书也有 59 本之多，其中包括 42 本哲学宗教类图书。至于在百度搜索上检索到的包含"前提批判"一词的网页则更是多达 2690000 个。其在哲学领域和其他社会领域的影响力由此可见一斑。当代中国正处在思想解放、观念创新的发展繁荣时期，马克思主义哲学创新是时代的呼声和社会的要求。如何站在时代高度，立足于中国实践，以创新的视野挖掘和阐发马克思主义哲学的当代价值，进而建构一个具有"中国特色、中国风格、中国气派"的马克思主义哲学新形态，业已成为我国马克思主义哲学研究的总问题。前提批判的哲学方法对于解决这个总问题起到了重要的推动作用，这主要表现在两个方面：一是，前提批判论对自身理论观点的批判，这种批判推动了其自身的不断完善与创新，从而实现前提批判论的自我发展；二是，前提批判论对其他马克思主义哲学家的理论观点的批判，这种批判推动两派甚至多派马克思主义哲学理论的创新，从而实现当代中国马克思主义哲学整体的自我发展。

哲学活动是不断动态进行的，作为其活动的直接结果的哲学理论无论就其整体还是个体而言也都是在发展中形成的。历史上没有任何一个哲学家提出或创立一种理论之后就束之高阁。即使他或他们认为自己的理论十分正确甚至是所谓的"绝对真理"，也要不断地对其加以完善。这种对自身理论的完善过程无疑也是在批判中完成的。前提批判论的形成和发展从 20 世纪 90 年代初至今经历了二十多年的时间。在这期间，孙正聿先生一直都在对自己的哲学活动方法论不断进行完善，这种完善当然包含着对自己既有哲学理念的批判，这本身就构成了当代中国马克思主义哲学创新发展的一个重要方面。他本人曾总结道："1990 年，我在自己的博士学位论文《理论思维的前提批判》中，以探讨辩证法的批判本性为出发点，提出并阐述了我对哲学的理解——哲学是对理论思维的前提批判。此后，在 1997 年出版的《崇高的位置》中，我把哲学的前提批判诉诸对人类所寻求的崇高的前提批判；在 1998 年出版的《哲学通论》中，把哲学的前提批判诉诸对哲学的思维方式、生活基础、主要问题和派别冲突的前提批判；在 2001 年出版的《超越意识》中，把哲学的前提批判诉诸对人的生活世界、精神世界、文化世界和意义世界的前提批判……"[12] 而经过不断的自我批判即对自身理论前提的分析、考察和反思，在最晚近的著述中，孙先生又将"对理论思维的前提批判"重新表述为"对思想的前提批判"——"一是对构成思想的基本信念的前提批判，即对'思维和存在的同一性'的前提批判；二是对构成思想的基本逻辑的前提批判，即对思想的外延逻辑、内涵逻辑及其实践基础的前提批判；三是对构成思想的基本方式的前提批判，即对常识、宗教、艺术和科学等人类把握世界的基本方式的前提批判；四是对构成思想的基本观念的前提批判，即对世界、历史、人生、真理、价值、发展、自由等基本观念的前提批判；五是对构成思想的哲学理念的前提批判，即对哲学本身的前提批判。"[13]

在当代中国哲学的发展进程中，前提批判论推动马克思主义哲学创新发展的另一个重要方面，是其对其他学者的理论观点的前提批判。一个典型案例就是《中国社会科学》2006 年第 6 期刊载的孙正聿先生的《建构马克思主义政治哲学的前提性思考和理论资源分析》一文，对南开大学社会哲学研究所陈晏清教授、浙江大学公共管理学院郁建兴教授、黑龙江大学文化哲学研究中心衣俊卿教授在 2006 年 8 月由中国社会科学杂志社和南开大学社会哲学研究所共同主办的第六届马克思哲学论坛（其主题是"马克思主义政治哲学：阐释与创新"）上的讨论文章的学术点评。其中，孙正聿先生对如何实现政治哲学研究中的学科之间的"互补"和学者之间的"结盟"，如何看待和评价当代西方政治哲学家对马克思的政治哲学的"超越性"和"宏大叙事"的诘难、如何看待和评价他们所构建的政治哲学理论及其研究范式等当代中国的马克思主义政治哲学研究处于"起步"阶段所面临的"前提性"问题的批判，对于马克思主义哲学界"如何坚持马克思主义哲学的基本立场，运用马克思政治哲学遗产提供的丰厚思想资源，深刻揭示当代西方政治哲学自身的理论困难，批判地吸取其有价值的理论资源，深入反思当代中国的现实问题，建构具有中国特色、气派和风格的当代马克思主义政治哲学，对中国重大现实问题作出深刻的理论回答"[14]，其学术启发意义有目共睹。

四　前提批判的哲学方法与思想解放的新征程

胡锦涛同志在党的十七大报告中把"继续解放思想"提高到关系中国特色社会主义兴衰成败的战略高度，明确断言"解放思想是发展中国特色社会主义的一大法宝"。习近平同志也明确指出：要有新突破，就必须进一步解放思想；冲破思想观念的障碍、突破利益固化的藩篱，解放思想是首要的。当前，中国人民正行进在实现"国家富强、民族振兴、人民幸福"即实现中华民族伟大复兴的中国梦的新征程上。新的征程需要思想解放的闪光来不断照亮，实现中国梦的新征程也是思想解放的新征程。不过，"今天的思想解放已经从人类社会特殊历史时刻才出现的重大的思想和理论变革运动转变为社会发展的经常性、普遍化、常规化、常态化的内在要求和有机组成部分。"[15]许多学者已经认识到，在新的思想解放进程中，我们不仅要积极推动各个领域各个层面的具体的思想解放，而且要高度关注思想解放的方法论构建。前提批判作为一种比较成熟的又具有可操作性的哲学方法，因其基本宗旨与思想解放破旧立新的基本原则及走出封闭、破除迷信、转换脑筋的基本要求完全一致，从而具备了思想解放方法论的基本资质，并由此在客观上发挥推进社会的思想解放的功能。

思想解放的方法在一定意义上就是思想创新——在思想上破旧立新的方法。经常性、普遍化、常规化、常态化的思想解放要求人们必须破旧——破除旧的传统观念，使人们的思想从一切旧观念、旧习惯、旧框框的束缚中解放出来。但解放思想又不能仅仅停留于破旧，更应该达到立新，立新是破旧的目的。没有新的思想观念代替旧观念，破旧就不可能彻底，破旧的成果也无以巩固。孙正聿先生指出，"解放思想是以新的思想取代旧的思想，因而是思想中的革命。旧的思想之所以'旧'，是因为思想被禁锢在僵化的思想前提之中；新的思想之所以'新'，是因为思想冲破既有的思想前提而依据新的思想前提进行思想。解放思想或思想中的革命，是以变革思想的前提为其真实内容的。前提批判的具体实施客观上达到的也是走出封闭、破除迷信、转换脑筋这样的结果。""解放思想的艰巨性和重要性，就在于把'隐藏'于思想中的思想前提揭示出来，并以新的思想前提构成新的思想。变革思想的前提，这才是真正意义的思想革命，才是真正意义的解放思想。"[16]

前提批判论针对作为思想前提的理想、信念、价值观提出了满足或实现破旧立新基本原则的思想方法步骤和具体操作方案：一是形成哲学反思的自觉，二是注意揭示思想中的隐含的前提，三是消解前提的强制性，四是修正和转换构成思想的前提。[17]这就使得前提批判的哲学方法具有了推进思想解放的普遍意义——它所针对的是社会生活各领域中各种理想、信念、价值观的历史的和逻辑的前提，它所导致的是这些理想、信念、价值观本身的更新。"任何思想……都隐含着构成其具体内容、从而也是超越其具体内容的根据和原则。这些根据和原则，是思想构成其自身的一只'看不见的手'。它以文化传统、思维模式、价值尺度、审美标准、行为准则、终极关怀等形式而构成思想的立足点和出发点。这种思想的立足点和出发点，作为思想构成自己的逻辑前提而隐含在思想构成自己的过程和结果中，并对思想构成其自身的进程与结果发挥逻辑的强制性力量——由既定的思想逻辑支点出发而形成特定的思想。因此，要变革思想，就必须变革构成思想的逻辑支点。"[18]因此，前提批判的哲学方法是"四海为家"的，它可以从任何具体的、历史的思想条件出发运用于思想解放的相应领域，从深层次制约着思想解放的深度和广度。

西方哲学界有一种普遍的看法，认为一个信念只能通过另一个信念或另一部分信念才能得到辩护或证明。外部世界或知觉本身不能直接给一个信念提供辩护或证明，只有当外部世界或知觉转变为认识主体的信念之后才能为某个信念提供辩护或证明。这个看法被称为"信念假设"。凡承认这个假设的理论都被称为信念理论，凡否认这个假设的则称为非信念理论。按照这样的看法，前提批判论可以被划为信念理论。这一基本立场与前提批判论对哲学与现实关系问题的明确主张是一致的——哲学活动直接面对的是"思想"的世界而非"实在"和"经验"的世界；哲学问题本来就是由对思想的困惑而产生的，而不是对实在对象和经验的困惑而引起的；后者的问题可以通过科学活动解决，前者才是哲学活动的天地。因此，在回答"哲学如何面向现实"这个问题时，孙正聿先生才明确断言：哲学面向的现实不是各种实例的总和，而是各个时代的"时代精神"；"时代精神"作为哲学面对的"现实"，它总是表现为各个时代的相互冲突的思维方式、价值观念、审美情趣和生活理想，并凝结为各个时代的"科学精神"、"艺术精神"、"伦理精神"等等；这表明，哲学对"现实"的"贴近"，是以自己时代的"科学精神"、"艺术精神"、"伦理精神"等等为"中介"来实现的。[19]

党的十八大报告指出：建设中国特色社会主义，总依据是社会主义初级阶段，总布局是五位一体，总任务是实现社会主义现代化和中华民族伟大复兴。习近平总书记在新一届中央政治局第一次集体学习讲话时指出，社会主义初级阶段是当代中国的最大国情、最大实际。他还指出：实现中华民族伟大复兴，就是中华民族近代以来最伟大的梦想；实现中国梦必须弘扬中国精神，这就是以爱国主义为核心的民族精神，以改革创新为核心的时代精神。可以说，中国精神就是当代中国哲学活动面对的最大的现实。实现中国梦要求我们冲破落后思想、错误观念的障碍、束缚甚至误导，在解放思想中建立真正的道路自信、理论自信、制度自信。在这样的时代背景下，任何真正

"面向现实"的马克思主义哲学家都不应以某种既定理论的解释者或客观真理的占有者的身份进行哲学活动，而应以"展示"新的世界、"提示"新的理想、"反驳"既有实践的哲学创造者的自我意识从事哲学活动，应以塑造和引导新时代的中国精神为己任。正因为哲学的前提批判活动要激发而不是抑制人们的想象力、创造力和批判力，冲击而不是强化人们思维中的惰性、保守性和凝固性，推进而不是遏制人们的主体意识和创造精神，所以，笔者才得出这样一个基本判断：前提批判的哲学方法定能在思想解放的新征程中不断扩大影响、持久发挥作用，启发人们运用哲学智慧去构建我们的精神家园，推动人们为实现"国家富强、民族振兴、人民幸福"的中国梦作出自己应有的贡献。

参考文献

[1]　［英］麦基：《思想家——当代哲学的创造者们》，生活·读书·新知三联书店 1987 年版。

[2]　陈先达：《处在夹缝中的哲学：走向 21 世纪的马克思主义哲学》，北京师范大学出版社 2004 年版。

[3]　刘怀玉：《目前中国哲学的困境与出路》，《现代哲学》1994 年第 1 期。

[4]　胡海波、郑弘波、孙璟涛：《哲学与人性的观念》，东北师范大学出版社 2006 年版。

[5]　孙正聿：《哲学主要社会功能就是"哲学教育"》，《中国社会科学报》2012 年 7 月 5 日。

[6]　孙正聿：《哲学：思想的前提批判》，《中国高校社会科学》2014 年第 2 期。

[7]　赵汀阳：《走出哲学的危机》，中国社会科学出版社 1993 年版。

[8]　陈波：《论证是哲学活动的本性》，载赵汀阳《论证》，辽海出版社 1999 年版。

[9]　赵汀阳：《走出哲学的危机》，中国社会科学出版社 1993 年版。

[10]　高文武：《认识活动论》，人民出版社 1990 年版。

[11]　赵汀阳：《走出哲学的危机》，中国社会科学出版社 1993 年版。

[12]　孙正聿：《前提批判的哲学理论——一种哲学解释原则的自我阐释》，《哲学基础理论研究》第二辑，中国社会科学出版社 2009 年版。

[13]　孙正聿：《哲学：思想的前提批判》，《中国高校社会科学》2014 年第

2 期。

[14] 孙正聿：《建构马克思主义政治哲学的前提性思考和理论资源分析》，
    《中国社会科学》2006 年第 6 期。

[15] 衣俊卿：《论思想解放的内在机制》，《中国社会科学》2008 年第 6 期。

[16] 孙正聿等：《马克思主义基础理论研究》，北京师范大学出版社 2011 年
    版。

[17] 孙正聿：《哲学通论》，复旦大学出版社 2005 年版。

[18] 孙正聿：《孙正聿哲学文集第 1 卷：哲学的目光》，吉林人民出版社
    2007 年版。

[19] 孙正聿：《哲学如何面向现实?》，《江苏社会科学》2002 年第 2 期。

《自然辩证法》“unbewusst”一词的译法与“前提批判”的哲学理论

高　超*

摘要：恩格斯《自然辩证法》“sie ist seine unbewusste und unbedingte Voraussetzung”一句中的“unbewusst”有三种中文译法：“不自觉的”、“本能的”和“不以意识为转移的”。不同的译法对读者有不同的启迪，对文本不同的理解也会导致不同的译法。孙正聿教授的“前提批判”的哲学理论从“不自觉的”这一译法获得启迪，反过来又是对恩格斯的论述、马克思主义哲学和哲学本身的一种深入理解。

关键词：unbewusst；《自然辩证法》；前提批判；恩格斯；孙正聿

马克思和恩格斯的文本是马克思主义哲学研究的最直接和最根本的依据，这些文本在我国已有经典、权威的版本，即由中共中央编译局编译的《马克思恩格斯全集》第一版（简称《全集》第一版）、《马克思恩格斯文集》（简称《文集》）、《马克思恩格斯全集》第二版（简称《全集》第二版）以及多个版本的《马克思恩格斯选集》（简称《选集》）。对于国内的马克思主义哲学研究者来说，即使他能够直接阅读马克思和恩格斯的著作原文，当他面对国内学界进行写作的时候，一个准确而优雅的中文译本也是必要的。如果研究者的第一手参考文献就是中文译本，则译文的质量就关系到其研究的质量，而译法的变化也可能迫使研究者的研究需要发生变化。当然，高水平的研究也会为翻译提供依据。

* 作者简介：高超（1988—　），男，吉林大学哲学基础理论研究中心暨哲学社会学院博士生。（吉林　长春　130012）

一

恩格斯在《自然辩证法》中有一段著名的论述，德文原文为："Die Tat-sache, dass unser subjektives Denken und die objektive Welt denselben Gesetzen unterworfen sind und daher auch beide in ihren Resultaten sich schlie? lich nicht widersprechen können, sondern übereinstimmen müssen, beherrscht absolut unser gesamtes theoretisches Denken. Sie ist seine unbewusste und unbedingte Vorausset-zung."这段论述中并没有什么专门的术语，每个词的含义也都比较确定，所以对这段文本的翻译应该不成问题，只是对于最后一句话，三个版本的中文译本却有三种不同的译法，而且都集中在"unbewusst"这一个词上。1973年出版的《全集》第一版第20卷译为："它是我们的理论思维的不自觉的和无条件的前提。"① 1995 年《选集》第二版第四卷译为："这个事实是我们的理论思维的本能的和无条件的前提。"② 2009 年《文集》第九卷译为："这个事实是我们理论思维的不以意识为转移的和无条件的前提。"③ 2012 年《选集》第三版第三卷和2015 年《全集》第二版第二十六卷都沿用了《文集》的译法。④

从"不自觉的"到"本能的"再到"不以意识为转移的"，这一系列变化表明，对这个词的翻译既重要又困难。但同时，"unbewusst"一词在《自然辩证法》和《反杜林论》中的另外 6 次出现，除"halb unbewusst"被译为"有意无意地"外，其余均译为"不自觉的（地）"，而且在各个中译本中都没有变化。该词在《路德维希·费尔巴哈和德国古典哲学的终结》和《社会主义从空想到科学的发展》中各出现 1 次的情况也都如此。综合考虑这两种相反情况，可以看出这个词在关于"理论思维的前提"的这段论述中的重要意义。这些情况对于以这段论述为依据的研究者来说就更加值得重视了。

孙正聿教授从其博士论文《理论思维的前提批判——论辩证法的批判本性》开始，就逐渐确立了"前提批判"的哲学观，这一思想又在《哲学通

① 《马克思恩格斯全集》第 20 卷，人民出版社 1971 年版，第 610 页。
② 《马克思恩格斯选集》第四卷，人民出版社 1995 年版，第 364 页。
③ 《马克思恩格斯文集》第九卷，人民出版社 2009 年版，第 538 页。
④ 以上着重号均为引者所加。

论》《哲学之为哲学："不是问题"的"基本问题"》《恩格斯的"理论思维"的辩证法》等一系列专著和论文中得到了拓展和深化，在已经发表的论文《哲学：思想的前提批判》和即将出版的同名专著中，孙正聿教授则将这一哲学观进一步阐释为，哲学是对构成我们思想的基本信念、基本逻辑、基本方式、基本观念和哲学理念的前提批判。① 这样丰富而深刻的哲学观自然有着多方面的来源和依据，其中之一就是作者长期思考的恩格斯的两个著名论断——"全部哲学，特别是近代哲学的重大的基本问题，是思维和存在的关系问题"、"我们的主观的思维和客观的世界服从于同样的规律，……这个事实……是我们的理论思维的不自觉的和无条件的前提"。② 孙正聿教授最早在《理论思维的前提批判》中就这两段论述发问："如果承认思维和存在'服从于同样的规律'，并且认为这是'理论思维的不自觉的和无条件的前提'，那末，哲学为什么要以思维和存在的关系问题作为自己的'重大的基本问题'？而如果认为思维和存在的关系问题是哲学的'重大的基本问题'，……那末，为什么又断定思维和存在的统一是'理论思维的不自觉的和无条件的前提'？"③ 孙正聿教授对这两个表面上看相互矛盾的论断提出了"一种初步的看法"："以思维和存在的关系问题为基本问题的哲学，本质上是对理论思维前提的自觉反思"④。于是，"思维和存在的统一"对于一般理论思维（特别是科学）来说，是其"不自觉的"前提；对于哲学来说，则是其"自觉反思的"对象。

可见，"unbewusst"一词的"不自觉的"的译法，对于孙正聿教授在哲学与科学的关系中思考哲学本身的特性和价值是有重要作用的。在 2007 年出版的《孙正聿哲学文集》第 6 卷中，孙正聿教授使用的是当时最新的《选集》第二版的译法（"本能的"）；在 2014 年发表的《哲学：思想的前提批判》一文中，则使用了目前最新的《选集》第三版的译法（"不以意识为转移的"）。这是符合马克思恩格斯经典著作引用规范的。但是在 2011 年发表的《哲学之为哲学："不是问题"的"基本问题"》和 2012 年发表的《恩格

① 参见孙正聿《哲学：思想的前提批判》，《中国高校社会科学》2014 年第 2 期。
② 此处使用的是孙正聿《理论思维的前提批判——论辩证法的批判本性》，辽宁人民出版社 1992 年版所引用的文献。两段引文分别见于《马克思恩格斯选集》，人民出版社 1972 年版，第四卷第 219 页及第三卷第 564 页。
③ 孙正聿：《理论思维的前提批判——论辩证法的批判本性》，辽宁人民出版社 1992 年版，第 7 页。
④ 同上书，第 13 页。原文有着重号。

斯的"理论思维"的辩证法》中，作者在论及而非正式引用的时候，使用的还是《全集》第一版的译法（"不自觉的"）。由此可见作者对"不自觉的"这一译法的偏爱。当然，主要原因还是在于这一译法对孙正聿教授"前提批判"的哲学理论的重要意义。

恩格斯在写下这段文字的时候，主观上应该有明确的意思；中文译者的翻译也是十分谨慎的，否则不会发生这两次变化。所以，不应该以引用者的偏好来决定对译法的选择。但同时，研究者也有权提出自己对译法的见解，但必须有充足的理由。下面我们就从"unbewusst"这个词的英文译法、中文译法、恩格斯的论述和孙正聿教授的理解入手，讨论它的译法问题。但这种讨论最终实际上是对恩格斯论述的理解，是对马克思主义哲学和哲学本身的理解。当我们真正理解了这个问题的时候，对一个词的翻译就已经是次要的问题了。

二

"unbewusst"是对"bewusst"的否定，后者即"有意识的（反应、行为等）"、"故意的（欺骗、攻击等）"。"unbewusst"译成英文为"unconscious"，后者常见的含义有三种，其中一种译回德文为"bewusstlos"，指人完全丧失了意识，这与我们的讨论无关。另外两种含义都指主体意识清楚，但（1）对自己发出的情感、意愿、行为等没有注意到；或（2）对外部存在的对象或发生的事情没有注意到。这个词直接地说是修饰人的，当我们使用"unbewusst"时意味着某人对自己的意愿、行为没有意识，或对外部的对象、事情没有意识。那么，在恩格斯的论述中，它是修饰谁的呢？

恩格斯说，"Sie ist seine unbewusste und unbedingte Voraussetzung"，其中"seine"指前文"我们的整个理论思维"，显然，在语法上"unbewusst"修饰"Voraussetzung"（前提），但"前提"不可能是有意识的或无意识的，所以这句话实际上指的是对于"理论思维"来说的，也可以说就是对于我们人类来说的。如果把"理论思维的前提"视为"理论思维"的逻辑组成部分，也就是我们自己发出的东西，则可以取上述含义（1）；如果把"前提"视为一定程度上独立于人（个别人的意识）的客观事实的话，则可以取含义（2）。由此可见，"unbewusst"一词在德文中的使用与其英文译法在英文中的使用相比较为粗糙。对于其英文翻译来讲没有什么困难，但由于这个词在英文中用法多样，所以尽管英文本读者明确知道德文原文应该译为英文中的哪个词，但取这个词的哪个含义就需要思考了。而中文翻译就更复杂了，"unbewusst"本身可以直接译为"无意识的"，在我们所讨论的文本中，如果"前提"是我们思维本身的产物，则更适合翻译为"不自觉的"；如果"前提"是相对独立于我们思维的，则更适合翻译为"不以意识为转移的"。（"本能的"译法引申过多，也没有得到学界的广泛认可和引用，故不再讨论）

那么，恩格斯到底是什么意思呢？

就在这段关于"理论思维的前提"的论述之后，他又说道："辩证法被看做关于**一切**运动的最普遍的规律的科学。这就是说，辩证法的规律无论对自然界中和人类历史中的运动，还是对思维的运动，都必定是同样适用的。一个这样的规律可以在这三个领域中的两个领域中，甚至在所有三个领域中被认识到，只有形而上学的懒汉才不明白他所认识到的是同一个规律。"① 这段论述有两层含义：（1）"这个事实"即"我们的主观的思维和客观的世界遵循同一些规律"具体指的是自然界、人类历史和思维都适用辩证法的规律；（2）"形而上学的懒汉"不承认"这个事实"。这里的"形而上学"不是泛指哲学（或其中最基础的部分），而是专指一种与辩证法相对立的思维方式。在《社会主义从空想到科学的发展》中，恩格斯专门论述了这种思维方式："把自然界分解为各个部分，把各种自然过程和自然对象分成一定的门类，对有机体的内部按其多种多样的解剖形态进行研究，这是最近 400 年来在认识自然界方面获得巨大进展的基本条件。但是，这种做法也给我们留下了一种习惯：把各种自然物和自然过程孤立起来，撇开宏大的总的联系去进行考察，……这种考察方式被培根和洛克从自然科学中移植到哲学中以后，就造成了……形而上学的思维方式。"②

关于"理论思维的前提"的这段论述原本计划作为一条注释加在《反杜林论》"第一编哲学三分类。先验主义"中（后来恩格斯把其草稿列为《自然辩证法》的材料），恩格斯说："如果完全自然主义地把'意识'、'思维'当做某种现成的东西，当做一开始就和存在、自然界相对立的东

① 《马克思恩格斯文集》第九卷，人民出版社 2009 年版，第 539 页。引文中的黑体字为原文作者所加。

② 《马克思恩格斯文集》第三卷，人民出版社 2009 年版，第 539 页。

西，······那么意识和自然，思维和存在，思维规律和自然规律如此密切地相适应，就非常奇怪了。"① 这是恩格斯批判杜林的先验主义和唯心主义，并给思维和存在的同一性以唯物主义的理解。这个解释是依赖于达尔文生物进化论的。在《路德维希·费尔巴哈和德国古典哲学的终结》中，恩格斯考察了"思维和存在的同一性问题"，认为对否认这种同一性的"哲学上的怪论的最令人信服的驳斥是实践，即实验和工业"②。可以看出，恩格斯认为自然科学对于终结哲学上关于思维和存在有无同一性的争论起到了决定性的作用。

恩格斯将思维和存在的同一性视为一种事实，并不容置疑地认定这是一种"不以意识为转移的"事实，所以可以说这个译法表现出了对这一事实的最基本的理解，即这个事实对于尊重辩证法的人和"形而上学的懒汉"都是同样的"铁的规律"。但它还有另外一层含义，即这虽然是一个"不以意识为转移的"事实，但对于"形而上学的懒汉"来说，却是他们所"不自觉的"。由于自然科学孕育并强化了形而上学的思维方式，所以尽管（在恩格斯看来）这个事实主要是由自然科学的进步而证实的，但只要科学持有形而上学的思维方式，那么这个事实对它来说就是"不自觉的"。

可见，《全集》第一版和《文集》对"unbewusst"的译法都有一定的道理，最新的译法侧重"前提"的客观性，无疑恩格斯是要强调这个事实的客观性的；同时，恩格斯这段论述带有他和马克思的一贯风格——批判，不只是强调一个事实，更是有针对性地指向"形而上学的懒汉"，所以也要强调这个事实就存在于我们的理论思维之中，而"懒汉"竟然没有自觉。虽然两种译法各有道理，但《全集》第一版引申更多，《文集》更为保守，所以单纯从翻译上讲，《文集》的译法不会引发什么争议。但对于研究者来说，不同的译法可能会导致不同的研究道路。

三

正如孙正聿教授所发现的，恩格斯关于"理论思维的前提"的论述与他关于"哲学基本问题"的论述表面上看似乎是相互矛盾的："如果在人们的理论思维中并不把'思维和存在的关系'当做'问题'，它为什么是哲学的

---

① 《马克思恩格斯文集》第九卷，人民出版社 2009 年版，第 38 页。
② 《马克思恩格斯文集》第四卷，人民出版社 2009 年版，第 279 页。

'重大的基本问题'?"这个矛盾当然只是表面上的，它可以通过具体的阐释而得到解决。但对这个"矛盾"做不同的阐释就可能会得到截然不同的哲学观。

如果我们从把思维和存在的同一性视为我们理论思维的"不以意识为转移的"前提的话，则要问，恩格斯根据什么如此肯定这个前提的客观性？这个前提是否成立，原本是"哲学基本问题"的一个方面。"哲学基本问题"即"思维和存在的关系问题"，在恩格斯的论述中，这个问题有两个方面，一是思维和存在谁为第一性，二是思维和存在有无同一性。根据对这个问题（两个方面）的不同回答，在哲学史上产生了唯物论与唯心论、可知论与不可知论。我们知道，直到德国古典哲学"终结"之时，这个问题也没有得到解决，而唯物论和可知论最终战胜唯心论和不可知论等"一切哲学上的怪论"，依靠的是"实践，即实验和工业"——茜素的制造和海王星的发现等等。① 所以恩格斯说："从笛卡儿到黑格尔和从霍布斯到费尔巴哈这一长时期内，推动哲学家前进的，决不像他们所想象的那样，只是纯粹思想的力量。恰恰相反，真正推动他们前进的，主要是自然科学和工业的强大而日益迅猛的进步。"② 无论哲学某一派别内部的进步，还是派别之间斗争最终的胜负，都是科学和工业进步的结果。换句话说，"哲学基本问题"自古就有，到了近代则是以"思维和存在的关系问题"被明确提了出来，但无论古代哲学还是近代哲学都没能彻底解决这个问题，始终处于唯物论与唯心论、可知论与不可知论的对立之中。但近代以来发展起来的自然科学则证明了唯物论与可知论的正确性，从而彻底解决了"哲学基本问题"。在《自然辩证法》中，恩格斯把对"哲学基本问题"第二方面的肯定回答视为"理论思维的前提"，并认为这个前提的内容方面和形式方面分别被唯物论和唯心论研究过，但只有得到自然科学的确认和推广以后，才可以称得上"事实"。③

这实际上是一种以"哲学基本问题"的提出与解决为标志，从"历时态"的视角去看待哲学与科学关系的做法：哲学提出了问题自己却不能解决，这个任务最终由科学完成了。当我们从"历时态"的视角去理解哲学与科学的关系时，随着科学逐一解决了哲学提出却无法解决的问题，哲学也就

---

① 参见《马克思恩格斯文集》第四卷，人民出版社 2009 年版，第 279—280 页。
② 同上书，第 280 页。
③ 参见《马克思恩格斯文集》第九卷，人民出版社 2009 年版，第 539 页。

终结了,就只剩下科学将整个世界分成各个部分加以研究,并以对世界各个部分的研究的总和取代了对世界总体的研究或对世界的总体研究,这就是科学中的形而上学的思维方式,这也是恩格斯所反对的。

我们还可以把思维和存在的同一性视为我们理论思维的"不自觉的"前提,此时这个前提作为事实在恩格斯看来依然是无可争议的。但逐一解决哲学问题并使唯物论战胜唯心论、可知论战胜不可知论的科学却产生了形而上学的思维方式。这就更说明了"前提"是以我们"不自觉的"方式支配我们的理论思维的。不过,既然我们在讨论这个问题,就意味着我们对它并非永远是"不自觉的",辩证法的思维方式本身就是对这一事实的理论自觉。由此我们可以说,对于"前提",辩证法的哲学是以思维和存在的关系为问题,要探究思维和存在的同一性的根据与机制;而以形而上学为其思维方式的科学则虽然受到"前提"的支配却不承认或没意识到这个事实,因此可以说,这个事实是这样的科学思维的"不自觉的"前提(当然,对于形而上学思维方式的哲学和辩证法思维方式的科学来说,情况就会相反)。

说科学是一种形而上学的思维方式并非贬义,恩格斯本来也只是说科学的种种考察方式被培根和洛克移植到哲学中以后,才造成了形而上学的思维方式。但形而上学的思维范式确实是由科学研究的方式所产生的,并且依然支配着科学研究。这种分门别类的、通过看清细节来看清"总画面"的思维方式和研究方法是科学研究所必需的。这只能说明哲学与科学有着不同的理论对象,不同的理论使命,自然也就需要有不同的思维方式。这是一种从"共时态"的视角去看待哲学和科学关系的哲学观,这也正是孙正聿教授的"前提批判"的哲学观(的一个重要方面)。在《哲学:思想的前提批判》一文以及同名专著中,孙正聿教授把对"我们理论思维的不自觉的(不以意识为转移的)和无条件的前提"的批判发展成为了对构成思想的基本信念的前提批判,而这一信念又包含思维和存在的"抽象同一"、"逻辑同一"和"历史同一"等复杂内容,深化和拓展了这种"前提批判"的哲学观。

对于外文文本,不同译法会激发不同的灵感,开辟不同的道路。译文的变化要求坚持使用原来译文的研究者必须给出充分的理由;但同时,对原文的不同理解也会为不同的译法提供依据,对于原文的母语者来讲,对同一个词也可以作出不同的理解,作者可能在写作时就赋予了一个词以新的含义,甚至读者也有权在阅读时给出自己的思考。孙正聿教授"前提批判"的哲学理论从最初的译本中获得灵感,经受住了译法变化的考验,反过来对中文翻译来说也应该是一个重要的理论依据。所以，重要的不是"unbewusst"最终被翻译成什么，而是我们通过不同的译法得到了什么启迪，进行了什么研究。恩格斯的这段文本在考证上没有什么争议，"unbewusst"不过是一个常用的德语单词，作者也并未赋予它任何新的含义。但从这个单词出发，我们既可以走上"哲学终结论"的死路，也可以走出一条"前提批判"的通途。

参考文献

［1］《马克思恩格斯全集》第 20 卷，人民出版社 1971 年版。

［2］《马克思恩格斯选集》第三卷，人民出版社 1995 年版。

［3］《马克思恩格斯文集》第九卷，人民出版社 2009 年版。

［4］《马克思恩格斯文集》第三卷，人民出版社 2009 年版。

［5］《马克思恩格斯文集》第四卷，人民出版社 2009 年版。

［6］孙正聿：《理论思维的前提批判——论辩证法的批判本性》，辽宁人民出版社 1992 年版。

［7］孙正聿：《哲学：思想的前提批判》，《中国高校社会科学》2014 年第 2 期。

本体观念变革研究

《哲学通论》的本体观变革及困境

白　刚[*]

摘要：作为"专著性教材"的《哲学通论》，其最重大的理论意义就在于通过"元哲学批判"推进了当代哲学观变革。《哲学通论》的哲学观变革集中回答了"哲学究竟是什么"这一核心问题。而对"哲学究竟是什么"这一核心问题的回答，又是与作者对"本体论"作为"终极关怀"的独特理解相一致的，甚至说就是一种"本体论"的回答，这实际上体现了作者一种深切的"本体论关怀"和深刻的"本体观变革"。但这一本体论"关怀"和"变革"的背后，仍然有其内在的困境。而要走出这一困境，仍需要继续深入推进本体观的变革。

关键词：《哲学通论》；哲学观；本体论；后本体论；本体观变革

改革开放 30 多年来当代中国的哲学观变革，可大致分为两个阶段：一是 20 世纪 80 年代初至 90 年代侧重的"哲学体系变革"；二是 20 世纪 90 年代至现在侧重的"哲学内容变革"。孙正聿教授作为"专著性教材"的《哲学通论》（辽宁人民出版社 1998 年版），正是在"哲学体系变革"的基础上，深入推进"哲学内容变革"的产物。而《哲学通论》对"哲学内容变革"的推进，主要是通过反思和追问"哲学究竟是什么"这一"元哲学批判"[①]来实现的。在《哲学通论》中，孙正聿教授所展开的对"哲学究竟是

---

[*]　作者简介：白刚（1972—　），男，吉林大学哲学社会学院教授，博士生导师。（吉林　长春 130012）

① 宋继杰：《守护住我们的学术思想传统》，载《哲学基础理论研究》第二辑，中国社会科学出版社 2009 年版，第 31 页。

什么"的不懈反思、追问和解答，根本上体现了作者一种深切的"本体论关怀"和深刻的"本体论变革"：哲学就是"本体的反思与表征"。① 在这一意义上，《哲学通论》就是作者独特的本体论"关怀"和"变革"集中而系统的展现。

一 "后本体论"：《哲学通论》的本体论语境

自古希腊哲学始，本体论就以追问"何为世界的本原"的形式成为哲学所关注的核心问题；而近代哲学所谓"没有认识论反省的本体论无效"的"认识论转向"，仍然是在回答"什么样的本体论合法的问题"；即便是现代哲学所谓的"语言学转向"，也依然无法摆脱"语言是存在的家"的本体论内涵。在此意义上，作为"寻取最高原因的基本原理"的传统本体论，实际上就是一个"实体"一统天下。但按照美国当代哲学家蒯因的观点，在讨论本体论问题时，要注意区别两种不同的取向：一是何物实际存在的问题，一是我们说何物存在的问题。前者是关于"本体论的事实"问题，后者则是语言使用中的所谓"本体论的承诺"问题："一个理论的本体论承诺问题，就是按照那个理论有何物存在的问题。"② 在这一意义上，我们说本体论实质上不是"何物实际存在"的"事实"问题，而是我们"说何物存在"的"承诺"问题。依照蒯因对"本体论"的这一理解和阐释，我们可以说，当代本体论研究实现了从"何物实际存在"的"事实"问题，转向了我们"说何物存在"的"承诺"问题。而本体论在当代的这一转向，实际上意味着哲学研究进入了"后本体论"③ 时代。按孙正聿教授的理解，"后本体论"是指"本体"既不是绝对之绝对，也不是绝对之相对，而是相对之绝对。本体永远是作为中介而自我扬弃的。④ 正是在这一"后本体论"的意义上，20世纪西方哲学提出了一个响亮口号——"拒斥形而上学"。而"拒斥形而上学"的理论实质，就是在反对和批判传统"实体本体论"及其思维方式的

---

① 孙正聿：《孙正聿哲学文集》第 5 卷，吉林人民出版社 2007 年版，第 118 页。

② [美] 蒯因：《从逻辑的观点看》，中国人民大学出版社 2007 年版，第 4 页。

③ "后本体论"并不是消解了本体论，正如"后形而上学"也绝不是消解了形而上学一样，而是指反对传统"实体本体论"及其思维方式，在"承诺"的意义上阐释当代本体论，并保持"本体论的追求"。

④ 孙正聿：《前提批判的哲学理论》，载《哲学基础理论研究》第二辑，中国社会科学出版社2009 年版，第 18 页。

基础上重新理解"哲学"。

但这一"拒斥形而上学"的反传统本体论思潮，直到改革开放以后，才逐渐在我国思想和理论界产生真正影响。据此，孙正聿教授结合自己的亲身体验，将新中国成立以来国内哲学的发展历程，大致分为三个阶段：20 世纪 80 年代以前的"教科书哲学"，20 世纪 80 年代的"教科书改革哲学"，20 世纪 90 年代以来的"后教科书哲学"。而这种划分的最根本的依据，就是有没有对"哲学本身"提出反思和追问。所以按照这一划分，在 20 世纪 90 年代以来的"后教科书哲学"时期，国内学界对"哲学究竟是什么"的反思和追问，已不再以传统"教科书"为根据、标准和尺度，而是"回到哲学本身"去追问、反思和研究"哲学"及其相关问题。也就是说，自 20 世纪 90 年代以来，人们是在反省和批判传统教科书的基础上，也即在反对和拒斥传统本体论的意义上，来追问和研究"哲学究竟是什么"的"哲学观"问题。因此，孙正聿教授认为："进入到 90 年代，当代中国哲学发生了一个带有真正的学术深化意义上的变革，叫做后教科书哲学。"① "后教科书哲学"就是从"哲学本身"而不是从"教科书"出发来追问和理解"哲学"，这其实也正是哲学观自身的深刻变革。而《哲学通论》在当代中国哲学史演进和哲学观变革的意义上，正是适应"后教科书哲学"——"后本体论"——本体论的当代变革"应运而生"的。

正是在本体观变革的"后本体论"意义上，孙正聿教授在《哲学通论》中强调，对哲学本体论的当代理解中，我们应当达到这样一种认识：本体论作为一种追本溯源式的"意向性追求"，作为一种对人和世界及其相互关系的"终极关怀"，它可能达到的目标，并不是它所追求的"本"或"源"；它的真实的意义，也不在于它是否能够达到它所指向的终极存在、终极解释和终极价值；它的本体论追求的合理性在于，人类总是悬设某种基于现实而又超越现实的理想目标，否定自己的现实存在，把现实变成更加理想的现实；它的本体论追求的真实意义就在于，它启发人类在理想与现实、终极的指向性与历史的确定性之间，既保持一种"必要的张力"，又不断打破这种"微妙的平衡"，从而使人类在自己的全部活动中，保持生机勃勃的求真意识、向善意识和审美意识，永远敞开自我批判和自我超越的可能性空间。②

---

① 《孙正聿哲学文集》第 9 卷，吉林人民出版社 2007 年版，第 592 页。

② 同上书，第 231 页。

在这里，《哲学通论》的革命性在于：它开辟了一条"本体中介化"的道路，实现了"本体观"从"实体本体论"向"虚体本体论"、从"经验本体论"向"超验本体论"、从"现实的本体论"向"可能的本体论"、从"肯定的本体论"向"否定的本体论"、从"有"论向"无"论，也即从"绝对的本体论"向"相对的本体论"的转变。这既是当代本体论自身的重大变革，也是"后本体论"时代哲学自身的具体言说，又是《哲学通论》本体观变革的最为深层的时代性内涵，还是《哲学通论》产生的源初语境。《哲学通论》正是在这样的本体论"变革"的"后本体论"语境中，具体展开其"哲学究竟是什么"的本体论追问的。

二 "哲学究竟是什么"：《哲学通论》的本体论追问

孙正聿教授厚重凝练、洋洋洒洒 50 万字的《哲学通论》，归根结底就解答了一个问题："哲学究竟是什么"。但在孙正聿教授看来，追问和回答"哲学究竟是什么"，并不是一般性地考察哲学的研究对象、理论内容、体系结构和社会功能，而是对哲学的"存在根据"和"存在方式"的追问，也即对哲学之为哲学的"本体"的追寻、反思和表征。作者对"哲学究竟是什么"这一问题的独特解答，既非常识的，也非科学的，更非宗教的，而是"本体论"的解答。而这一"本体论"的解答，又是与其情有独钟的"本体论关怀"和萦绕于心的"本体观变革"密不可分的。正如作者自己在书中所言：从一定的意义上说，对"哲学究竟是什么"的追问与回答，也就是对"本体究竟是什么"的追问与回答；如何回答"本体究竟是什么"，也就是在回答"哲学究竟是什么"。① 由此可见，孙正聿教授对"哲学究竟是什么"的反思、追问与回答，是与他对本体论的独特理解相一致的。

在《哲学通论》中，孙正聿教授集中揭示和阐明了本体论的"三重内涵"：追寻作为"世界统一性"的终极存在（存在论或狭义的本体论），反思作为"知识统一性"的终极解释（知识论或认识论），体认作为"意义统一性"的终极价值（价值论或意义论）。② 在这里，《哲学通论》追求和建构的本体论，既非古代的"自然本体论"，也非近代的"意识本体论"，亦非

---

① 孙正聿：《哲学通论》，辽宁人民出版社 1998 年版，第 226 页。
② 同上书，第 231 页。

现代的"语言本体论",而是想打通或实现"本体论"作为存在论、真理论和价值论的内在统一和"三者一致"。为此,孙正聿教授后来又强调:哲学意义的"本体",既不是某种实体性的"终极存在",又不是某种知识性的"终极解释",也不是某种主观化的"终极价值",而是以寻求"终极存在"、"终极解释"和"终极价值"的方式,为人类的全部思想和行为追寻"根据"、"标准"和"尺度"。哲学本体论所具有的这种真实意义,使其在人类把握世界的各种方式(宗教的、伦理的、艺术的、科学的、常识的等等)中,在人类创建的全部知识体系(数学、自然科学、社会科学、人文科学、思维科学等等)中,扮演了一种独特的角色,即:以其所承诺的"本体"作为最高的或最终的根据、标准和尺度,批判地反思人类一切活动和全部知识的各种前提,为人类的存在和发展提供自己时代水平的"安身立命之本"或"最高的支撑点"。① 由此可见,孙正聿教授对本体论"三重内涵"和"安身立命之本"的这一独特阐发,已经消解和融化了传统实体本体论及其概念方式,确立了本体论作为人之为人的"终极关怀"的理想性、超越性和可能性。这对追问和理解哲学本身以及推动本体观变革,无疑具有重大而深远的理论意义。

《哲学通论》正是在这一本体论作为"终极关怀"及其"变革"的意义上,具体展开了"哲学究竟是什么"的追问和回答。在导言"进入哲学思考"中,孙正聿教授借用了黑格尔"庙里的神"之比喻,强调了哲学作为照亮人类生活,并从而使人类"崇高"起来的"普照光"的本体论意义。在第一章"哲学的自我理解"中,孙正聿教授指出:以追问和回答"哲学究竟是什么"为标志的"哲学观"问题,不是哲学中的"一个问题",而是全部哲学的"根本"问题,是决定如何理解和解释其他所有哲学问题的根本问题。这实际上突出了哲学在反思和超越常识与科学基础上,作为人类把握世界的基本方式的独特的本体论地位。在第二章"哲学的思维方式"中,孙正聿教授揭示了哲学作为反思的思维方式,其本质上就是"理论思维的前提批判",而这一"前提批判",也就是对哲学自己所承诺的"统一性原理"和"最高支撑点"——"本体"的批判。在第三章"哲学的生活基础"中,孙正聿教授论证了哲学作为"人类关于自身存在的自我意识",其生活基础——"本体根据"就是人类自身的存在方式——实践。在第四章"哲学

---

① 孙正聿:《孙正聿哲学文集》第5卷,吉林人民出版社2007年版,第120—121页。

的主要问题"中，孙正聿教授具体论述了"在"、"真"、"善"、"美"、"人"构成了哲学反思的主要问题，但却突出强调了"哲学是以其对'本体'即'在'的寻求，而实现其对真善美的反思，并从而实现其对人自身的'安身立命之本'的寻求，即实现其对人自身的存在与发展的反思"①。在第五章"哲学的派别冲突"中，孙正聿教授虽然具体论述了哲学派别冲突的不同表现，但却突出揭示和论证了哲学的派别冲突与人类存在的矛盾性：哲学派别冲突的根源，在于人类自身存在的矛盾性，以及人们对自身存在的矛盾性的理解的非一致性。在这里，孙正聿教授实际上是从深层的"生存本体论"的意义上，阐释了哲学派别冲突的真实内涵。在第六章"哲学的历史演进"中，孙正聿教授论述了哲学史既是哲学自我追问和自我理解的历史，也是哲学自我批判和自我否定的历史。而哲学自我追问和自我理解的非一致性的深刻根源，就是"人的存在方式及其所决定的人与世界的相互关系"，并以之为基础来反观哲学的自我追问和其历史演进。可以说，孙正聿教授对哲学的历史演进及其根源的揭示，依然是一种本体论的理解。在第七章"哲学的修养与创造"中，孙正聿教授明确了"哲学是以时代性的内容、民族性的形式和个体性的风格去求索人类性的问题"的根本内涵。而这一内涵决定了"哲学的修养与创造，既是人们追求崇高的过程，也是使人们自己崇高起来的过程"②。这表明，哲学在根本上就是"使人作为人能够成为人"的追求崇高的"本体之学"。

从以上孙正聿教授在《哲学通论》中，围绕"哲学究竟是什么"所作的不同方面的本体论阐释来看，我们不难得出一个最核心的结论：哲学就是"本体论"。因此说，孙正聿教授对"哲学究竟是什么"的解答，根本上是一种"本体论"的解答。

三 "本体论的自我驯服"：《哲学通论》的本体论困境

孙正聿教授以对"本体"的追寻、反思与表征而展开的"哲学究竟是什么"的解答，实际上为当代中国哲学的发展开辟了一条"超越哲学知识论立场"的"元哲学批判"路向。而这一"元哲学批判"路向，既是他的一

---

① 孙正聿：《哲学通论》，辽宁人民出版社 1998 年版，第 225 页。
② 同上书，第 472 页。

种"知其不可而为之"的巨大理论勇气和高度理论自觉，也是其痴心不改、义无反顾"追求崇高"的"本体论关怀"的具体体现。这一路向为推进哲学观的当代变革及发展，建构了一条独特而高远的"本体论之路"。但是，孙正聿教授的"本体论之路"，也存在以下值得关注的内在困境。

其一，"本体论事实"与"本体论承诺"。应该说，自蒯因区分了本体论研究中的"本体论事实"与"本体论承诺"之后，当代哲学的本体论研究就实现了一种转向——从关注"什么是本体论"到追问"何以有本体论"的转变。在此意义上，我们说当代哲学本体论研究进入了"后本体论"时代，而这也正是《哲学通论》一书的本体论言说语境。实际上，孙正聿教授在《哲学通论》中对本体论的具体言说，也基本上是"本体论承诺"意义上的："本体"作为抽象的"在"，并不是某种现实的存在物，而只是一种人类思维的指向性。因此，"本体论"就是一种追本溯源式的意向性追求，是一种理论思维的无穷无尽的指向性，是一种指向无限性的终极关怀。① 在这里，本体论不是"某种现实的存在物"的"事实"，而是"指向无限性的终极关怀"的"承诺"。但问题是，"把存在的事实和存在的本体分离开来、对立起来，是本体论思维的基本前提"②。不管是"承诺"还是"事实"，哲学本体论总是把自己认同的"本体"当作最高的权威性、最大的普适性和最终的确定性，并以之作为人们思想和行为的最终根据、标准和尺度，来衡量一切、裁决一切和规范一切。所以，我们如何能够真正避免把"说何物存在"的"本体论承诺"当成"何物实际存在"的"本体论事实"？或反过来说，如果我们避免了把自己的"承诺"当作毋庸置疑和不可变易的绝对——"本体"，那我们的"承诺"还是不是或在什么意义上是一种"本体论承诺"？《哲学通论》中对绝对之"真"、至上之"善"、最高之"美"的"追求"，对"前提"、"意义"、"崇高"等"安身立命之本"的"承诺"，又"追求"和"承诺"了什么？其实，不管是"本体论事实"还是"本体论承诺"，这里问题的"症结"在于："本体"是要"被解释"的，而不是用来"进行解释"的。③ 在此意义上，我们可以说《哲学通论》的本体论"追求"和"承诺"背后，仍然保持着"断言的天真"、"反思的天真"和"概念的

① 孙正聿：《哲学通论》，辽宁人民出版社1998年版，第228页。
② 《高清海哲学文存》第1卷，吉林人民出版社1997年版，第141页。
③ 赵汀阳主编：《年度学术·2005：第一哲学》，中国人民大学出版社2005年版，第291页。

天真",仍然给人一种"独断"之嫌。

其二,"三重内涵"与"一种意义"。孙正聿教授对当代哲学本体论变革的巨大推动意义,就在于其对本体论作为"终极存在"、"终极解释"和"终极价值"这"三重内涵"的独特阐释。虽然孙正聿教授一直强调:本体论"终极关怀"的这"三重内涵",不是本体论的"三种历史形态",也即这三重内涵之间的关系既不是相互割裂的,也不是相互并列的,更不是此消彼长、依次更迭的,而是互为前提、始终并存的。① 但孙正聿教授在对"哲学究竟是什么"的反思和追问中,特别是在论述哲学的存在方式——"表征意义"时,却突出强调了本体论的"终极价值"(意义统一性)内涵。按孙正聿教授的理解,哲学在人类把握世界的各种基本方式中的特殊作用和独特价值,在于它以理论形式表征了人类关于自身存在的"意义"的自我意识,它是人的生存"意义"的"普照光"。所以,人类存在的"意义"成为人类自己追问的最大的问题,因而也成为"社会的自我意识"——哲学——追问的最大问题。由此,孙正聿教授强调:"人类对终极存在和终极解释的关怀,植根于对人类自身终极价值的关怀",而"这种终极价值是衡度人类全部思想和行为的最高标准",因此"对终极价值的关怀,构成本体论的最激动人心的终极关怀"②。在这里,我们可以看到本体论的"终极价值"内涵明显具有作为"最高本体"而统摄其他两重内涵的意义。可以说,孙正聿教授所阐发的本体论的"三重内涵",最后转变成了本体论的"一种意义"——"意义统一性"——"终极价值",甚至可以说是一种"价值本体论":本体论的"最切要的眷注被引向由人生意义或价值的贞判所开示的人生境界"③。这也合理解释了《哲学通论》的最后一章为什么是"哲学的修养与创造"——"人生境界"的培养和建构。在此意义上,我们甚至可以说孙正聿教授的本体论"变革"和"言说",最终以"价值论"取代了"存在论"和"真理论",又回到了哲学的"价值形而上学"——伦理学或政治哲学是"第一哲学"传统。这可能正是哲学之为哲学难以摆脱的历史宿命。

其三,"本体论思维"与"本体论追求"。在高清海教授看来,哲学本体论实际上是"一种由预设本质去解释现存世界的前定论、先验论的思维方

---

① 孙正聿:《哲学通论》,辽宁人民出版社1998年版,第240页。

② 同上书,第234页。

③ 黄克剑:《心蕴:一种对西方哲学的读解》,中国青年出版社1999年版,第368页。

式，从初始本原去说明后来一切的预成论、还原论思维方式，从两极对立去追求单一本性的终极论、绝对论思维方式"①。而自晚近以来，"本体论作为一种理论形式虽然走向衰落"，但"本体论的思维方式却仍然支配着人们的哲学思考"②。正是在这一意义上，孙正聿教授强调，要超越传统"本体论的思维方式"而保持现代"本体论的追求"。但正如孙正聿教授自己在《哲学通论》中所指出的：本体论的追求即是矛盾。一方面，本体论总是承诺某种"基本原理"为人类的存在和发展提供永恒的"最高支撑点"，而人类的历史发展却总是不断地向这种终极解释提出挑战，动摇它所提供的"最高支撑点"的权威性和有效性；另一方面，哲学本体论以自己所承诺的"本体"或"基本原理"作为判断、解释和评价一切的根据、标准和尺度，也就是以自身为根据，从而造成自身无法解脱的解释循环。而由此导致的后果就是"自我批判的本体论追求变成了非批判的本体论信仰"③。在此基础上，我们的问题是：孙正聿教授主张的"本体论"作为一种"追本溯源式"的意向性追求，如何就"不是"一种"本体论思维"而"只是"一种"本体论追求"？在《哲学通论》中，孙正聿教授明确强调：本体论哲学作为一种世界观和理论思维方式，它本身只是人类思维在一定历史发展阶段上的产物，没有任何理由或根据把它当作永恒的解释原则或理论硬核去建构当代的哲学模式。④ 那么，《哲学通论》中对"前提"的反思、对"意义"的表征、对"崇高"的追求、对"境界"的塑造，难道就只是一种"自我批判的本体论追求"而不是一种"本体论信仰"的当代建构？或者说，《哲学通论》的"自我批判的本体论追求"如何避免变成"非批判的本体论信仰"？实际上，《哲学通论》对"哲学究竟是什么"的本体论追问和回答，在一定意义上仍然像黑格尔批评康德那样，是要建立一种"合理形态的本体论"，重新为当代哲学的合法性奠基。

从以上困境可以看出，孙正聿教授的"本体论变革"仍然难以彻底摆脱或跳出传统实体本体论追求"基础主义"的幽灵或阴影。借用解释学大师伽达默尔批评黑格尔的话说，孙正聿教授的《哲学通论》也仍然存在着"本

① 《高清海哲学文存·续编》卷三，黑龙江教育出版社 2004 年版，第 170 页。
② 《高清海哲学文存》第 4 卷，吉林人民出版社 1997 年版，第 151—152 页。
③ 孙正聿：《哲学通论》，辽宁人民出版社 1998 年版，第 237 页。
④ 同上书，第 230 页。

体论上的自我驯服"①。或者说,《哲学通论》还保持着一种不自觉的本体论的"自我神话"和"独断",实际上是一种"反本体论的本体论",本体论被放逐和"调和"之后又重新"变相"归来。

自黑格尔之后,现当代西方哲学从不同的道路、以不同的方式展开了对传统"实体本体论"及其概念方式的摧毁和解构。应该说,现当代西方哲学的这些摧毁和解构,从不同方面、在不同程度上推进了哲学观研究的深入和发展,在一定意义上也冲击和瓦解了传统本体论及其思维方式的独裁地位。但是,现当代西方哲学对传统"实体本体论"及其思维方式的批判和超越,仍然是以自己所"承诺"的某种"本体"作为理论思维的不自觉的和无条件的前提,并以之为最终的"根据"、"标准"和"尺度"去反思、裁决和批判传统本体论哲学,其"反本体论"的做法仍然是不彻底的,仍然是在本体论的"延长线上"反对本体论,仍然是在"戴着锁链跳舞"。这其实正是孙正聿教授自己在《哲学通论》中揭示出却难以克服的本体论自身无法解脱的"解释学循环",也即"本体中介化"问题。之所以如此,恐怕根本上还是一种"本体论思维"及其"概念方式"的根深蒂固所致。

但是,在《哲学通论》中孙正聿教授以其巨大的理论勇气、充分的理论自觉和高度的理论自信,从容优雅而又大气磅礴地向我们展示了作为"元哲学批判"的"本体论追求",对推进和深化当代哲学观和本体观变革,无疑具有重大的积极意义。它既是一种难能可贵的探索和尝试,也是一座巍然耸立的理论丰碑。所以,我们仍需要以之为阶梯和支撑点,继续深入推进哲学观和本体观的当代变革,坚持不懈走哲学创新之路。

---

① [德]伽达默尔:《摧毁与解构》,《哲学译丛》1991年第5期。

"内蕴形而上学"的文化本体观

——高清海先生晚年哲学思考的再理解

杨 晓*

摘要：孙正聿先生把本体理解为"无"，一种追本溯源的意向性追求，这种追求的结果构成了时代水平的人与世界、思维与存在的最深层次的统一性原理。本体论以理论的方式从事的时代精神之实践，就是"思想的前提批判"的哲学活动。哲学的外部存在隐喻了一种内部的哲学活动，揭示了"反思"与"前提批判"的双重含义以及作为"思存同一性"的"本体"的真实意义。在孙正聿先生的文化本体与绝对本体之间，是不可言说的神秘之域，哲学在此可以从事与本体论方式不同的"本体的实践"。

关键词：文化本体；绝对性；反思；思存同一性；本体的实践

哲学是"时代精神的精华"与"文明的活的灵魂"。真正的哲学无不作为时代的产儿应运而生，又以其不拘时代的永恒的人类性，构成了"文明的活的灵魂"。"思想的前提批判"的孙正聿哲学，内在化了改革开放的历史实践，创建了我们时代的思想自我。在非形而上学的现时代，孙正聿先生本然地从事形而上学的实践，培植与守护着文化生活中的本体论追求。他的文化本体观凝聚着"思想的前提批判"的全部创造活动与超越性张力，直接实现了形而上学的真实意义，构成了一种独具特色的"内蕴形而上学"。

────────────

* 作者简介：杨晓（1981— ），男，吉林大学哲学社会学院暨哲学基础理论研究中心讲师。（吉林　长春　130012）

一　当代哲学的历史任务

"真理的彼岸世界消逝以后，历史的任务就是确立此岸世界的真理。人的自我异化的神圣形象被揭穿以后，揭露具有非神圣形象的自我异化，就成了为历史服务的哲学的迫切任务。"① 当代中国人存在方式的转变，具体而微地重演了人类文明与世界历史的现代化进程。现时代的"非形而上学"是一个历史事实，"真理的彼岸世界"是作为社会的上层建筑从外部整体加给人们，以提供人们共同的精神生活，但是这个天上王国在此岸世界之外，并且是以世俗世界的等级压迫与阶级对立为补充的。封建等级制度被推翻，破除了人的先于其存在的"本质"，因此通过存在挣得本质成为每个人自己的事情。此岸世界的真理无法从外部取得。

人在"神圣形象"中的"自我异化"，是自然经济条件下的"人的依赖性"的存在方式的文明特征；人在"非神圣形象"中的"自我异化"，则是市场经济条件下的"以物的依赖性为前提的人的独立性"的存在方式的文明特征。作为现时代的人的物化存在方式之表征的"非神圣形象"，是此岸世界的"无真理"。当代哲学的历史任务就是批判人的物化存在，实现人的自主存在，这是此岸世界的真理。

形而上学作为超乎有形之学，具有"真理的彼岸世界"特征。现时代，资本已经消灭了宗教与形而上学。那么要在此岸世界确立真理，还能否进行一种形而上学的实践？此岸世界的真理具有否定之否定的形式，是对"真理的彼岸世界"与"此岸世界"的"无真理"（"非神圣"）的双重超越。那么，"此岸世界的真理"意味着一种什么样的形而上学呢？复兴传统形而上学是不可能的。"本体论—逻辑学—神学"的三位一体，具有外部性的特点，尚未直接成为每个人自己的事情。形而上学诉诸知识形态或理论方式，其存在性是直接的，但真实意义却是间接的、实践性的。形而上学的存在与本质之错位，是与人的异化状态相适应的。如果说，现代形而上学的实践是为了确立"此岸世界的真理"，即实现人的自主存在，那么形而上学就应该放弃知识或理论的直接存在形式，实现真实意义与本质的直接存在。

传统形而上学也是关乎生活世界的，但它从生活世界分裂出去，并在云

---

① 《马克思恩格斯选集》第一卷，人民出版社 1995 年版，第 2 页。

霄中固定为一个独立王国。超越生活世界，却不能回向生活世界，以其承诺的"绝对性"与"无限性"与相对的、有限的世俗世界相对立。这种绝对性是虚假的，它只是一种抽象的普遍性。真正的绝对性是具体的普遍性，"无入而不自得"。当然在有限对面、并为其所限定的无限，也非真正的无限性。与生活世界的对立使传统形而上学丧失了自我更新的生命力，因为虚假的绝对性断绝了与绝对性的关联，这种关联只能在对生活世界的出离与回向中才能保持住。传统形而上学的弊病不在于"绝对主义"，而在于未能真正达到绝对性。绝对性是对对立性的克服，真正的绝对性绝不是消灭另一方，而是创造与升华，在更高的层次上圆融无碍。相互对待的原不碍事，绝对性是其归宿。回到生活世界的当代哲学，放弃了传统形而上学的僵化形式，更好地实现了其根本旨趣。

二　时代与永恒的本体性张力

当代哲学的历史任务是"确立此岸世界的真理"，因而哲学必然要从"真理的彼岸世界"回向历史的"此岸世界"。孙正聿先生把哲学定义为"人类文明的时代性理论问题的自觉"，他的哲学更是自觉地承担起哲学的历史使命。哲学所内含的历史与永恒的张力，集中地体现在他的本体观中。

孙正聿先生的本体观既不同于邹化政先生的逻辑本体观，又不同于高清海先生对本体的态度。邹先生的逻辑本体仍然属于传统形而上学的"本体论—逻辑学—神学"的三位一体模式。逻辑本体的有对待的外部形式，是与本体的绝对性不适合的。承认逻辑本体，也必须承认世界是纯粹逻辑，而不存在逻辑的应用，应用意味着逻辑的界限与对逻辑的超越，这便消解了逻辑本体的最终的意义。逻辑本体不仅具有反本体性的特点，而且无法承担当代哲学的历史任务，即实现人的自主存在。高先生的本体观继承了马克思的形而上学批判，反对本体论的思维方式，又肯定人的形上追求。反对本体论的思维方式，即是批判哲学意识形态的抽象的普遍性，马克思在《1844年经济学哲学手稿》中指出，哲学作为人的异化的存在；而肯定人的形上追求则是与实现人的自主存在本质相关的。哲学的"抽象本身离开了现实的历史就没有任何价值"，因而必须把哲学的"最精致的精髓"切实有效地保持在历史的此在中。

孙先生的本体观可大概称为"文化本体观"，对此我们需要从"性"与

"相"两方面进行分析。在实际证得本体之前，"性"与"相"并非圆融无碍的，而这也真实地构成了哲学的人类性与时代性之张力。于"性"而言，孙先生认为本体是"无"。本体以"无"的方式承受本体的绝对性与无限性，因而"无"不是断灭之空，而是比"有"更深刻的存在方式。"无"意味着非规定性、非对象性、无限性、超越性等。本体之"无"派生了精神生命的否定本性，指认了思维的至上性追求与人性的终极意向性追求。绝大多数哲学家都承认形上追求是人性的自然倾向。这意味着人性的至上性追求与终极意向性，是一种真实的存在，它既不同于客观的外部现实，也不同于主观的自我意识。它作为先天自然倾向，是"不以人的意识为转移的"存在，即便人无此自觉，形上倾向仍以尚未觉醒（不自觉）的方式无条件地存在着，因而此倾向是比自我意识更深刻的存在。人的形上本性超越了主观性与客观性的存在层次。这种人性的先天自然倾向具有超时代的永恒性，它派生、区分与贯通了各个时代。于"性"而言，历史主义是不可能的，历史绝非最终的框架，本体大于历史。

人对本体的自觉态度构成了形而上学。本体无意识地、沉默地发挥着无所不在的普泛大用，因而作为其自觉的形而上学或者远远超出日常生活的当下，"或者反过头来把这一现今与其先前以及起初的曾在联结起来"，从而"把时代置于自己的准绳之下"，它有能力决断一个时代的生活是否保持在真理性的维度上。"这种不承认日常生活中的直接反响的东西，却能与民族历史的本真历程生发最内在的共振谐响。它甚至可能是这种共振谐响的先声。"① 作为形而上学之对象的本体，并非作为绝对性的本体，而只是本体所现之"相"，形而上学无能于契合本体。于"相"而言，形上本体堕入历史，与时代的整体"生发最内在的共振谐响"。正是在此意义上，孙先生把"形上本体"指认为"文化本体"，揭示了形上本体在人类历史中的真实意义。形而上学所对待的并非绝对本体，无法真正契合本体，康德也论证了知识形态的形而上学的不可能性。为什么孙先生仍坚持"本体论追求"呢？这种追求被孙先生称作哲学的使命与自觉——"知其不可而为之"。"知其不可而为之"的真实意义即在"文化本体"，就是本体的"实践运用"。形而上学本体论虽然不具有真理性知识的意义，却具有间接的、实践的意义，或者说形而上学以理论的方式发挥与民族的、时代的命运相关联的实践意义。

---

① ［德］海德格尔：《形而上学导论》，熊伟等译，商务印书馆 1996 年版，第 10 页。

　　哲学家被形而上学与时代的内在关联所支配，因而每个时代的哲学家都具有广泛而深刻的一致性。几乎没有哲学家自觉自愿地在"罗陀斯岛"上跳舞，形而上学总是向着绝对与永恒挣扎。正是这种挣扎完成了从意见世界向文化世界的"惊险的一跃"。尽管这种跳跃总得落回时代的土地上，但形上追求成就了"时代的整体性"，或者说成就了"思想中的时代"。哲学作为"意义的社会自我意识"使一个时代自觉为一个时代。哲学与它的时代的关系如同马克思所说的科学的理论思维对经验材料的关系："研究必须充分地占有材料，分析它的各种发展形式，探寻这些形式的内在联系。只有这项工作完成以后，现实的运动才能适当地叙述出来。这点一旦做到，材料的生命一旦观念地反映出来，呈现在我们面前的就好像是一个先验的结构了。"① 科学并非表述经验，理论是对经验的超越性创造。哲学就是把时代生活的杂多流变的经验实在引向整全性的个性生命，从时代生活的嘈杂音响中听出"时代的主旋律"，把人类各种文化活动的"七色光谱"聚焦为"意义的普照光"，从而成就"时代精神的精华"。形而上学的内在运作把时代与永恒联结起来，在时代文化中蕴集了"宇宙生命的活火"，使"时代精神的精华"同时又是"文明的活的灵魂"。哲学作为"时代精神的精华"与"文明的活的灵魂"，不但是规范人的思想与行为的根据、标准与尺度，而且以其与永恒的关联、向无限敞开的范导性构成了人的能动的超越性与创造性。孙先生把形而上学与它的时代的本质性关联称作"表征"，形而上学的这种内在运作机制与海氏所说的形而上学"把时代置于自己的准绳之下"并"能与民族历史的本真历程生发最内在的共振谐响"不谋而合。

　　取得一种外部存在形态的哲学本体论，作为时代水平的人与世界、思维与存在的最深刻的统一性原理，其实是一种追本溯源式的意向性追求所达到的历史的制高点，这种似乎知识的理论并非平面性的事实，而是超越时代经验的精神创造，构成了"时代精神的精华"与"文明的活的灵魂"。本体论虽然具有时代精神的确定性，但它并没有一般理论知识的既定性与静态性，而是以概念对内部事实与外部事实的陌生化与差异化，构成了一种内蕴的超越性张力。精神的本性是否定性，时代精神的确定性是理想对现实的否定性统一或理想的实际性。追本溯源式的意向性追求的现实存在，就是能动的超越性、否定性与创造性。哲学本体论表征了看不见、摸不着、活生生的时代

---

① 《马克思恩格斯选集》第二卷，人民出版社 1995 年版，第 111 页。

精神，因而哲学本体论并不具有最终的意义，相反，它的真实意义不是理论本身，而是以理论的方式从事时代精神的实践。哲学本体论作为"时代水平的真善美"的主要活动是以"思想的前提批判"的方式塑造引领时代精神。

三 "思想的前提批判"的双重内涵

理解孙正聿先生的哲学，不能离开其哲学创立的历史背景。教科书批判的时代，也是哲学重建的时代。哲学基础理论的首要工作是针对哲学自身的，使哲学在学术化的学院背景中，证明其作为一个学科和人类把握世界的一种基本方式的存在合法性。当然，这种证明其实是在清理了传统哲学观念的地基之后，从头开始探索、发现与创造。在从政治性哲学研究向学术性哲学研究革命性转变的时代，孙正聿先生的哲学能够聚焦时代、回向生活、直向根本的哲学教化，发挥出哲学智慧的"具体的普遍性"品格，超越专业文化知识，以成就人的自主存在为使命，确实难得。当然，这也是吉林大学的哲学基础理论研究传统的根本旨趣，哲学基础理论研究是在现实、历史与理论的交叉点上开路而行的。

为哲学作为一个学科的存在合法性进行论证的任务，无法摆脱哲学的"爱智慧"在学科体制中的异化，因而孙正聿先生也是主要发挥了"思想的前提批判"的一种含义，这是基于哲学作为一个学科或人类把握世界的一种基本方式生发的。构建"思想的前提批判"的哲学的关键，在于发现了人类的一切思想与行为都以"思维与存在的统一性"作为"不以意识为转移的和无条件的前提"。"理论思维的前提"的发现，是对恩格斯的著名论断的天才运用。孙正聿先生把人类思想分为"构成思想"与"反思思想"两个最基本维度："哲学以外的人类全部思想活动都是把思维和存在遵循同一些规律作为'不以意识为转移的和无条件的前提'，去'构成'关于世界的'思想'；哲学则是把人类全部思想活动所构成的关于世界的思想作为批判对象，追究思想构成自己的'不以意识为转移的和无条件的前提'。这就是哲学对思想的前提批判。"① "'反思思想'是把'构成思想'中不予追问的'思维和存在的关系'当作了'问题'，也就是把'认识的可能性'当作了'问题'，由此便构成人类思想的'反思'的哲学维度。"作为哲学反思对象

---

① 孙正聿：《哲学：思想的前提批判》，《中国高校社会科学》2014 年第 2 期。

的"思想"内蕴着作为"理论思维的不自觉的和无条件的前提"的"思存同一性",各种"构成思想"都是在这一隐匿的、普遍的、具有内在必然性的前提的支配下去实现思维与存在的各种具体统一。哲学何以能超越这一内蕴的隐匿前提的支配性,将其揭示出来作为观照的对象,同时使其从"内在的必然性"变成"外在的强迫性"?"思想的前提批判"活动是哲学本体论的真实意义所在,而哲学本体论又是时代水平的思维与存在的最深层次的统一性原理。因而哲学就能作为"意义的普照光"照见各种构成思想的本质,并解构其"内在必然性",实现其逻辑层次的跃迁,达到更深层次的"思存同一性"。哲学本体论所据有的最深层次的"思存同一性",实为其内蕴的"超越性张力",这是哲学作为"思想的前提批判"的根据。在此意义上,"思想的前提批判"实为哲学的教化。哲学对思想的教化,首先是哲学作为意义的普照光,深入落实到各种差别的存在层次与存在境界,也就是照见各种思想的内蕴的隐匿前提,并使其解构、消融在普照光中,获得点化、超升,实现"存在—价值"层次的跃迁。

哲学作为一个学科或一种人类把握世界的基本方式,无法摆脱在学科体制中的异化,就不能尽致呈现哲学的爱智本性的广大精微。如果忘掉这种哲学存在的地平线,那么隐藏在"思想的前提批判"的直接含义之后的第二重内涵便得澄观。"思想的前提批判"可以一种更本原的、切实有力的方式直接存在。毕竟,"爱智慧"不是一个学科专业的任务,而是每一个人自己的事情。存在一种意味深长的现象,最富有哲学思想、葆有活泼的爱智本性与探索精神的人常常不是哲学专业中人,而是其他领域的大师。智慧是具体的,并无一定的形态。专业化的固定规定和程式远离了具体活动的源头活水,与智慧的具体无形是相悖的。专业的既定视角与规定并非通达智慧的短程线。哲学专业化的误区在于,做得太多,但方向错了,因为它总想把最好的东西给别人。能给予与接受的都是身外之物,怎能是最好的呢?苏格拉底曾告诫我们,智慧只能是每个人的心灵孕育出的孩子,当然也得有柏拉图式的爱情以及苏格拉底式的对话性教育。那种本原性的教育中,没有传道授业解惑者,教育者与受教育者是循环往复的平等关系。能给予人的只是智慧的影子,通过这个影子,去和别人一起发现自己内心中曾经知道但又遗忘的东西。一个哲学家所给出的体系越是广大完备,就越是堵塞了我们反身而诚、明心见性的道路。体系性哲学不提供任何让人"悟"的暗示。如果没有爱情,智慧就会枯萎,哲学就是做智慧的朋友。柏拉图在《会饮》中有对

"爱神—哲学家"的天才描述："在同一天之内，他时而茂盛，时而萎谢，时而重新活过来，……可是丰富的资源不断地来，也不断地流走，所以他永远是既不穷，又不富。"① 对于哲学的收获，"应无所住"，随立随破，智光常寂常照。

如柏拉图所说，学习不过是回忆，那么教育从根本上就是自我教化。作为哲学对思想之教化的"思想的前提批判"应当更直截了当地存在。可以说，第一重含义准备了第二重含义，外部的哲学隐喻了内蕴的形而上学。哲学的教化塑造引领时代精神，但各种构成思想的前提批判或逻辑层次（存在—价值层次）的跃迁，都不是由哲学家，而是由从事其他工作并能进行哲学思考的人做出的。这不是论功问题，而是要由哲学的外部形象牵引出内部的哲学活动，以及思想前提与反思的本质。

各种构成思想的前提并不是从外部的哲学那里借来的，而是思想自己创造性地构成的。以此，思想超越了意见世界，成为思想。哲学对构成思想的前提批判，被揭示、批判的前提已经成为思想的强制与桎梏，如此前提已经成为没有个性的外部存在。前提作为"思想之为思想"的根据是宝贵的，文化思想耗尽其精神生命有一个过程。思想把自身从意见世界（直接被给予的常识世界）中超拔出来，根据在于它创造了作为"思存同一性"的前提。使思想之为思想的"思存同一性"的前提，是本体性的。作为"思存同一性"的本体不是经验能给的，而是思想借助意见世界的经验觉知的暗示"回忆"起来的。"回忆"是反思最为本质的意思。柏拉图在《斐德罗》中说："人类理智须按照所谓'理式'去运用，从杂多的感觉随神周游，凭高俯视我们凡人所认为真实存在的东西，举头望见永恒本体境界那时候所见到的一切。现在你可以明白只有哲学家的灵魂可以恢复羽翼，是有道理的，因为哲学家的灵魂常专注于这样光辉景象的回忆，而这样的光辉景象的观照正是使神成其为神的。只有妥善运用这种回忆，一个人才可以经常探讨奥秘来使自己完善，才可以真正改成完善。"② "回忆"把杂多流变的经验觉知统摄为具有内在必然性的思想，成为整全性的个性生命，同时是灵魂的成长与人格的完善化。"灵魂的回忆"是从外部经验直向"自性"的返照。"灵魂"借助意见世界的经验觉知的暗示，回忆起了天外境界的"理念"。这个"理念"

---

① 《柏拉图文艺对话集》，朱光潜译，人民文学出版社 1963 年版，第 261 页。
② 同上书，第 125 页。

把杂多的经验觉知升华与统摄为思想文化。因而,天外境界的"理念"作为"思存同一性"的本体,就是思想中内蕴的隐匿前提,或构成各种文化形式之基础的"假设"。"假设"决无主观性之意味,而是指它不能从经验中归纳出来,不能为经验所证实,得自一种超越性的创造,带有天外境界的清新的陌生感。作为"灵魂的回忆"的"反思"具有能动的超越性与创造性特征,"回忆—反思"直接就是一种本体性活动了。"灵魂的回忆"意味着"爱洛斯(eros)的升华"、人格的成长、"存在—价值"层级的超升,这就是理念或作为"思存同一性"的本体的真实意义了。

思想通过超越性的创造从意见世界超拔出来,除了外部经验给予的暗示,思想基本上是无依无靠的。但是外部经验只有激发内部的创造活动才是有意义的,外部经验之所以成为暗示,不是由自己决定的,而是得之于"灵魂的回忆"。我们把思想创造其前提的活动称为内蕴的哲学活动,在创造发生前我们强调反求诸己、回照自性,但"灵魂的回忆"无所谓内部与外部,是一种完全不可描摹的极度紧张状态,如"惊喜不能自制"、"光辉灿烂"、"惊异的寒战"、"不可思议的爱"、"昂首向高处凝望"、"把下界一切置之度外"、"爱情的迷狂"等忘我专注的精神状态,这不再是一种主观人为的努力了,不由自主、"由神凭附"的"迷狂"进入了超越内外、主客的更高的存在层次与存在境界。把反思作"回忆"讲,凸显了前提批判的超越性的创造维度,强调了前提为思想之本有,从思想的"自性"中来。由此可见,思想前提绝不是可从外部给予的既定的东西,而是思想的内在创造。内蕴的哲学活动并不经常降临,见之如"天外境界"。前提之不自觉与无意识,只是超过意识与自我意识的存在层次。"灵魂回忆"起的"理念"使意见世界的经验升华为具有内在必然性的思想,所谓"内在必然性",与"外在强迫性"相反,能成就个性生命,从灵魂深处发现的理念与外部经验实在世界如此契合,所以"灵魂的回忆"如同从"自然深处的涌现"。当然在此言灵魂与自然已无内外区分之意,皆是自性显现。

思想的前提即是思想中内蕴的作为"思存同一性"的"本体",以此,思想成为思想,思想所具有的独立的个性生命,我们称之为"客观性"。以往,我们一般把"思想的客观性"问题理解为思维与存在、主观与客观的符合,思维与存在的规律层面的统一,思想把握了事物的本质等。何为规律?何为本质?本质让事物存在,是事物自身的事物。所谓思想把握了事物的本质的问题,绝不是一个认识或反映的问题,甚至不是一个思维的问题,而是一个觉悟问题，是思想与事物被带入更高的存在层次，获得了新生。思维与存在的统一，不是一个平面性的事实问题，而是一个价值问题。统一是对对立双方的超越、克服与扬弃，当然这在更高的存在层次与存在境界才是可能的。"思存同一性"的"本体"的真实意义是价值的超升，"本体"中内含着超越性的张力，"本体"是活动的，如前文的"灵魂的回忆"中的爱洛斯的升华与人格的成长即是其实相。绝对价值超越了一切言辞、概念，作为对绝对性的模仿与分有的价值论超升，可以通过符号的变形来表现，但不能完全为其所取代。我们所谓的概念创造，其实就是修辞，通过符号的变形（新符号、符号的爆破）造成符号平面的张力，以此前行导引出"存在—价值"的超升或理想的实际性。哲学创造了新概念、灵魂回忆起了理念，概念与理念并不具有最终的意义，对于创造者而言它们是表观；对于领受者而言，它们是未完成的。概念（理念）的真实意义是价值超升的活动，或指向这种活动。当然，这种表观是路标，是前行导引，但真实意义未在其中。在此意义上，我们可以说，思想前提，即作为"思存同一性"的"本体"的隐匿性正是超越性本身，是面向理论（概念）与实践之距离的沉默，是直接投身于本体的实践的召唤。当然，概念作为表观性路标与前行导引，就是"存在—价值"超升的阶梯与支撑点。"知者不言"，说教的常常是想做（应做）又做不到的，能行即是不言之教。

如此，我们把哲学对构成思想的反思内在化了，一切构成思想无不是反思思想。反思是思想的本性。我们对"反思—回忆"作了超越性创造与自性流露（返照自性）的理解。反思也就不只是对既有的思想前提的揭示与批判了，而首先是思想对思想前提的创造。这种创造作为"灵魂的回忆"或"存在—价值"的超升，内蕴于思想自身中，使思想成为思想。这意味着，思想前提，即作为"思存同一性"的"本体"既是"本有"，又是"创造"。创造不过是对绝对价值的模仿与分有。以此，思想超越了平面性的静态事实，成为立体性的能动精神。能动的思想在实践中塑造生活，逐渐耗尽其内蕴的超越性张力，丧失了"灵魂的回忆"从开端处带来的精神生命，堕入意见世界成为平面性的静态事实。此时，思想的胜利（成熟）窒息了内蕴的哲学活动，失去了思想得以成就自身的反思本性。当然，思想仍可以如此这般地运演，但只是徒有其形，因为思想之为思想的根据与前提，即作为"思存同一性"的本体已经成为物化的外部存在，思想运动不再是能动的自主活动，而是外在的程序运演，思想太老了，成为知识。思想完成了它的使命，就把遗骸留在世俗世界中。精神王国的无限性再次泛起泡沫之时，自性即会返照，灵魂会再次恢复羽翼，绝对性将在新的存在层次中分配价值。

四 "思维和存在的关系问题"的真实内涵

把"思存同一性"的"本体"作为"我们理论思维的不以意识为转移的和无条件的前提"，构成了哲学作为"思想的前提批判"的阿基米德点，也构成了哲学作为存在论、真理论与价值论之统一的逻辑杠杆。孙正聿先生认真地对待了恩格斯关于哲学基本问题的重要论断，并发挥出重大的哲学意义。

在哲学发展史上，恩格斯不仅明确地提出"全部哲学，特别是近代哲学的重大的基本问题，是思维和存在的关系问题"[1]，而且深刻地揭示了作为哲学基本问题的"思维和存在的关系问题"的真实内涵："我们的主观思维和客观世界遵循同一些规律，因而两者的结果最终不能相互矛盾，而必须彼此一致，这个事实绝对地支配着我们的整个理论思维。这个事实是我们理论思维的不以意识为转移的和无条件的前提。"[2] 孙正聿先生对恩格斯这一论断的天才运用，可谓哲学创作中的神来之笔，极富哲学创造的美感、深度与力量。以"思存同一性"的"本体"作为内蕴于思想与行为中的根据与前提，具有广大而切实的效用。把"思维和存在的关系问题"当作哲学基本问题受到了许多当代哲学家的批评，这些批评恰好揭示了"思维和存在的关系问题"的深刻内涵。

恩格斯强调，"思维和存在的关系问题""特别是近代哲学的重大的基本问题"；而且具体地指出，"思维和存在的关系问题"只是在近代哲学中"才被十分清楚地提了出来"，"才获得了它的完全的意义"。[3] 从直接面相上看，"思维和存在的关系问题"无疑首先是近代认识论的基本问题，甚至只是近代认识论问题。可是，近代认识论是哲学，当然具有哲学的本性或本质。认识论是追究认识的可能性问题，"何以可能"是认识的根据，不是认识的事实。认识的根据超越了认识。追问"认识何以可能"的认识论当然要

---

① 《马克思恩格斯选集》第四卷，人民出版社 2012 年版，第 229 页。
② 《马克思恩格斯选集》第三卷，人民出版社 2012 年版，第 977 页。
③ 《马克思恩格斯选集》第四卷，人民出版社 1995 年版，第 224 页。

考察认识的过程，展示思维如何把握存在，主观如何切中客观，但是所展示出来的仍是事实，"认识的可能性"是这些事实所带出的真实意义。没有完整的事实，一切事实均非充足理由。充足理由不仅是认识得以可能的根据，而且是认识活动的真实意义，根据与意义超出了单纯认识的狭隘界限。思想的真理性或客观性问题作为认识论的直接面相，蕴涵着存在论与价值论的本质关联。认识论是哲学，在哲学中真理论与存在论、价值论交融互摄，一即一切。

我们来探讨一下思想的真理性或客观性的"根据—意义"。康德怎么能够在自我意识的平面上实现思想的客观性呢？在自我意识的功能性过程中，当然不可能发生所谓"主观符合客观"、"意识从内在穿越出来切中外物"的事情。"主观符合客观"、"意识切中外物"是肤浅的，完全遮蔽了客观性的真实意义。严格说来，近代认识论哲学的伟大成就，无关乎意识外存在与意识界存在之关系。对客观性之误解一直延续到现当代哲学中，搁浅了古代哲学，特别是近代哲学的伟大意义。我们常常把客观性、"不以意识为转移"理解为意识之外的定在，其实应当是超越了意识的直接存在层次的意思。客观性不是一种既定的、在我们之外存在、有待我们切中的存在，而是创造活动的结果。康德把"客观性"指认为"普遍必然性"，连康德自己也有主观有效性之叹，但其所具有的意义绝非设定消极界限，而是敞开了伟大的超越之梯。是什么让康德认为主观认识能达到客观性？意识的直接所予被升华与统摄为内在必然的存在，或者说被意识自身创造为更高的存在层次，理性的各机能协调运作成就了整全的个性。无须外部比照，即可内在决断，可能内部发生了一种奇妙的磁场性效应，使康德如此自信在一定程度上达到了真理，这对于外部旁观者很难体会。客观性与真理性的意思就是"存在—价值"的层次跃迁，这对于超越性的创造者是绝对不虚的。

爱因斯坦与海森堡曾讨论过科学的真理标准问题。"我相信自然规律的简单性具有一种客观的特征，它并非只是思维经济的结果。如果自然界把我们引向极其简单而美丽的数学形式——我所说的形式是指假设、公理等等的贯彻一致的体系——引向前人所未见的形式，我就不得不认为这些形式是'真'的，它们显示出自然界的真正特征。也许这些形式还包括了我们对自然界的主观关系，它们反映了我们自己的思维经济的因素。但是，我们永远不能由我们自己来达到这些形式，它们是自然界显示给我们的，仅仅这一事实就有力地提示我们，这些形式一定是实体本身的一部分，并非只是我们关于实在的思维的一部分。"① 在观察、实验、研究、探索的事实中，真理似乎只能是主观思维与实在世界的符合，但经验实在把我们引向的简单性与整体性之美，已经透露出客观性的真实内涵。对话接下来似乎忘记了主客观的符合，被真理的另一种含义紧紧抓住："你会反对我由谈论简单性和美而引进了真理的美学标准，我坦白承认，我被自然界向我们显示的数学体系的简单性和美强烈地吸引住了。你一定也有这样的感觉：自然界突然在我们面前展开这些关系的几乎令人震惊的简单性和完整性，而对此我们中谁也没有一点准备。这种感觉完全不同于我们在特别出色地完成了一项指定工作时所感到的那种喜悦。"② 在这里，没有了主客之间的对照与检验，数学体系的简单性与完整性之美充满了整个存在，不管这是"借此灵魂回忆起仿佛始终无意识地保持在灵魂中的某种东西"，还是源于自然深处的涌现，无论它曾在何等程度上借助了经验，现在都完全抛弃了经验实在的梯子，来到了另一个世界，无须再去符合经验；相反，经验只有自觉地趋向于它，才有意义。这个真理标准充满了"灵魂的回忆"所成就的"存在—价值"的层次跃迁。

海德格尔在《存在与时间》中谈及其"无蔽"、"澄明"的真理观时，批判了"符合"意义上的虚构真理概念。他首先把"逻各斯"作为话语，理解为"把言谈之时'话题'所及的东西公开出来"、"让人看话语所谈及的东西"、"展示出来让人看"、"使……公开"等。"逻各斯"之为"话语"，"其功能在于把某种东西展示出来让人看；只因为如此，逻各斯才具有综合的结构形式。""综合在这里纯粹是展示的意思，它等于说：就某种东西同某种东西共处的情形让人看，把某种东西作为某种东西让人看。"③ 因而，"逻各斯"不能理解为"判断"，尤其不能在"判断理论"的意义上理解，"综合"也不是"表象的联结或纽结，不是说对某些心理上发生的事情进行操作——从诸如此类的联系方面会产生出这样的'问题'来：这些（心理上的）内在的东西是如何同外部物理的东西相符合的？"从而，"真理""只是有所揭示从而再不可能蒙蔽"，"（知觉）对某种东西的素朴感性觉知"，"以素朴直观的方式觉知存在者之为存在者这种最简单的存在规定性"。"让

---

① 海森堡：《遭遇和谈话》，选自《和谐的秩序》，马小兵选编，四川人民出版社1997年版，第144页。

② 同上书，第145页。

③ ［德］海德格尔：《存在与时间》，陈嘉映、王庆节合译，生活·读书·新知三联书店2006年版，第39页。

人从显现的东西本身那里如它从其本身所显现的那样来看它"，无疑地地道道是"超越者"，而穿越占据着统治地位的掩蔽状态的通道，还要求获得"本己性"保证。"'本原地'、'直觉地'把捉和解说现象，这是同偶然的、'直接的'、不经思索的'观看'的幼稚粗陋相对立的。"① 海德格尔以素朴性与源始性的修辞获得了对康德的优先性，但是二者的"真理"只是两种不同的"存在—价值"的"超越式"。康德认识论的真理观绝不是"符合式"的，即便是，也必须领会到这种"符合"或"统一"的超越性意涵。

　　庄子游于濠梁之上的"知鱼乐"颇有海德格尔的"无蔽"、"澄明"的真理观意味，我们再以此显示此"真理"何以是"存在—价值"的超升。我们日常状态中的"物质—物理"世界是否是决定性、本原性的客观存在呢？若是，"知鱼乐"便可被惠子所驳，"子非鱼，安知鱼之乐？""知鱼乐"便沦为移情式的主观想象，"相看两不厌，唯有敬亭山"、"我见青山多妩媚，料青山见我应如是"等，都会变成"美丽的胡扯"。审美的意象世界之真理性何在？其实我们的主观意识及其所对应的物理自然世界，只是一种日常（科学常识化）的存在层次。审美直觉以精神的"无限速度"把审美者与审美对象带入一个超越了主观性与客观性的存在层次与存在境界，只有一个孤零零的、灵奇的、晶莹剔透的审美意象，无比较、无分析、无旁涉，情和景由两忘而至合一，这个意象世界即是一切，在它之外并不存在物理自然世界与主观意识的剩余物。当然，所谓审美直觉的"无限速度"也就是柏拉图在《斐多》中所说的"灵魂内守"，灵魂与肉体混合受其桎梏无以认识真纯实相，因而哲学必须练习死亡的状态，即灵魂清净内守、返身自照，解脱了肉体的桎梏，进入本体世界。在解脱了肉体桎梏的灵魂清净内守或灵魂的回忆中，已经没有了肉体与灵魂的紧张对立，也没有不可入的物质世界的阻滞，较低的存在层次在"存在—价值"的超升中，被带入了更高的存在境界，扬弃了以往的存在方式。较高的"存在—价值"层次没有较低的"存在—价值"层次的剩余、对待与限制。因而，真正的本体并没有在它之下的世俗世界。考虑到《会饮》中的"第俄提玛之梯"，每上一级，下一级作为阶梯就消失了，完全收摄于新的"存在—价值"层次中，从这一新的存在层次的果位上看，它本未从他处来。

―――――――――――

　　① ［德］海德格尔：《存在与时间》，陈嘉映、王庆节合译，生活·读书·新知三联书店2006年版，第43页。

　　"思维和存在的关系问题" 不是去探讨思维和存在如何统一的问题，尽管在事实上可以显出思维如何去统一存在的过程，但真实意义绝非如此。思维与存在如何统一作为事实问题，已经耗尽了理想的现实性与力量。"思维和存在的关系问题" 是以思维与存在保持本质性对峙的方式呈现（暗示、表征）绝对的统一性。绝对的同一性是实际的存在（境界），因为没有剩余物，所以是唯一的存在，当然也就无所谓最高的存在了。这是从本性上说的，因为我们从实存层次来看，它是如此空虚，以致是不现实的。作为 "思存同一性" 的 "本体" 是对 "绝对同一" 的模仿与分有，内蕴着超越性的张力。我们不能从日常的实存层次出发去理解 "绝对同一"。比如，现当代哲学所斥责的形而上学的恐怖、绝对主义的灾难以及对同一性统治的反抗，从反面证实了 "绝对同一" 之未证（显）。从多元价值的冲突看，某种文明如基督教所宣扬的 "真理" 还保持着一种外部形态，尚未见性，因而不能照亮异在，在异在中就是其黑暗，更根本说来，异在不过是由自性之遮蔽所生。如前所述，真理性与客观性皆为 "存在—价值" 之超升。因而，我们不能静态地去理解真理性与客观性，不能从实存层次去狭隘地理解存在和价值。于本性言，应当由 "绝对同一" 分配存在—真理—价值。但我们未能证得作为 "绝对同一" 的 "本体—自性"，只能经受 "存在—价值" 的超升。"存在—价值" 的超升即创造即本有，实现一份超越性的创造，证一份本体，见一份自性。因而，超越性都似乎是 "灵魂的回忆"，有着自性流露的特点。

　　"思维和存在的关系问题" 作为哲学基本问题，根源于作为 "绝对同一" 的 "本体—自性"。自性即思即在，虽自性本具，但不见便失。在一定的存在层次与存在境界中，思维和存在的对立即是我们所说的 "异化" 状态，不见本体、丧失本心、失去自性。于人而言，就是人在对象或异在中，不能保持住自身，对立或异在是自性遮蔽所现。思维和存在的统一，作为 "存在—价值" 的层次跃迁，证得一份本体，照见一份自性，于人而言，在对象中就是在自身中，人与对象交融互摄、相互包含，人与对象被超越性创造带入更高的存在层次，皆因自性的一份流露。如果说，思维与存在的对立与限制是自性遮蔽所现，那么思维与存在之统一的努力也是 "依性起修"、"从体起用"，因而以超越性创造的 "修德" 显现了本具之 "性德"。思维与存在的对立与统一，根于 "本体—自性" 的遮蔽与显现。彻见自性，证得本体，以往的一切事物、观念皆被点化、超升为绝对价值与纯粹存在的 "真际"。思想的反思本性（思维对存在的反思关系）植根于见性（自性显现）。

反思作为"灵魂的回忆",见证本体,实现"存在—价值"的层次跃迁。思想就是能反思的,能见证本体,内蕴了哲学活动,因而思想是哲学的事业。思想接受对象的暗示,"回忆"起"本体",即是在"灵魂的回忆"中进入同一性的澄明之境,克服了对象性,思想在对象中看到自己。对立性被克服了,无对照、无比较、无旁涉,只剩下"灵魂的回忆","同一性"即是澄明之境,思想与对象被带入更高的存在层次,扬弃了以往的存在方式。"反思—回忆"较之于对象性反思,更具直接性、彻底性与内在性。苏格拉底不但能在"灵魂的回忆"中见证本体,而且还能常常听到内心中的灵机神的声音(良知的呼唤)。"灵魂的回忆"能见到,可称为"返照自性";灵机神的声音(良知的呼唤)能听到,可称作"反闻闻自性"。"返照"与"反闻"都是反思的应有之意,皆为自性流露。思维与(作为其对象的)存在在各种差别的存在层次与存在境界中,因其所见性分不同,而显出不同的形式。当然,各层次所具性德无别,因而每一层次都涵摄其他所有层次,超越又都是内在的意思。

五　本体的理论与实践

　　孙正聿先生的"文化本体观"在其自觉自愿保持的界限与范围内是具体而完备的,但是这个界限是因其性格气质或时代要求而谨慎划出的,还是出于深谋远虑所发现的绝对命令?无论如何,我们都可以做出某些尝试性的改变,以寻求建立与其"文化本体观"的批评性对话。孙正聿哲学对本体采用了理论的方式与态度,哲学本体论是时代水平的人与世界、思维与存在的最深刻的统一性原理,提供了规范人的思想与行为的根据、标准与尺度,构成了时代水平的"最高支撑点"与"安身立命之本"。因而,文化本体就是时代水平的真善美。"本体论作为一种追本溯源式的意向性追求,作为一种对人和世界及其相互关系的终极关怀,它的可能达到的目标,并不是它所追求的'本'或'源';它的真实的意义,也不在于它是否能够达到它所指向的终极存在、终极解释和终极价值;本体论追求的合理性在于,人类总是悬设某种基于现实而又超越现实的理性目标,否定自己的现实存在,把现实变成更加理想的现实;本体论追求的真实意义就在于,它启发人类在理想与现实、终极的指向性与历史的确定性之间,既永远保持一种'必要的张力',又不断打破这种'微妙的平衡',从而使人类在自己的全部活动中保持生机勃勃的求真意识、向善意识和审美意识，永远敞开自我批判和自我超越的空间。"① 形而上学本体论的真实意义不在于达到真理性知识或契合本体，而是确立了理想对现实的否定性统一。这种真实意义又是源于"追本溯源的意向性追求"，具有人类本性的真实性，"文化本体观"以康德式的谨慎持守着这个界限，并没有对绝对本体的存在性作出论断。

形上追求所求的"本"或"源"，都不是绝对本体，而是其"相"。绝对本体是不能求的，因为绝对本体意味着能求与所求皆消。孙正聿先生认为"本体是'无'"，无疑是深刻的洞察。至此，似乎勉为其难地谈论绝对本体是不必要的。"文化本体观"是马克思主义的，马克思和德国哲学相反，"是从人间升到天国"②，共产主义也"不是应当确立的状况，不是现实应当与之相适应的理想"，而是"那种消灭现存状况的现实的运动"③，马克思主义的原则是要在"批判旧世界中，发现新世界"。基于现实的理想性追求在实践中获得实现。"在最近的将来"所完成的批判性实践只能证实理想的有效性，不能说明理想的实际性。赫拉克利特认为，"向上的路与向下的路是同一条路"。马克思主义与柏拉图主义是相通的。"文化本体"之所以能确立理想与现实的否定性统一，是因为追本溯源式的意向性追求无意识地模仿了绝对性与无限性，从而文化本体以内蕴的方式完成了超越性格局。对绝对本体的模仿，从现实性上说，就是人的能动的超越性与创造性。没有绝对性所确立的存在的价值层级，超越性是不存在的。本体论作为超越经验的形上创造，既不是既定现实的外部给予，也不是来自哲学家的主观人为，而是哲学家借助时代生活的暗示感通了绝对本体之范导，从而洞察了时代的本质。如果绝对本体只是一个虚构，追本溯源的意向性追求就丧失了存在论根据，从而形上追求无法产生真实意义，不能确立理想与现实的否定性统一。从柏拉图的"分有说"到"相对的绝对"的存在理由都是"绝对性"，"时代水平的真善美"的存在根据是"真善美本身"。绝对性与完满性包含存在性，能为各种差别的存在层次与存在境界提供根据。

所谓"知其不可而为之"，只是本体的理论方式所造成的局限性。因为理论本来只是一种有限的存在方式，其对待性、观念性、固定性是与本体不

---

① 孙正聿：《哲学通论》，复旦大学出版社 2005 年版，第 148 页。

② 马克思：《德意志意识形态（节选本）》，人民出版社 2003 年版，第 17 页。

③ 同上书，第 31 页。

适合的。形而上学对本体的理论态度必须明智地保持在"文化本体"的界限之内，从"文化本体"到"绝对本体"之间的言说是没有真实意义的。即使是合理的本体论本身也不具有直接的理论的、知识的意义，而只有间接的、实践的意义，或者说形而上学以理论的方式进行时代精神之实践。绝对本体的存在不可思议，以至于我们认为"本体是'无'"，但又无所不在，可是我们"求不得"。我们勉为其难地言说，并非想要认识或把握绝对本体，因为认识或把握是非本体的对待形式。但是认识或理论可以作为前行导引。绝对本体不可思议，但可以契证。所谓"证得"，即是"心之于行，契合无间"，以至"行无所行，得无所得"。不可思议，但要在思与议之后，行之，直到"行无所行"，方才"证得"。如果超越对待本体的理论态度，并非"不可"，而是"难行能行"。信所难信，求不可求，思不可思，行无所行，得无所得。

如果本体论的真实意义是实践性的，或者说，形而上学只是以理论的方式从事实践，那么我们何不超越本体的理论方式，直接在真实意义上或本质上进行实践呢？我们对不可思议的本体念念不忘，其实是要进行思不可思、说不可说之后的"行"，此"行"不是日常实践，而是本体的实践，即直接投身于本体的实践。以此，我们便超越了对绝对本体的求不可求、思不可思、说不可说的两难境地，以真信、切愿进入行所难行，难行而能行，真信、切愿、力行，终至行无所行，原来本体的实践是不去不来的，人与本体契合无间。本体的实践既超越了形而上学对本体的理论方式，又超越了生活世界中的批判性实践。以往的形而上学不管是传统本体论，还是反观念论的现代形上学，包括实践哲学，都是一种思议的方式，作为智慧的朋友只能成就形上追求（本体性追求）。本体的实践通过"以果地觉，为因地心"，实现了超越思议的修行方式，转变了形而上学对本体的外求关系，直接通过绝对本体对人的内在加持和接引，最终达到因果一体。"灵魂的回忆"所实现的超验存在仍带有外部性的特点，未能完全返照自性，堕入历史，作为思想与文化终会耗尽与退转。唯有通过本体的实践，我们方可超越知识、理论、文化，以成就智慧与人格。而人在生活世界中的批判性实践只是在"最近的将来"之范围存在的，所行之批判是外部环境的刺激—反应式的，无法确证理想对现实的否定性统一与理想价值的实际性。批判性实践只能验证有限的目的意图能否实现，但不能决断实践活动是否保持在真理性的维度上，即活动在更深广的范围程度上的意义与价值问题。本体的实践以绝对本体的加持与接引，不仅能使各种差别的存在层次与存在境界分有存在根据，而且因为"果地觉为因地心"，一切言行事理无不本性流露，可谓"因赅果海，果彻因源"。本体的实践以"自诚而明"给出最高的确定性，可以决断人生在世的究竟去处，以及时代生活是否具有历史的客观性。

本体的实践具有融合宗教与哲学的倾向。二者都从事关于绝对的事情，不过哲学的方式是理性的、理论的、思辨的，在语言与逻辑的界限之外哲学保持沉默，而宗教的方式是信仰的、实践的、证悟的，信仰与践行可带人穿越不可思议的神秘之域。"果地觉为因地心"是正信，念念不忘绝对本体，永志人生在世的究竟去处。于种种言行事理无不思维解悟。而在不可思议的存在之域，则以与本体更切近的践行方式，行所难行。直至行无所行，终得无所得，契证本体。直接投身本体的实践，以绝对本体作为因地活动之心，则一切言、思、行无不流入真善美的汪洋大海。回到生活世界，此岸世界的真理无非确证自主生命，然而究竟谁是我的主人翁？我的欲望，我的情绪，我的思维，我的意志，我的灵魂？都不是。唯有在人生在世的究竟去处证得本体，才能成就自主存在，我在一切之中，一切在我之中，一切在一切之中，只有绝对本体在，勉强说，我与本体契合无间。生活中的其他理论与实践活动，无不为求自主，可常常陷入自我意识的剧场假象做不得主，停于"最近的将来"，误认作最终的意义。本体的实践则有着直截了当、直奔真实意义的特点，一切行、言、思无不本性流露，直接汇入绝对本体，因而本体的实践使一切行、言、思无不前进于"类生命"的"短程线"上。本体的实践还是包容、收摄一切的，"果地觉为因地心"使正信现前，无时无处不是学习与成长，烦恼、障碍、挫折无不成为对智慧的参访与热爱，破一分妄想，见一分本体，因而本体的实践是"无入而不自得"的具体的普遍性。

作为形而上学立场的"知其不可而为之"

——试论孙正聿教授的本体观革命

田冠浩[*]

　　对于现代哲学来说,"形而上学"早已经不是一个光彩、体面的字眼了。这一点正如孙正聿教授本人所指出的,"'拒斥形而上学'不仅成为20世纪哲学最为时尚的'关键词',而且真实地构成了20世纪占主导地位的'哲学理念'"。[①]在现代西方科学主义思潮看来,形而上学对普遍性真理的追求只是以想象代替了科学解释;形而上学命题超出了可被经验确证的范围,只能提供知识的幻想,不能提供客观有效的知识。同样,在现代西方人文主义思潮看来,形而上学把人的情感、意志、想象、体验、个性等人的全部丰富性都异化给了非人或超人的对象或思维;形而上学的普遍性、同一性目标对个体生存价值构成了严重的威胁,甚至应当为"奥斯维辛"式的现代人道灾难负责。现代西方人文主义思潮由此主张拒斥形而上学的"绝对真理",并转向对个人生存的关切。事实上,现代西方哲学的这种转向是整个现代性文明进程的一个必然结果。现代性以关注个人欲望的实现为起点,个体满足的实效性是现代性文明的基本诉求,普遍性目标仅仅在能够满足这一诉求的前提下才能获取现代人的认同。与此相应,相比于理论上的"拒斥形而上学",现代生活的务实取向和虚无主义氛围则对"形而上学"的存在本身构成了更为严峻的挑战,对此康德在写作纯粹理性批判时,就已经感到:"今则时代

---

　　* 作者简介:田冠浩(1984—),男,东北师范大学马克思主义学部哲学院副教授。(吉林长春 130012)

　　① 孙正聿:《哲学:思想的前提批判》,吉林大学哲学社会学院(打印稿),2015年,第184页。

之好尚已变，以致贱视玄学"①。"形而上学"早已没落，这一点孙正聿教授
显然非常清楚，但是在孙正聿教授看来，放任"形而上学的没落"，也同样
蕴含着使现代文明趋向衰落的巨大风险。而这一点正是促使孙正聿教授重新
思考形而上学本体论，从而对传统本体观进行变革的根本原因。

一　现代性问题与本体论追求

在前现代社会，本体论问题对于人类文明（文化共同体）的构成来说有
某种优先地位。孙正聿教授就曾以中世纪的"上帝本体论"为例指出，对于
某种终极实体的认识和追求为一种文明样式提供了关于"人和世界何以可
能"的根据、标准和尺度，从而在根本上规范了"每个人的全部思想和行
为"②。孙正聿教授的这一见解深刻地把握到了本体论问题的社会政治哲学意
义。就人的存在方式而言，在思想和行动上维持基本的共识和统一性，是人
类个体超越自身孤立的自然感受和本能，形成新的理性和社会力量的前提条
件。马克思在《1857—1858 年经济学手稿》中就曾指出："作为第一个伟大
的生产力出现的是共同体本身"③。由此可见，本体论问题对于前现代文明的
重要意义就在于，它提供了社会共同生活所必需的关于人与世界、人与人、
人与自身关系的统一性理解，赋予了个体生命及其行动以新的道德意义和伦
理规范。特定的形而上学的本体观也在这个意义上构成了识别某种前现代文
明的标志。

不过，传统的形而上学本体论虽然承担了从理论上维护社会共同生活、
守护文明的重要职能，但是伴随着传统社会规模的扩大和特殊社会生活部门
（行业分工）的发展，形而上学所承诺的普遍根据、普遍价值逐渐与个人生
活相疏离。而与此同时，文明力量的壮大和发展也越来体现在它在探索和利
用自然方面的丰富性上，个人的自由探索、自我实现由此逐渐被凸显为社会
共同生活的首要目标以及维持社会活力的根本手段。现代性文明正是由此走
上了一条在理论上消解传统形而上学本体论，在实践上消解传统社会共同体
的道路。孙正聿教授认为，传统形而上学本体论所承诺的关于世界的终极根

① 康德：《纯粹理性批判》，商务印书馆 1960 年版，第 3 页。
② 孙正聿：《哲学的目光》，吉林人民出版社 2007 年版，第 404 页。
③ 《马克思恩格斯全集》第 30 卷，人民出版社 1995 年版，第 488 页。

据、终极解释、终极价值，本质上是一种与个人自由、个体参与相违背的"没有选择的标准"，是一种"本质主义的肆虐"，依据这种本体论所构成的世界图景、伦理观念也因此逐渐丧失了对个人的吸引力以及对社会生活的约束力。① 早期现代政治哲学正是看到了这一点，最终放弃了以上帝观念规范尘世生活的"基督教帝国"理想，转而从个体最切近的畏死和自利经验着手思考人性、寻求秩序。现代人由此走上了一条自由决断、自立法度、自我实现的道路。但也正因如此，现代性在其开端即带有浓厚的自然主义和个人主义色彩，从而不可避免地败坏世道人心。因为自然主义过分执迷于人类激情，抹杀了意志的自律性，只能使人沦为功利欲望的奴隶。同样，个人的自我关注也不足以解释文明社会的必然性和创造力量，因为合作与交换的社会行为，在根本上要求超越个体的独立性，要求个体自我否定。个人主义事实上表明现代人还缺乏理解和掌控其社会生活的能力——正是这种生活，赋予了人类超越本能的力量，在自然之外开辟了自由和文明的"新大陆"。就此而言，丧失了传统形而上学对文明整体性、统一性原理的承诺，可以看做是功利主义、虚无主义等所有现代性问题最深刻的根据。在霍布斯、洛克之后，虽然以康德、黑格尔为代表的德国古典哲学试图以理性思维的普遍性重新为现代性奠定形而上学基础，但是在孙正聿教授看来，这种理性哲学本质上同样没能解决与人的存在经验的一致性问题，它们在本质上依然是一种"无人身的理性"和"理性主义的放荡"，经不起存在主义哲学诉诸个人情感、意志、想象乃至潜意识对其所做的批判。而现代哲学和现代生活也正是因此陷入孙正聿教授所谓的"没有标准的选择的、生命中不能承受之轻的、存在主义的焦虑"。②

显而易见，孙正聿教授对于现代性问题的诊断既独特又根本。在孙正聿教授看来，传统本体论哲学的思路是错误的，但在这种错误中却饱含着某种认识人的形上本性以及人与世界关系的深刻努力，只有通过这样一种努力，人类才能对自身的存在方式获得一种整体性的自觉和把握，而这本身同时又是现代文明理解自身困境、改变自身发展道路的前提。孙正聿教授正是在这个意义上提出以"本体论追求"的概念取代传统形而上学的本体概念。孙正聿教授认为，本体论作为"一种追本溯源式的意向性追求，一种理论思维的

① 参见孙正聿《辩证法：黑格尔、马克思与后形而上学》，《中国社会科学》2008 年第 3 期。
② 同上。

无穷无尽的指向性,一种指向无限性的终极关怀",其最基本的三重内涵是:第一,探究作为世界统一性"终极存在",建构能为人类所把握的整体性的世界图景;第二,探究作为知识统一性的"终极解释",引导人类更深入、全面地认识自身与世界;第三,探究作为意义统一性的"终极价值",为人类提供安身立命的根本。这样一种终极性的追求,在根本上源于人类自我超越、自我实现的无限性。① 但也正是在这个意义上,传统本体论承诺不变的终极本体既出于人的本性,又违背人的本性。因为人类社会为了实现自身的自由和无限性,必须建立某种统一的世界图景、知识体系和价值观,但是人类作为有限的存在,其对终极本体的探究也总是有限的,承诺不变的本体既不符合人的有限的存在经验,又在根本上阻碍了人类改善自身有限经验的无限进程。为此,孙正聿教授引证了恩格斯的著名论断:"人的思维是至上的,同样又是非至上的;它的认识能力是无限的,同样又是有限的。按它的本性、使命、可能和历史的终极目的来说,是至上的和无限的;按它的个别实现情况和每次的现实来说,又是不至上和有限的。"以此表明,基于人的本性,本体论只能被合理地理解为一种本体论追求,它指向人的无限自我超越、提升的理想,又不脱离个人和社会的特定历史存在条件。孙正聿教授正是在这个意义上认为,传统本体论是一种"不知其不可而为之"的"形而上学恐怖",而现代哲学也不过是一种"知其不可而不为"的"对形而上学的拒斥",只有一种坚持"知其不可而为之"的本体论追求,才能真正把握人作为理想的无限性存在与现实的有限性存在的矛盾本性,为解决现代性问题提供真正有前途的形而上学方案。②

二 本体中介化与现代社会的重建

进一步来说,在孙正聿教授看来,一种形而上学的本体论追求又能对现代社会的重建有何作为呢?要回答这个问题,首先要理解孙正聿教授早年关于"本体中介化"问题的论断。传统本体论或者将世界存在的根据还原为精神,或者将世界存在的根据还原为自然,以此抽象地表征人类生存的能动性

---

① 孙正聿:《哲学:思想的前提批判》,吉林大学哲学社会学院(打印稿),2015年,第191—194、199页。

② 同上书,第180页。

和客观性，但却在这二者之间造成了难以逾越的鸿沟，从而无法真实地说明人类不断改善提升自身客观经验的独特本性。[①] 而现代哲学则超越了这样一种二元对立的思维方式，它意识到自然本身只有在人类精神的观照之下才能构成"属人世界"的自然基础，而精神也非抽象的观念和意志，它只有见诸自然，将自身表现为理解和利用自然的精神才能成为实现了的精神。自然和人的精神都不能独立地被认识，相反，只有使二者中介化的人的历史实践和社会存在方式，才能使二者的本质同时获得显现，或者说这种显现本身就立足于物的尺度与人的尺度，客观规律与主观目的在社会实践上的统一。[②] 无疑，这样一种本体中介化的哲学思维方式既立足于马克思的历史唯物主义，又与海德格尔的现象学存在论本质相通。哲学的目光在此重新被投向了人的在世生存。它从而能够在根本上拒绝高于人的绝对确定性的真理——无论是机械论的，还是目的论的——转而以人在历史活动中所生成、创造的对于真善美的最高理解、追求，构成人类安身立命的最高支撑点。在这里，"本体中介化"最终是将人的社会生活理解为"本体"，而本体论追求也因此表征着人类因其独特的社会性存在方式而具有的自由和文明的无限超越性。可见，正是本体的中介化使本体论能够作为一种历史性的本体论追求，作为一种"相对的绝对性"在人类的现实实践活动中承担起引导人类社会、文化向上提升的使命。

进言之，现代性、现代社会本身建立在一种有缺陷的形而上学立场之上。从起源上看这种社会就过分关注个人的自然本能，忽视统一性的社会目标和伦理价值对于人类共同自由的决定性贡献，现代自然科学的理性知识和市场经济虽然在一定程度能够作为这种个体功利取向的社会的补充，使现代社会生活呈现出某种最基本的共识和行动上的团结；但是却不能阻止整个社会超出自身的需要、以危害个人和社会整体自由的方式去追求利润的无限增长，并造成对自然资源和人类劳动时间的盲目浪费以及人类自身生命意义的失落。这一点正像孙正聿教授所概括的那样，现代社会的发展已经在人与自然、人与社会、人与自身的关系方面造成了最深刻的危机："从人与自然的关系说，现代化所构成的最为严峻和最为紧迫的时代性问题是可持续发展问题；从人与社会的关系说，现代化所构成的最为严峻和最为紧迫的时代性问

① 孙正聿：《哲学观研究》，吉林人民出版社 2007 年版，第 57 页。
② 同上书，第 64、67 页。

题是由资本的逻辑所构成的人对物的依赖关系的'异化'问题；从人与自我的关系说，现代性所构成的最为严峻和最为紧迫的时代性问题则是'耻言理想、躲避崇高'的虚无主义的文化危机问题。"① 显而易见，现代社会的上述三方面危机从本质上看都是对人自身的存在方式缺少根本性理解的表现，而这只有通过重建一种现代本体论追求，才能为现代社会找到新的出路。

在孙正聿教授看来，马克思的哲学革命在本质上就是通过一种本体中介化的方式，重建了一种现代本体论追求。在马克思那里，作为"本体"的人的社会存在和物质生产活动，构成了理解和实现人与自然的统一的中介环节。就此而言，人类对自然的利用，是以实现人类整体的自由和自我提升为限度的，它因此能够避免为追求资本本身而造成的对自然资源的盲目开发，并以最小的自然代价完成人与自然之间的物质变换，为人类自由的可持续发展提供保障。同样，根据马克思的本体观革命，在人与社会关系的问题上，社会共同生活被看做是人类自由和自我实现的最根本的方式，因此社会经济生产本质上应当是自觉的，被社会的共同计划所支配，而这就意味着取消资本对现行生产过程的支配，进而以尽可能少的人类劳动时间满足人类物质生活的需要，为个人的自由全面发展提供物质前提和自由时间方面的保障。如此一来，人与自然关系以及人与社会关系的改善最终又必然带来人与自我关系的真正提升，因为人对自然的合理利用、人对社会生活的真正参与和掌控、人类自由时间的增长以及在上述基础上人的自由个性的全面发展，必然从多方面确证人的创造性和自我实现，从而为人类社会带来新的存在感、尊严，并促使人们建立更符合人的自由本性的自我理解和价值追求。孙正聿教授正是在这个意义上指出，马克思的立足于人的实践性、社会性存在的"本体论追求"对于现代社会的重建而言，仍然构成了最为重要的"根据、标准和尺度"②。

三　在黑格尔与康德之间：对未来本体观的展望

孙正聿教授关于哲学的"本体论追求"的一个最为重要的定义就是"知其不可而为之"。它意味着，现代"本体论"革命拒绝占有绝对真理的

---

① 孙正聿：《现代化与现代化问题》，《马克思主义与现实》2013 年第 3 期。

② 孙正聿：《哲学：思想的前提批判》，吉林大学哲学社会学院（打印稿），2015 年，第 202 页。

幻想，即所谓"知其不可"，但是同时"并不拒绝基于人类实践本性和人类思维本性的本体论追求"，这也就是所谓的"知其不可而必为之"。孙正聿教授相信："人类的实践和认识永远不会停留在一个水平上，总是向着全体自由性的目标迈进。"① 因为人在本性上既是具有超越性、理想性的无限存在，又是现实性的有限存在，并且人的理想性和超越性总是通过不断地在现实基础上否定自己的现实，而把现实提升到更加理想的现实。在这个意义上，作为"知其不可而为之"的"本体论追求"实际上表征了一种具有最深厚现实根据的理想主义和超越意识。正如孙正聿教授所言："这种本体论追求启发人类在理想与现实、终极的指向性与历史的确定性之间，既保持一种'必要的张力'，又不断打破这种'微妙的平衡'，从而使人类在自己的全部活动中始终保持生机勃勃的求真意识、向善意识和审美意识，永远敞开自我批判与自我超越的空间。"② 就总体倾向而言，孙正聿教授的这种本体观变革无疑有助于现代人更深刻地把握自身的"时代精神"，推动现代性的自我更新。但是在这里我们又必须提出这样一个问题，这就是孙正聿教授主张的本体中介化是否能够在理论上独立支撑一种作为本体论追求的新形而上学方案，或者换句话说，本体中介化是否能够完全等同于"知其不可而为之"的新形而上学立场。

孙正聿教授认为，马克思以一种本体中介化的方式，将现代哲学的目光引向了对人类自身社会存在和实践活动的关注，从而以一种历史性的视野超越了传统形而上学的绝对真理观。这一点固然非常重要。但是本体中介化更适合于说明人类的实践、社会、历史对于重新理解自然与精神及其相互统一的意义，却不能有效说明人类实践和社会生活的自我突破。因此本体中介化与"知其不可而为之"的本体论追求，特别是这种本体论追求试图开放出来的社会不断自我更新的可能性并不完全等同。究其原因，孙正聿教授提出的本体中介化是以黑格尔哲学的概念对自然和精神的双向中介为蓝本的。在黑格尔那里，"概念是自在的客观世界对自为的主观世界的生成，即外部世界转化为思维规定；同时概念又是自为的主观世界对自在的客观世界的生成，即以观念的形态构成思维中的客观世界。自在的自然与自为的精神、单纯的

---

① 孙正聿：《哲学：思想的前提批判》，吉林大学哲学社会学院（打印稿），2015年，第7页。
② 同上。

主观性与单纯的客观性统一于自在自为的概念世界之中"。① 孙正聿教授认为，黑格尔正是以这种概念哲学的方式开启了本体中介化的道路，从而为以马克思为代表的现代哲学通过人的实践活动（生存）的中介说明客观与主观的统一，说明世界对人的生成奠定了新的基础。然而，需要注意的是，正因为本体中介化的道路奠定于黑格尔的概念哲学，本体中介化自身也分有了概念哲学的自我封闭性，从而并不足以充分解释人类实践的无穷指向性。在黑格尔看来，概念思维构成了文明世界存在的核心与命脉，凭借概念思维的中介，人类就能理解并且掌控文明世界的全部内容，从而赢得自身的现实自由，这种观点实际上构成了人类"有计划地统辖社会"的社会主义运动乃至计划经济的理论先驱。但也是在这里，作为中介的理性概念取得了包揽全部存在的特权，并且在实践上表现为理性权威和教条对个体独特性的压制。黑格尔的"理性国家"最终窒息了个人的自由和社会的开放性。同样，将作为中介的"概念"换做人的"生存实践"，也不能解决人类存在经验的自我突破问题，单纯的生存可以是生命和意识活动的无限自我重复。就此而言，本体中介化只是解决了问题的一半，它能够为人类自由的生成提供某种统一性的自我理解和价值诉求，从而巩固人类自由赖以产生的共同生活，但是却不能说明人类自由的无限可能性以及人类社会的无限进步。

那么，我们又该如何理解人类实践、历史、文化的自我突破呢？对于这个问题的回答，康德哲学可能提供了一个最为重要的补充性思路，只有同时借助这一思路，我们才能理解马克思所谓的人类自由实践的无限进展和人类存在经验的无限提升。对比黑格尔的本体中介化思路，康德的思路可以被看成是一种不彻底的本体中介化思路。在康德那里，"物自体"作为自然本体，是无法被人的认识和实践完全占有的，理性虽然具有某种整理自然经验、约束自然欲望的能力，但是却不能对知识的完备性和"德福一致"（道德规律与自然规律的一致）做出保证。同时，也正是因为"物自体"的存在，人类知识领域和道德领域的无限进展才获得了必要的空间。进言之，将康德哲学的思路用于理解马克思所说的人类实践活动，那就意味着，引导人类实践的意识、观念总是不能充分把握它的实践对象，相对于人的观念，物的存在永远有"剩余"，永远不可穷尽，因此人的实践意识、实践方式（人与自然的关系）以及人类在共同实践过程中结成的社会关系也是不可穷尽的、充满

---

① 孙正聿：《哲学观研究》，吉林人民出版社 2007 年版，第 59 页。

矛盾的。任何封闭的理论体系和理性计划都不足以把握全部自然存在和社会人心。20世纪苏联计划经济模式的破产和中国的社会主义市场化改革都从经验上证明了这一点。与此同时，超出人的理解范围，从而无法被人的实践活动掌控的"剩余"和"物自体"又并非永远只是消极的存在，它又可能作为科学认识、艺术风尚、生产工艺等领域的新对象构成人类自由即个人自我实现的丰富性的无限进展的客观基础。并且唯有如此，"知其不可而为之"的形而上学立场才能促成人类实践上的不断"有所作为"、"有新作为"。就此而言，当代中国以市场经济取代计划经济的改革，本身就体现了对"剩余"即客观存在的不可穷尽性的尊重，从而必然有利于促进个人对客观世界的独特探索和个体创造性的发挥，最终不断拓展可知世界和可控世界的范围，拓展人们的现实自由。

综上所述，一种真正旨在提升现代社会的形而上学方案即"本体论追求"必须结合黑格尔的本体中介化思路和康德关于本体中介化的不彻底性的认识，以便能够同时说明人类自由赖以存在的社会统一性的根据和人类自由趋向于无限进展的客观前提。

《哲学通论》的"本体论革命"
与本体论追求的可能困境

——基于教科书哲学背景的考察

刘雄伟 *

摘要：《哲学通论》确实实现了一次本体论的革命。在这里，所谓的本体既不是指世界的"本原"问题，又不仅仅是指人的思维的形上追求或"至上性"原则，而是指隐匿于思想知识中的思想知识得以可能的根据和标准。对于这种作为规范人的思想乃至行为的本体的探讨，只能诉诸对思想知识的前提批判，这就是哲学意义上的反思。但问题是，在拒斥了绝对主义的实体本体论之后，或者说，思想的根据一旦不再是"绝对之绝对"之后，一切的本体论追求，因为都是基于人类的实践活动的产物而都带上了历史性的相对性质。如何规避这样一种对本体论的历史性理解的相对主义困境，可能是一个必须面对的理论话题。

关键词：《哲学通论》；前提批判；本体论

作为一部影响巨大的哲学专著，《哲学通论》当然可以从不同的角度来理解。但笔者认为，只有诉诸教科书哲学的整体背景，这部巨著才能获得它完全的意义和本来的内涵。《哲学通论》对通行的哲学教科书的根本性超越在于，它实现了一场彻底的"本体论革命"，即把哲学教科书中的"本原"问题真正还原为哲学意义上的"本体"问题。因此，从"本体论革命"的角度来考量《哲学通论》在当代中国哲学语境中的意义，无论对于理解

---

* 作者简介：刘雄伟（1983— ），男，吉林大学文学院讲师。（吉林 长春 130012）

《哲学通论》，还是对于理解改革开放以来中国当代哲学所取得的实质性进展，都不失为一个恰切的路径。

一　《哲学通论》中的"本体论革命"

作为一部"应运而生"的专著性教材，《哲学通论》直接根源于对通行的马克思主义哲学原理教科书的批判。通行的马克思主义哲学原理教科书认为，哲学就是"理论化、系统化的世界观"，而"世界观"是关于整个世界的基本观点和根本看法，因此，哲学的首要任务就是探寻世界的本原或本性，这就是所谓的本体论问题。通过从哲学观到世界观再到本体观的推演过程，教科书哲学合乎逻辑地将理论的目光转移到了对世界的物质本体及精神本体的争论上来，并由此而派生出了认识论、辩证法以及历史观问题。毋庸置疑，按照哲学教科书的整体逻辑框架，在本体论、认识论、辩证法以及历史观诸环节中，本体论问题是核心，而其他问题都是围绕本体论而展开的。

《哲学通论》则径直从对本体论的重新理解着手，在根本上突破了哲学教科书的整体逻辑框架。本体作为"在"与"在者"有着本质的区别。显然，在直接的意义上，世界是由纷繁复杂的"在者"所构成的，并不存在没有任何规定性的"在"这样一种东西。但由于人自身对世界的认识始终处于感性与理性的矛盾之中，所以世界必然会被割裂为经验的感性世界和超经验的理念世界。而人们，特别是哲学家，总是不满足于停留在对现象世界的理解上，力求透过杂多的现象来理解世界的内在统一性，并以理性所把握到的关于世界的内在统一性原理来解释和理解杂多的经验现象，这就产生了本体的观念。显然，本体并不是"在者"，而是超越"在者"之"在"。而哲学之所以为哲学，就是因为它超越了"在者"的层面，而对"在"本身展开了追问。"对'在'的反思性的寻求，就是哲学的本体论；而哲学所寻求的'在'，就是所谓的本体。"① 哲学意义上的本体具有这样一个特性，即它能够使经验世界中的一切"在者"都得到合理的说明，但经验世界的一切"在者"却都处于被规定的状态，无法用来说明本体的存在。一定程度上说，哲学的艰深和晦涩，都是源于哲学本体的超验性。但哲学的本体其实并不神秘，因为作为不是东西的东西，它实质上就是规范人的思想及行为的标准和

---

① 孙正聿：《哲学通论》，复旦大学出版社 2007 年版，第 220 页。

尺度。

哲学就是本体论。本体不仅仅是哲学研究的一个具体内容，而且是划清哲学与其他学科的根本界限。然而，通行的哲学教科书，却并没有在哲学的意义上来理解本体，而始终囿于"在者"的层面，把"本体"的问题还原为"本原"的问题。对于物质和精神"谁为第一性"的"本原"问题，显然是一个关于"在者"的时间先在性的常识抑或科学问题，而不是关于"在"的逻辑先在性的哲学问题。哲学教科书把"在"的问题下降为"在者"的问题，或者说停留于"在者"的层面上来探讨所谓的"本体"的问题，最终把哲学完全庸俗化、常识化了。

正是因为没有把本体理解为"在"，所以哲学教科书从体系到内容尽管都是极为精练的，在常识的意义上也是合情合理的，但在哲学的意义上，它却都是不得要领的。显然，要破解这种哲学的常识化理解模式，首先要从本体论的变革开始，即在超验之"在"的层面上而不是在经验之"在者"的意义上来重新理解哲学的本体论。

在对哲学教科书的庸俗本体观的批判上，《哲学通论》借助并发挥了作为德国古典哲学的集大成者的黑格尔有关本体论的理论资源。毋庸置疑，理解黑格尔哲学的本体论，对于变革教科书哲学的庸俗本体观来说，具有举足轻重的意义。这是因为，教科书哲学对黑格尔的本体论做出了"本原"意义上的流俗理解，并在此基础上对黑格尔这个"唯心主义者"采取了多般的嘲弄和讥讽，甚至把黑格尔这个"哲学家"看做不谙常识的小丑。

基于对德国古典哲学的深入研究，《哲学通论》提出，黑格尔的绝对理念作为本体，并不是为了探索世界的本原，而是意在解决人的自由、人的崇高何以可能的问题，也就是为了确立人的安身立命之本。因此，黑格尔的绝对理念绝不是一个与人无关的抽象存在，而就是对规范人的生命的标准和尺度的建构。绝对理念始终处于不断自我运动和自我认识的过程之中，表明人的理性、自由和崇高本身就是一个历史性的不断充实的过程，而不是一蹴而就的。不仅黑格尔以绝对理念这个本体自觉为人类的精神生活奠基，事实上，从哲学史上看，哲学家们一开始所讨论的本体就是为了确立规范人的思想及行为的标准和尺度，而与教科书哲学所谓的"本原"问题无关。

黑格尔尽管在一定程度上突破了以往柏拉图主义的静态本体观，使得绝对理念获得了辩证的运动本性，但绝对理念作为终极根据和永恒真理，依然表现出凌驾于现实个人之上的绝对主义实体对现实个人的压制和轻视。作为人的思想和行为的标准和根据，黑格尔的绝对理念，同传统哲学的本体观一样，都表征了人的生命的不能承受之重。马克思认为，除去形而上学地改装了的神秘性和思辨性，黑格尔哲学正是以追问本体的方式表达了对人自身何以可能的追求，但这样一种绝对主义的本体观，从现实历史的层面看，恰恰是理论地表征了现实的个人依然受到抽象的统治，或者说，正是因为人们在现实历史中依然处于不自由的境地，所以黑格尔等"哲学家们"才会把人与人之间的现实关系抽象为观念与观念之间的关系。

　　从哲学史上看，西方的近代哲学尽管依然要面对世界何以可能的问题，但作为世界之根据的上帝已经开始"人化"了，人们开始意识到，人自己才是自己的根据，上帝只是异化了的人的根据。在这里，本体已经明确地被确证为人的思想及行为的根据和标准，而哲学家们的本体论探讨，则是自觉以为人类的精神生活奠基。我们看到，不仅黑格尔哲学中的本体论问题，是对人的自由何以可能的深刻探索；费尔巴哈的本体论探讨，同样是要把异化给上帝的人的本质归还给人自身。但是，近代哲学，同古典哲学一样，由于始终迷恋于确证人的思想和行为得以可能的绝对根据，所以它关注更多的是何为本体的问题，而没有意识到本体只是人为自己的历史活动悬设了一个标准和尺度。事实上，本体的意义不在于它所追求的终极存在，也不在于人类是否达到这个终极性的存在，而在于激发人们去追求更加美好的事物。

　　在对本体的理解上，马克思实现了视域的转换。马克思不再抽象地追问人的存在何以可能，而是积极探索解放何以可能的现实道路。"马克思自觉把传统哲学本体论对'人的存在何以可能'的追问，变革为对'人与人的关系'的理论探索，并把自己的本体论定位为对'人的解放何以可能'的寻求。"① 马克思彻底从对人的思辨理解转化为对人的现实理解，并明确把揭露现实的个人在非神圣形象中的自我异化作为自己的任务和使命。这就使得马克思哲学在根本上与传统哲学划清了界限。"'解放何以可能'？这构成了马克思哲学的本体论。"② 然而，通行的哲学教科书，却把马克思主义的本体论归结为物质本体论，这就把马克思探寻解放何以可能的新本体观还原为追问世界"本原"的科学抑或常识问题。在这里，马克思在哲学史上所实现的本体论革命被彻底遮蔽了。

---

① 孙正聿：《解放何以可能——马克思的本体论革命》，《学术月刊》2002 年第 9 期。
② 同上。

综上所述，哲学意义上的本体，并不是教科书哲学中所谓的"本原"问题，而是指规范人的生命的标准和尺度。把作为规范人的生命的标准和尺度的本体问题归结为与"人"无关的世界"本原"问题，是教科书哲学最大的症结。而要突破教科书哲学对哲学本身的庸俗化理解，就必须从变革其本体着手。《哲学通论》真实地做到了这一点，这也是这部巨著在当代中国哲学史中的根本意义之所在。

二 反思与本体的自我超越

要破解教科书哲学对哲学的常识化理解，就必须要从本体观念的变革着手。哲学意义上的本体，并不是指与"人"无关的世界本原，而就是指构成人的思想的根据和尺度。作为思想的前提，本体是一只看不见的手，它始终隐藏在人们的思想之中，因而只有在对思想的前提本身进行深入反思时，才能触及哲学所探寻的本体。换言之，作为超验之"在"的本体，只有在反思的意义上而不是日常思维的意义上，才能获得真实的理解。正因为如此，人们对反思有不同的理解，必然导致人们对作为哲学研究对象的本体有不同的理解；反过来说，人们对本体的理解不同，必然源于对反思的不同理解。对反思本身进行反思，是人们是否能够在哲学的意义上来思考本体的前提。

反思是哲学特有的思维方式，它不是对思想内容的反省，而是对构成思想的前提的批判。在直接的意义上，反思就是黑格尔所说的"对认识的认识"、"对思想的思想"。黑格尔明确指出，反思既不同于"完全沉浸在材料里"的"表象思维"，又不同于"以超出内容而骄傲"的形式思维。黑格尔对"反思"与"表象思维"的区分有着重大的意义。我们看到，通行的教科书哲学之所以把哲学常识化了，正是因为它把"表象思维"误当作哲学意义上的反思，从而混淆了经验的"在者"与超验之"在"，把本体当作是世界的本原问题。

但是，黑格尔尽管自觉到了思维的反思维度，即对思想的思想、认识的认识，但在19世纪的思想体系的时代，他依然力图通过"对思想的思想"、"对认识的认识"来确证一个可以为思想客观性奠基的绝对真理，从而最终把作为人的思想和行为的根据的本体实体化。从哲学史上看，黑格尔哲学的理论贡献在于，他实现了哲学思维的理论自觉，自觉将反思的矛头指向构成思想的前提和根据；而它的局限性在于，黑格尔依然坚信，作为构成思想前提的本体只能是实体，是"有"，而不是"无"，这就在根本上窒息了反思思维本有的前提批判本性。

《哲学通论》显然是在现代哲学的语境中重新提炼了黑格尔的反思概念。在这里，反思已经不再迷恋于确证构成思想前提的绝对根据和终极真理，而是着力于激活哲学思维本有的前提批判本性。可能正因为如此，《哲学通论》尽管浸染着极重的黑格尔哲学的色彩，但在对反思的理解上，却并没有直接诉诸黑格尔，而是首先着眼于对恩格斯关于哲学基本问题的命题的分析。恩格斯说全部哲学，特别是近代哲学的重大的基本问题，是思维与存在的关系问题。"恩格斯的这一论断历来广受哲学界的争议。从历时态来看，哲学基本问题并不是古代哲学、现代哲学的思想主题，而只是在近代认识论哲学的语境下生成的；从同时态来看，哲学基本问题显然是西方哲学语境中特别关注的话题，中国、印度乃至世界其他区域的哲学家似乎对此问题漠不关心，也没有哪个先哲明确触及这一问题。《哲学通论》极为强调恩格斯这一论断的精准性，甚至以恩格斯的这一论断为基准来彻底地追问哲学的本性。但我们会发现，《哲学通论》在对恩格斯的这一论断的确证上，却并没有诉诸对西方哲学史的纵向梳理，更没有诉诸对世界哲学形态的横向罗列。但问题的关键恰恰就在这里。

其实，单就围绕恩格斯关于哲学基本问题的这一论断进行外在的争论，无论是质疑抑或保卫恩格斯，显然都是无力的。正因为如此，《哲学通论》是从恩格斯的另一重要论断着手来进行分析的。在《自然辩证法》中，恩格斯指出，我们的主观的思维和客观的世界服从于同样的规律，因而两者在自己的结果中不能相互矛盾，而必须彼此一致，这个事实绝对地统治着我们的整个理论思想，它是我们的理论思维的不自觉的和无条件的前提。如果人们能够突破对本体的"本原"理解，而把它自觉理解为规范人的思想的前提和标准，就会发现，恩格斯这里所说的"理论思维的不自觉的和无条件的前提"，其实就是哲学意义上的本体。作为规范人们思想乃至行为的根据，本体显然不会被人们的日常思维所自觉到，因而它只能是"无条件和不自觉的"。但在哲学反思的意义上，这只"看不见的手"就被哲学家们触及了。反思与日常思维的根本区别，就在于它是对这个无条件和不自觉的思想前提进行了批判。而这同时也就是说，对反思的理解，只能诉诸恩格斯所说的问题——哲学基本问题的语境——思维与存在的关系问题。反思不是以思维抑或存在为对象，从而形成关于思维抑或存在的思想，而是把思维与存在的关系当做问题反过来而思之。反思就是哲学思维的理论自觉，是规定哲学之哲学的根本问题，而不是西方哲学史抑或世界诸种哲学形态中的一个主题。哲学在不同区域、不同时代固然会有不同的主题，但其之所以能够成其为"哲学的"的主题，就因为它表达了哲学家们是以反思的维度来把握世界的。在这里，一个问题就是所有问题，所有的问题也是一个问题。

恩格斯还进一步明确指出，对于这个无条件和不自觉的前提，18世纪的唯物主义只就这个前提的内容研究了这个前提，而唯心论哲学则从形式方面研究了这个前提。具体来说，在近代的唯物主义哲学看来，思想映象是关于对象的映象，因而思想的内容是保证思想的客观性的根据，但近代的唯心论哲学则认为，思想的对象就是思想的内容，因而对思想客观性的理解，只能由思想的自我运动来保证。作为德国古典哲学的集大成者的黑格尔，正是力图从思想的矛盾运动中去解决思想的客观性问题，从而完成了本体论、认识论和逻辑学相统一的辩证法。

马克思认为，思维与存在的关系问题所蕴含的全部矛盾都根植于人们的实践活动之中，因而只有从现实的人及其历史发展出发，才能真正理解人与世界之间的、现实的和历史的发展着的关系，进而真实解决"哲学家们"长期争论的作为思想前提的本体问题。可以看出，在对作为思想前提的本体的理解上，马克思实现了视域的转换。在这里，对思维与存在得以统一的根据的理解，已经不再是一个抽象的理论问题抑或经院哲学的问题，而是人的思维的"现实性和力量"的问题。马克思说：人的思维是否具有客观的真理性，这不是一个理论的问题，而是一个实践的问题。人应该在实践中证明自己思维的真理性，即自己思维的现实性和力量，自己思维的此岸性。关于思维——离开实践的思维——的现实性或非现实性的争论，是一个纯粹经院哲学的问题。"

正是因为思维与存在的关系问题被变革为现实的人以感性的活动为基础的与现实的世界的关系，所以只有诉诸人们的感性实践，或者说从人们实践的现实生活出发，才能确证人们的本体论追求。或者说，本体作为规范人的思想乃至行为的根据，只能诉诸对人们的现实生活这个"中介"的理解。显然，马克思超越了思维与存在、唯物与唯心的两极对立，从二者统一的中介——实践——出发来理解本体论的问题，这就彻底把传统哲学的实体本体论变革为历史中的现实个人的"本体论的追求"。马克思主义认为，人的实践活动以及基于实践活动的人的认识活动都是历史性的，"在这个历史过程中，人类所获得的全部认识成果，包括哲学层面的本体论追求，总是具有相对的性质；但同时，人类的实践和认识又永远不会停留在一个水平上，总是向着全体自由性的目标迈进。"① 这意味着，"马克思主义哲学否定传统本体论占有绝对真理的幻想，但并不拒绝基于人类实践本性和人类思维本性的本体论追求。"② 本体不是实体，不是绝对之绝对，而是基于现实历史条件的理想追求，是历史中的现实个人为自己所悬设的一个理想目标，因而它只能是"相对之绝对"。这表明，伴随着人类历史的发展，人的本体论追求始终处于自我超越之中。

三　本体论历史性理解的相对主义困境

《哲学通论》诉诸恩格斯所说的哲学基本问题的语境，深入地探讨了哲学的反思思维，从而使得哲学思维获得了理论自觉。"哲学是一种'反思'的思维活动，或者说，是一种'反思'的思维方式。"③ 在教科书哲学的整体背景下，这种探讨显然具有极强的针对性。反思不是构成思想的思维维度，即以人的认识活动和实践活动为中介而实现思维和存在相统一的维度，而是思想以自身为中介而实现的把思维与存在的关系作为问题给予反思的维度。立足于反思的哲学思维，就会发现，教科书哲学的根本症结，就在于它误把构成思想的思维维度当做了反思思想的思维维度，把日常思维混淆于哲学意义上的反思，因而最终滑过一切的"哲学"问题，把哲学常识化了。哲学与常识之间有着极为密切的关系。作为"爱智慧"的哲学家，首先必然是一个有着健全常识的普通人，或者是深谙常识本性的人，但由于哲学在本质上是一种反思的思维活动，所以任何真正的哲学都必然是超常识的，是关于"在"而不是"在者"的学问。通行的哲学教科书尽管在一定程度上确实起到了规范人们的生活和行为的作用，但在本质上讲，它只是对常识的提炼和总结，而不是对常识的反思和批判，这就在根本上窒息了哲学本有的反思性、批判性维度，遮蔽了哲学自身特殊的理论性质。教科书哲学之所以极易被人们所接受，除了语言上的流畅之外，很大程度上是因为它符合人们的日

---

① 孙正聿：《哲学通论》，复旦大学出版社 2007 年版，第 223 页。
② 同上。
③ 同上书，第 137 页。

常思维。而《哲学通论》对教科书哲学的批判，不仅仅是批判教科书哲学这个特定的对象，实质上是对日常思维的批判。《哲学通论》表明，不仅在当代中国哲学的语境中，对教科书哲学的反省极为重要，而且从长远看，为了实现哲学思维的理论自觉，教科书哲学永远可以作为一个恰当的参照系，因为它在根本上触及了反思与日常思维的区别。

教科书哲学没有在反思的层面上来理解哲学，所以它必然会把哲学的本体论问题下降为经验的"本原"问题。按照通行的哲学教科书的提法，哲学探究世界的本原，从而形成关于整个世界的普遍知识，而科学则是探究世界的各个具体领域，因而形成各个具体领域的不同知识。在这里，哲学与科学的关系，就像哲学与常识的关系一样，被理解为一种概括、提炼和总结的关系。但事实上，自19世纪中叶以来，随着科学的专业化和细化，哲学已经逐渐被"驱逐"出自然界、社会历史以及思维领域了，人们已经不再相信这门凌驾于具体科学之上的"母科学"了。这或许就是教科书哲学在当代语境中所面临的最大危机。但事实上，哲学不是对科学或常识的提炼和总结，不是凌驾于科学之上的科学，而是对科学所形成的关于整个世界的全部思想的反思。《哲学通论》的反思概念，在根本上变革了人们对哲学本身的流俗理解，从而为真正的哲学之思铺平了道路。

《哲学通论》的理论魅力，不仅在于它内在地反思了教科书哲学的整体逻辑框架，而且在于它深刻地反思了传统哲学的实体本体论。就传统哲学的本体论而言，古代哲学独断地把作为人的思想及行为的根据的本体确证为某种绝对性的存在，并把这种绝对性的存在当作人的安身立命之本；近代哲学尽管自觉地从考察主体的认识能力出发，特别是从思维的形式和内容两方面来研究思想的前提和根据，但它还是把作为思想的前提的本体理解为某种超历史的存在。马克思主义哲学则彻底突破了对本体的实体化理解，从实践出发，在现实历史中来探究人们的本体论追求。本体由此被抹去了超历史的面纱，与人们的现实历史内在地交织在一起了。在马克思看来，人们的实践活动以及基于实践活动的认识活动，都具有相对的性质，而人们的本体论追求，由于都是基于人类的实践活动的产物，同样是历史性的，由此，马克思不再抽象地追问"世界何以可能"以及"认识何以可能"，而是自觉地把"解放何以可能"的追求诉诸对现实历史的批判性考察，力求在批判旧世界中发现新世界。这就是马克思在哲学史上所实现的最深刻变革。在马克思这里，本体论追求不再是以往"哲学家们"所探讨的终极真理，而是奠基于人们的现实历史条件而对更加美好生活的向往。

但不得不承认，本体一旦失去绝对主义的名义，被变革为基于特定历史条件下的本体论追求之后，如此这般的本体论追求就有可能陷入历史主义的相对主义困境之中。具体到对马克思主义的理解上，如果我们承认马克思主义"解放何以可能"的本体论追求只是奠基于资本主义文明的产物，或者说只是对资本主义的扬弃的产物，那么，作为这一产物的马克思主义，是否只是当代人所特有的一种世界观和历史观？随着历史的演进，这样一种当代人所特有的世界观是否会发生实质性的变革？如何保证马克思主义真理观不陷入相对主义？还有，传统哲学尽管迷恋于人们所无法企及的终极真理，但它确实为人类的精神生活奠定了厚重的根基，使得人们能够有意义地生活和存在；现代哲学彻底把传统哲学家们所迷恋的终极真理解构为一种绝对的幻相，这就使得人们的安身立命之本受到了根本性的动摇。毋庸置疑，在把真理的标准彻底历史化之后，在"淡化标准"、"弱化前提"的背景下，现代人已经完全陷入一种无所适从的窘境之中。这也是现代人最大的精神"病症"。在此背景下，如何规避这样一种对本体论的历史性理解的相对主义困境，显然是一个必须认真对待的理论话题。

此外，对本体论追求的历史性理解，本身还存在一个无法克服的逻辑悖论。施特劳斯曾经思考过这样一个问题：如果一切合理的思想都是历史性的，那么，"一切合理的思想都是历史性的"这一命题是否也是历史性的，而不具有永恒性的意义？由此，施特劳斯说，"历史主义既已断定所有的人类思想，或者至少是所有合理的人类思想都是历史性的，它就承认了人类思想有能力获得某种普遍有效、并且不会受到任何将来的惊人事件影响的最为重要的洞见"①。因此，"历史主义的论题是自相矛盾的或者说是荒谬的"②。显然，历史主义永远无法克服这一逻辑悖论，因为"所有合理的人类思想都是历史性的"这一判断本身就已经僭越了历史主义的思想原则。按照施特劳斯的说法，只有依据某一普遍的原则，特殊的或者是历史性的标准才能具有权威性。这一思路是否恰切，笔者不得而知。但是，如何在彰显马克思主义历史性的思想原则的同时，保证其不陷入相对主义，显然是一个必须给予关注的重大理论话题。

---

① 施特劳斯：《自然权利与历史》，生活·读书·新知三联书店 2006 年版，第 26 页。

② 同上书，第 27 页。

追求"本体"与"本体论追求"

——本体观变革与当代哲学的形而上学追求

孙　慧　赵　龙[*]

摘要：以本体为追求对象是哲学作为人的形上本性的理论表征的注定的任务。问题在于当追求"本体"的传统形而上学被否定后，哲学如何对待本体、如何追求本体成为现当代哲学家必须回答的问题。孙正聿教授站在当代哲学的立场上对上述问题做了回答。本文认为，孙正聿教授对本体的存在方式的理解是延承了康德哲学开启的本体的实践存在方式的变革，同时扬弃了黑格尔的最终仍要恢复本体的理论存在方式的"本体中介化"的道路，而在现当代哲学的立场上实现了作为"无"的"指向性"的本体的实践存在方式的本体观变革，并由此使形而上学从传统哲学本体论的"不知其不可而为之"的"形而上学的恐怖"，变为了当代哲学"知其不可而为之"的"形而上学追求"。

关键词：本体；本体论追求；本体观变革

作为人的形而上学本性的系统化的理论表达的哲学，对本体的追求不是是否"应该"的问题，而是如何"追求"的问题。然而当以获得超验本体知识为目标的本体论在康德那里就已经被终结了的时候，哲学如何承担起表征人的形上追求的理论任务，就成为康德、黑格尔之后现当代哲学必须要解决的理论问题，可以说，对本体的理解方式决定着哲学的存在方式及其自身定位——而孙正聿教授在《哲学：思想的前提批判》一书中集中阐述的其对

---

* 作者简介：孙慧（1986— ），女，吉林大学马克思主义学院讲师；赵龙（1982— ），男，吉林大学哲学社会学院博士研究生。（吉林　长春　130012）

本体的理解而形成的本体观变革，对于现当代形而上学厘清自身定位，重塑自身的合法性有重要的意义。下面我们就从本体的存在方式的变革和追求本体的方式的变革两个方面对孙正聿教授的本体观进行探讨。

一 从本体的理论存在方式到实践存在方式：
作为"无"的本体的实践存在方式

（一）本体的理论存在方式与实践存在方式

在康德之前，本体论的形而上学将本体的形上性落实到了对象和内容上。形而上学的任务和目标就是获得超验的存在、理念、神等的知识。本体被观照为一个超越个人有限性的对象，高高在上的绝对，人只能怀着虔诚瞭望。人和本体的关系被纳入一种认识论的静观的关系中。绝对成为一种外在之物——认识的、静观的对象。人的追求终极、绝对、无限的形上本性，因本体被实体化、确立为人的认识对象，而确立为知识论立场，从而人的形上性体现为对本体的知识的获得。

康德的哥白尼革命确证了人类知识的普遍有效性，但同时也划定了理性的理论应用的范围。康德区分了现象和本体，同时也区分了人的两种认知能力知性和理性。在康德看来，以成为"科学的科学"为理想的旧形而上学的失败在于它们错误地将超验本体当作了认识对象，企图用理性的工具获得关于超验本体的知识，这是理性的僭越。

事实上，我们的有效的认识能力只有知性，而知性只能在经验范围内有效。因为我们只能将对我们感官显现的东西确立为认识的对象，"思维无内容则空"。而上帝、灵魂、宇宙作为超验的本体，对我们没有经验的显现。知性硬要将它们确立起来，则只会获得先验幻相。超验本体没有可感的经验，因而不可对其进行感性直观。它是作为思维的对象，亦即知性的对象而存在的。但人由于是有限的理性存在者，不能像上帝一样全知全能，具有知性直观即理智直观的能力。我们的知性不能直观而只能加工感性表象。因而，作为思维对象的超验本体不可认识，只能思想其可能性。正如康德在《纯粹理性批判》导言中对柏拉图的批判，"轻灵的鸽子在自由地飞翔时分开空气并感到空气的阻力，它也许会想象在没有空气的空间里它还会飞得更加轻灵。同样，柏拉图也因为感官世界对知性设置了这样严格的限制而抛弃了它，并鼓起理念的两翼冒险飞向感官世界的彼岸，进入纯粹知性的真空。他没有发觉，他尽其努力而一无进展，因为他没有任何支撑物可以作为基础。"① 康德指出，"纯粹知性的原理只有经验性的运用，决没有先验的运用，而越出可能经验的范围之外，任何地方都将不能提供先天综合原理。"② 我们没有理智直观的能力去直接把握超验之物，也不能通过穷尽经验来通达超验之物，因而我们不能获得关于本体的知识。或者说，人类理性没有直接把握超验本体的能力。康德指出，"理性的理论运用所关心的是单纯认识能力的对象，而关于这种运用的理性批判真正说来涉及的只是纯粹的认识能力，因为这种能力激起了在后来也得到了证实的疑虑，即它很容易超出自己的界限而迷失于那些不可达到的对象或者是相互冲突的概念之中。"③ 旧形而上学的失败在于它们错误地将起范导性作用的思想的对象，当作了现实的对象、认识的对象。

康德否定了形而上学在认知领域的合法性，但康德并不是由此否定了形而上学。康德之所以区分了现象和本体，进而区分了理性的理论应用和实践应用，是为重建形而上学以及确证理性自身的关键。一方面，现象与本体的区分为人类认识能力划界，凸显了人的有限性。现象虽在知性范畴的统摄下具有了普遍必然性，但它终究不是"终极存在"。现象是以作为现象的超验本体为基础和根据的，它回应了近代自然科学的发展乃至启蒙哲学以来导致的"理性的狂妄"以及经验的独断论，提醒我们并不是一切都是现象，在现象之外，还有无限、绝对的本体，作为现象的根据存在，另一方面，康德以现象与本体的区分，为本体提供了一个在服从自然因果的必然世界之外，存在着服从自由因果的自由世界的可能性。康德要完成的任务是证明，人类理性可以按照理性法则、自律行动而通达自由，从而确证人作为理性存在者的生命意义。

康德将本体理解为只能思想的对象而不是认识的对象，对形而上学有着巨大的意义，恢复了本体作为引导有限的人不断前进的无限的一极的引导作用，开启了否定本体以理论方式存在的现代哲学。本体作为认识的界限，只具有消极的意义。但作为无限的一极，它引导人们不断努力则具有积极意

---

① 康德：《纯粹理性批判》，人民出版社 2004 年版，第 7 页。
② 同上书，第 224 页。
③ 康德：《实践理性批判》，人民出版社 2003 年版，第 16 页。

义。在康德那里，超验的"理智世界"是只具有思想的可能性，而不具有认识的可能性的"意会世界"。它的优越性即在于此，由此它才不会沦为现象界的概念而失去了本体的意义。在这个意义上，康德哲学的本体是引导人类不断进步，不断努力寻找更美好的生活的希望的寄托。康德维护了本体的合法地位。但康德维护本体的地位不是为了给自然现象提供其存在的根据，而是为了确证人区别于其他自然存在的超验本性——有限的理性存在者。

在康德看来，只有人是"感觉世界"与"理智世界"的双重存在。在感觉世界中服从自然因果，在理智世界中服从自由因果。人是有理性的存在者，但人只是潜在的理性存在者，人只有按照理性自身为自身立法的实践才能将人实现为现实的理性存在者。只有在纯粹实践理性的自律活动中，人才能超越自然因果对人的限制，而通达超验的自由，成为超自然的理性存在者。"自由的概念……就构成了纯粹理性的、甚至四百年理性的体系的整个大厦的拱顶石。"①

由于康德将现象世界视为知性立法的世界，将本体世界视为理性立法的世界，因而二者的关系并不是世界本身的问题，而是成为理性自身的问题，即理论理性与实践理性的关系问题。理性的理论运用只在现象界有效，是有限的。但理性的意志能力可以实现自身为自身立法。理性的实践运用成为康德重塑形而上学的合法性的关键。康德"把理性的实践运用的基础确立为以理性为本体。由此，康德的先验哲学对哲学本体论的基础进行了转换，实现了由'神学本体'转换为'理性本体'"②。

有学者指出，"现象与本体在康德哲学中被赋予了不同于以往的新的意义：本体概念所表述的不再是自然现象的存在依据，而是人必须超越自然现象才有可能达到的自由境界。这一'超越'既是人对自身的超越，也是人自身的实现：他超越的是他的自然存在（现象），他所实现的则是他的理性存在（本体）"③。康德以理性的实践运用确证了本体的存在，为人指出了一条通达本体的道路。康德指出，理性本质上是实践的，因为只有理性的实践应用才能使人（理性）通达自由，从而确证自身力量，防止"理性的本质受到攻击并被推入怀疑论的深渊"④。因而康德认为实践理性高于理论理性。因

---

① 康德：《实践理性批判》，人民出版社 2003 年版，第 2 页。
② 温纯如：《康德理性的实践运用及对形而上学的超越》，《哲学动态》2012 年第 2 期。
③ 张志伟：《形而上学的历史演变》，中国人民大学出版社 2010 年版，第 182 页。
④ 康德：《实践理性批判》，人民出版社 2003 年版，第 2 页。

为如果只有理论理性，则人并不比动物高出多少。只有实践理性才能使人超越自然因果，通达自由。实践理性批判要求意志从理性本性出发，确立的是本体显现自身的原理，显现出的是道德世界。

由此，康德揭示了形而上学的对象仍是"本体"，只不过不能在认识领域通达本体，而可以在实践领域通达。即人的形上本性并不是体现在获得超验本体的知识上，而是体现在人的自身为自身立法的纯粹实践理性的自律活动中。康德以理性的实践运用为形而上学开辟了一条生路，从而拯救了形而上学，给人以希望，拯救了人。

（二）本体的实践存在方式：存在于人的实践活动中的"无"

我们看到，康德哲学提供了对本体的重新理解。在肯定了人的形而上学本性的同时，否定了本体的理论的存在方式，而指出了本体只能在人的实践活动中通达。拯救了形而上学，是对形而上学的巨大贡献。在笔者看来，孙正聿教授对本体的存在方式的理解是沿承了康德的本体的实践存在方式的观点，并在现代哲学的立场上推进了它。

因为我们看到，康德站在思维与存在关系抽象对立的立场上，形成了感觉世界与理智世界的对立，进而形成了感性与理性、理论理性与实践理性、必然与自由、自然因果与自由因果的分立。康德站在意识的平台上，力图实现自然因果与自由因果的统一，力求彻底摒弃自然质料，以实现先验意识的自律、自由。这只能是一种有限的自由，无法在现象界实现必然与自由的统一，而只能诉诸"至善"的公设，重蹈了中世纪经院哲学和近代唯理论的覆辙。在康德那里，人的形上本性的实现或对超验本体的通达只能在超验意识界中实现，实则只是实现了"意识界内的自由"，而与真实的世界无关。康德指出了理性本体自身实现的道路，却由于其站在思维与存在对立的立场上，而无法真正将人由潜在的理性存在者实现出来。

而在孙正聿教授看来，本体只能在人类把握世界的各种实践活动中存在、生成，这在深层次上扬弃了近代哲学思维与存在抽象对立的知识论立场，从而扬弃了理论理性与实践理性、思维与存在、必然世界与自由世界的对立。

这走的是一种"本体中介化"的道路，而这条道路的开启，不能越过黑格尔不谈。作为传统哲学的集大成者，黑格尔已经自觉到了思维与存在抽象对立的形而上学思维方式的弊端。黑格尔意识到了站在这一立场上是无法解决导源于思维与存在的对立而产生的一系列对立问题的。黑格尔找到了思维与存在的中介——概念。概念既是外部世界转化为思维的规定，又是思维以观念的形式构成的外部世界。思维与存在在概念中双向生成。黑格尔指出，"人要把内在世界和外在世界作为对象，提升到心灵的意识面前，以便从这些对象中认识他自己"①。

由此，列宁说，黑格尔逻辑学的概念论中包含着现代哲学革命的萌芽。这个萌芽，就在黑格尔对概念的中介作用的理解中，概念的运动作为主观与客观、思维与存在统一的中介，具有对于思维与存在的逻辑上的优先性。并且，人只有在概念的运动中才能"认识他自己"。因此，黑格尔的辩证法是概念的辩证法。思维与存在的统一不再是外在的反映、符合或是思维对存在的构造，而是概念在自身的运动、生成过程中达成了思维与存在的统一与和解。

我们看到，在黑格尔那里，理性不再是与存在对立的意识的抽象理性，理性是概念的自身运动，在其中思维与存在实现同一。概念既是主体，又是实体。思维与存在的同一性在概念的运动中实现，概念的运动是全体的自由性和环节的必然性的统一，具有自身运动的逻辑。从而将形而上学改造为本体论、认识论、逻辑学相统一的辩证法，达到了传统形而上学的巅峰。黑格尔以概念的逻辑学完成了辩证法和形而上学的"合流"，概念以主体即实体的方式完成了本体以理论的方式存在的理想。他是因此而受到现代哲学拒斥的，但也是因此而蕴含着现代哲学的萌芽的。

现代哲学继承并发展了黑格尔的"本体中介化"的道路，正如孙正聿教授所指出的，"现代哲学从思维方式上实现了'从两极到中介'的变革，从人类的历史发展出发去理解哲学的本体论追求"②。在马克思、恩格斯看来，这个中介是人的实践活动；在卡尔纳普、赖欣巴哈等哲学家看来，这个中介是人的科学活动；在海德格尔等哲学家看来，这个中介是人的艺术活动；在卡西尔看来，这个中介是人的文化活动；在孙正聿教授看来，这个中介是哲学、科学、艺术、宗教、神话等人类把握世界的诸种创造性活动及作为其成果的人类文明史。在这里我们看到了现代哲学内在的广泛而深刻的一致性，即与将本体视为是与人的历史存在活动无关的神秘实体的传统本体论不同，现代哲学"从人类自己的社会生活出发，才能合理地解释哲学的'本体'

---

① 黑格尔：《美学》第一卷，商务印书馆 1979 年版，第 40 页。
② 孙正聿：《哲学：思想的前提批判》，吉林大学哲学社会学院（打印稿），2015 年，第 204 页。

观念和哲学的 '本体论'"①。

对于如何在现代哲学的立场上看待以人的历史性活动构成的中介，这里我们有必要以马克思的实践概念为例重新审视一下作为思维与存在的中介的内涵。马克思指出，人的实践活动是物的尺度和人的尺度的统一、合规律性和合目的性的统一，但人们时常容易从这个论断中得出这样的理解，即仿佛先在地存在着物和人、存在与思维的对立。物、存在有其自身独立的尺度和规律，人及其思维有其独立的尺度和规律。而实践活动作为中介，将先天对立的二者在实践内部达成某种神秘的和解。这种理解阉割了马克思哲学 "实践转向" 的真实含义，大大降低了马克思主义哲学所实现的哲学革命的意义和价值。实践的 "合规律性" 和 "合目的性" 的统一，不是在于先在的思维的规律和既定的存在的规律的同一，而是混沌的思维与混沌的存在在实践的活动中形成综合。正是在这个意义上，马克思实现的实践转向才具有哲学意义。实践作为 "有意识的生命活动"，它不是思维作用于存在的工具性的中介。如果实践仅仅是思维的意向性活动（合目的性活动）或是合规律性的活动，实践就不具有自身的独立的、自足的意义。那么，实践转向就不具有哲学意义。

而要真实地理解现代哲学立场上的 "本体中介化" 的本体观念的变革，正确地理解作为中介的实践、文化等活动和思维与存在的关系是极为关键的。在实践的平面上，我们看到，并不是预先存在着一个既定的思维实体和与之对立的物质实体，而后由人的实践中介将二者联系在一起。思维与存在只有在实践活动的中介作用中，才得以生成。在孙正聿教授看来，实践不仅仅是马克思所着重强调的物质生产活动，更是包括科学、艺术、宗教、神话等人类把握世界的诸种创造性活动。正是科学、艺术、宗教、神话等实践活动使得科学意识和科学的世界、艺术思维和艺术的世界、宗教思维和宗教世界、神话思维和神话世界得以生成。正是这些创造性活动，使得人从自然的逻辑中超拔出来，或者说，在自然的逻辑的基础上，生成了人的意义世界，从而确证了人自身的力量。

这里我们看到了实践活动对于思维和存在的逻辑先在性，这表明了以纯思维去通达无限、绝对只能是幻相。人的形而上学本性只能在实践活动的平面上实现，实践由此具有了本体的品格。这里不是说实践就是本体，而是说本体应在由人类把握世界的各种基本方式构成的实践活动及其成果——人类

---

① 孙正聿：《哲学：思想的前提批判》，吉林大学哲学社会学院（打印稿），2015 年，第 193 页。

文明中去理解。正如文化哲学家卡西尔所指出的，"文明不是构成了次要的和偶然的品格，而是标明了人类的本性和特征。……想要弄懂人的人，必须从人类的创造力量和创造成就之中，即从他们的文明中，去考察他们"①。

归根结底，康德、黑格尔以及所有的传统哲学都是离开了人的创造性活动去理解本体，追求本体，而无法真正通达本体。而在孙正聿教授看来，本体只能在杂多现象中，在人的有限与无限的张力的活动中，以实践的方式存在。不在这些历史性展开的实践活动中，就没有本体。本体不是先在的神秘实体，各种实践活动的展开过程亦不是由神秘实体已经先在地决定好、设定好的自身展开过程。

我们看到，依照孙正聿教授的本体观，本体不是实体，不是对象。它不是现实的存在，本体是一种虚灵的东西，或者说本体是"无"，它只有在实践活动中才存在，才生成，才能获得自身的理解。不能离开人的实践活动去寻求本体，本体不能被看作一个单一的、自足的、独立的存在。"'本体'并不是某种现实的存在物，而只是一种人类思维的指向性。"② 也就是说，"本体是隐含在人的全部生活活动之中"③，制约、规范和引导人的全部思想和实践活动的根据、标准和尺度。④

由此，这种奠基于现代哲学立场上"本体中介化"的本体存在方式的变革，使得在作为知识总汇和"科学的科学"存在的传统形而上学终结之后，为重塑哲学在当代存在的合法性和明确哲学当代的自身任务开启了一条新道路。

二 从追求"本体"到"本体论追求"——诉诸 "思想的前提批判"的当代形而上学

这种对本体的存在方式的哲学变革直接决定了哲学对本体的追求方式的变革，或者说直接决定了哲学观的变革。这里的关键在于不能离开同时具有历史展开性和无限指向性的人的实践活动去理解和追求本体，以及构建不放弃以本体为对象的当代形而上学。

恩格斯曾指出，奠基于人类实践活动的思维同时是"非至上"的和

---

① 卡西尔：《卢梭·康德·歌德》，生活·读书·新知三联书店 2002 年版，第 27 页。
② 孙正聿：《哲学：思想的前提批判》，吉林大学哲学社会学院（打印稿），2015 年，第 193 页。
③ 同上书，第 207 页。
④ 同上书，第 204 页。

"至上"的。可以说，思维的"非至上性"和"至上性"就根源于人类的矛盾的存在方式——实践活动。实践活动的历史性特征，规定着人类活动的有限性、相对性以及思维的"非至上性"；而实践活动的追求理想，超越现实的指向性特征，又规定着人类活动及其思维的"至上性"。正是在作为历史延展的"交错点"的实践活动中，自然确证着自己对人及其思维的本源性，人也确证着自己的能动性和超越性，即对人的自然本性和自然世界的超越，不断创造对人来说理想的世界。实践活动由此显示出其根本的特征，即历史的规定性和无限的指向性的辩证统一。

由此，在孙正聿教授看来，奠基于作为历史过程的人的实践活动的人类思维及其成果，"包括哲学上的本体论，总是具有相对的性质"；哲学"所承诺的'本体'及其对'本体'的理解和解释，都只能是自己时代的产物"①。但同时，人类的实践和认识又永远不会停留在一个水平上，总是向着全体自由性的目标迈进。② 而哲学的独特之处，即作为人类活动追求"至上性"的渴求的系统的理论表达。可以说，哲学的对象——本体——从来没有改变过，只是随着对本体的存在方式的不同理解，而变革了对本体的追求方式。当本体不再是"某种超出人类或高于人类的本质、与人类的历史状况无关的自我存在的实体"③，而是作为内蕴在人的具有历史展开性的实践活动中，规定着人的现实的实践活动的作为"相对的绝对"的根据、标准和尺度的时候，对本体的追求也不再是以理论的方式去获得，而是以实践的方式——超越现实，追求理想的方式去通达。由此，传统本体论占有绝对真理的追求本体的方式被否定为幻想，取而代之的是"基于人类实践本性和人类思维本性的本体论追求"④。所谓"本体论追求"，孙正聿教授在《哲学：思想的前提批判》一书中对其做了阐释，即"人类总是悬设某种基于现实而又超越现实的理性目标，否定自己的现实存在，把现实变成更加理想的现实"，"从而使人类在自己的全部活动中保持生机勃勃的求真意识、向善意识和审美意识，永远敞开自我批判和自我超越的空间"⑤。

由于作为制约、规范和引导人的全部思想和行为的本体是"作为隐匿在

---

① 孙正聿：《哲学：思想的前提批判》，吉林大学哲学社会学院（打印稿），2015 年，第 199 页。
② 同上书，第 195 页。
③ 同上书，第 194 页。
④ 同上书，第 195 页。
⑤ 同上。

思想中的'前提'"而"隐含在人的全部生活活动之中"① 的，因而，"思想的前提批判"，成为孙正聿教授给以本体为对象的哲学设定的任务。

由科学、宗教、神话、艺术等人的全部生活活动构筑了科学的世界、宗教的世界、神话的世界、艺术的世界等。这些世界共同构筑了人具有丰富意义的生活世界。然而人不仅需要以自己把握世界的基本方式去创造生活世界的意义，而且需要不断反省各种基本方式的创造性活动，以使自己的全部活动真正具有发展人类自身的"意义"。而人类存在的意义不是经验科学的对象。正如物理学家、天文学家搜索整个宇宙也不能发现上帝一样，各种经验科学穷尽各种生理解剖、心理分析的考察也不能接近人。因为这里的人和上帝一样，不是自然界的存在，而是人的意义世界的存在。

哲学的独特功能不是直接地创造生活世界，而是将其他基本方式及其把握对象后形成的"对象意识"作为思维的对象。这并不是要形成艺术史、科学史、宗教史等各门科学的历史，而是要对各种基本方式及其成果进行前提批判，从而达到对认识的认识、对理解的理解，找出隐匿在人的实践活动中，又规定着人的实践活动的思想的前提，对其进行批判反思。

同时，这种"思想的前提批判"活动还以哲学思潮之间的相互批判表现出来，哲学从来都是在不同的哲学流派的相互对话或争论中以及哲学对现实的观照中推进哲学的"本体论追求"的。以现代哲学为例，在拒斥传统形而上学这一共同背景下，现代哲学呈现出科学主义思潮和人本主义思潮的对峙。在理论层面，这种争执和对立针对的是传统形而上学被否定后，哲学如何明确自身地位和任务的问题。而在现实层面，针对的是资本主义条件下现代人失去了精神上的支撑点，而陷入的"精神的惶惑、形上的迷失、人生的危机和人与神、人与人、人与自我情感、自我意识的疏离"② 的问题。

因此，在孙正聿教授看来，当代哲学的形而上学追求是以概念批判的方式进行的，哲学的独特价值在于，它在对"思想的前提批判"中，不断深化对作为人类实践活动的根据、标准和尺度的认识。从而使人的思维方式、审美意识、价值观念不断更新，并引导人类对自己的生活方式进行现实的变革。

这里我们看到，作为"本体论追求"的当代形而上学，它所承诺的本

---

① 孙正聿：《哲学：思想的前提批判》，吉林大学哲学社会学院（打印稿），2015 年，第 207 页。
② 同上书，第 198 页。

体,本身具有否定性和可批判性,它作为人类在历史前进的发展中所建构的阶梯和支撑点,是作为中介而为人类的继续发展提供现实的可能性,使人类得以不断超越现实,创造更理想的人类世界。由此,本体论不再是"阉割掉内在的否定性、僵死凝固的哲学理论"[1],本体论所追求和承诺的终极理念,既是人类实践活动所指向的目标,规范人类思想和行为的根据、标准和尺度,同时又是哲学自我反思和自我批判的对象,"隐含着内在的否定性,并表现为历史性的自我扬弃过程"[2]。正如孙正聿教授在《哲学:思想的前提批判》一书中指出的,"后形而上学"不仅不是对形而上学所承担的价值诉求的否定,而恰恰是对形而上学所承担的价值诉求的深刻的理论自觉——它自觉地把为人类思想和人类文明奠基的基本概念(思想)作为自己批判反思的对象。[3] 在这个意义上,孙正聿教授的哲学是作为当代形而上学存在的。

---

[1] 孙正聿:《哲学:思想的前提批判》,吉林大学哲学社会学院(打印稿),2015年,第198页。

[2] 同上书,第198—199页。

[3] 同上书,第186页。

哲学思维方式研究

反思的两种模式及其间的张力

程　彪*

引　言

孙正聿老师在其标志性著作《哲学通论》中第一次系统阐述了他的哲学观。他多次强调《哲学通论》五十万言只为求解一个问题："哲学究竟是什么?""反思"、"思想的前提批判"、"意义的社会自我意识"、"本体论承诺"等具有鲜明个性的概念，就是他对这一问题的回答。这几个概念内在一体，从不同侧面标志着孙正聿老师对哲学的独特理解，它们既是孙正聿老师所给出的关于哲学的定义，也是孙正聿老师自己的哲学理念。毫无疑问，讨论孙正聿老师的哲学观越过其中的任何一个概念或割裂它们的内在一体性，都将是不得要领的。然而，我们也发现，在这几个概念中，"反思"概念又最为关键，因为"反思"被孙正聿老师赋予了独特的内涵，构成了他对哲学的总体性和本质性的界定。

孙正聿老师的哲学观，特别是他对"反思"的理解和阐述，与黑格尔哲学有着深刻而复杂的思想联系。人们相对比较容易捕捉到的是它们表面上的一致性，而它们的思想差异却难以界划。然而在我看来，孙正聿老师对"反思"的理解与阐述和黑格尔的差异是极为明显的，相比之下，倒是它们的深层的一致性是难以被察觉的。从其差异的角度看，孙正聿老师对哲学反思的理解与阐述非常自觉地立足于一种后黑格尔哲学的思想视域和哲学立场，即立足于现代哲学的后形而上学的思想视域和哲学立场，尤其是马克思主义哲

---

*　作者简介：程彪（1973—　　），男，吉林大学哲学社会学院暨哲学基础理论研究中心教授，博士生导师。（吉林　长春　130012）

学的实践论的思想视域和哲学立场。可以说，孙正聿老师的"反思"与黑格尔的"反思"所指示的是两种根本不同的哲学反思模式，是两种根本不同的哲学理念：前者指示的是典型的传统形而上学的反思模式，后者指示的则是一种后形而上学的反思模式和哲学理念。然而，像在所有后形而上学中思想规划一样，孙正聿老师的"反思"及其所指示的哲学理念与黑格尔的"反思"所代表的传统形而上学之间有着难以割断的亲缘关系，它们共享着许多相同的前提性观念，甚至可以说，孙正聿老师自觉地坚持着一种传统形而上学的精神气质与思想特性。

真切领会与深入讨论孙正聿老师的哲学观，必须先厘定这两种反思模式之间的根本差异与深层的思想联系，在此基础上才能确定孙正聿老师的哲学理念的基本特性与可能的理论空间。

一　两种反思模式的异与同

在引言中我们已指出，黑格尔的"反思"是典型的传统形而上学的反思模式，而孙正聿老师的"反思"则是一种（可能的）后形而上学的反思模式。虽然同是"反思"，却有着根本差异。两者之间的根本差异可以从如下五点来理解：

（1）在总体思想视域上，黑格尔是在传统形而上学或近代主体性哲学的思想视域中确定和理解哲学反思的，反思内在于其绝对理性的形而上学体系构建过程之中，因而是从绝对理性自身的自我认识、自我实现过程来确定的：反思只不过是思想的自觉，即"思想自觉其为思想"。唯有上升到这个自觉的反思层面，绝对理性才能重新回到自身。孙正聿老师对哲学反思的确定则是在一种高度自觉的后黑格尔哲学或现代哲学的后形而上学的思想视域中进行的，因而与任何绝对的体系无关。孙正聿老师从马克思主义哲学的实践论立场出发，把哲学反思确定为人类把握世界的一种独特的基本方式，区别于诸如神话、常识、宗教、艺术、伦理、科学等；就思维自身而言，孙正聿老师认为，思维具有两个基本的维度：构成思想的维度和反思思想的维度，其他各种人类把握世界的基本方式，特别是科学，所体现的是构成思想的维度，哲学集中体现的则是反思思想的维度。

（2）在具体界定上，黑格尔的反思有两种，一种是"本质论"中"自身映现"意义的反思，也即 Reflexion；另一种是"哲学思维"或"思辨思维"意义的反思，也即 nachdenken。"本质论的观点一般地讲来即是反思的观点。"① 自身映现意义的反思作为本质规定之间的相互设定，是对存在直接性的扬弃与超越，然而，这种知性意义上的反思并不是哲学思维或思辨思维，思想只有进入到一个更高的层次即概念的层次，才算是返回到思维自身或达到了思维的自我意识、自我规定，这也就是黑格尔所说的"哲学思维"、"思辨思维"、"概念思维"。在此，成为反思对象的并非是思想或认识自身，而是思想的各种化身形式，如情绪、信仰和表象等，通过对这些意识形式及其成果加以"后思"，达到对其思想实质的自觉，即"反思以思想的本身为内容，力求思想自觉其为思想"②。可见，黑格尔的哲学思维意义上的反思乃是思想的自觉。孙正聿老师把哲学反思的具体内涵确定为"思想的前提批判"。作为"思想的前提批判"的反思，其对象不是思想的内容或成果，而是隐含在思想内容、成果之中的根本制约着思想的前提，通过对思想前提的揭示和审视，实现思想的逻辑层次的跃迁。

（3）在本质特性上，黑格尔的反思，作为思想的自觉，是思想与其自身的关系，是思想的自我肯定与自我强化。哲学反思是在思想的各种意识形式中辨认出思想自身，从而由思想的异在返回到思想自身，达到自我认识和自我满足。因而，黑格尔的哲学反思是纯粹的、自由的，也是绝对的，因为无论哲学思想如何不同于一般的思想，思想也只是同一个思想，黑格尔称之为"客观思想"。③ 与此相关，哲学也就是一门关于思想的自我认识的特殊科学或思辨的科学，无论黑格尔怎样强调思辨的科学同其他科学的区别④，他都坚信哲学乃是科学的事业、真理的事业。孙正聿老师的反思，作为思想的前提批判，则是思想与其前提的关系，是思想的自我否定与自我批判。哲学反思的不是要辨识或确定思想自身，而是要揭示和批判思想的前提。批判性是哲学反思的本质特性。在此，哲学反思没有预设的最终目标，因而始终是开放的。思想的前提批判在逻辑上是无限开放的。与此相关，哲学与科学根本区别开来，科学归根结底是构成各种思想，而哲学则是反思思想的前提，哲学不是一门特殊的科学，而是对科学的反思或前提性批判。

（4）在思想效应上，黑格尔的哲学反思无法使思想超越自身，因而必然

---

① 黑格尔：《小逻辑》，商务印书馆 1980 年版，第 242 页。
② 同上书，第 39 页。
③ 同上书，第 38、79 页。
④ 同上书，第 49 页。

导向思想自身的绝对化以及思想对存在的专制，即理性自身的无限膨胀与霸权。这是被海德格尔、哈贝马斯等诸多现代哲学家所指认的以黑格尔为典型的传统主体形而上学的根本困境。在黑格尔那里，思维与存在的同一性被设定为绝对的前提，存在被归结为思维的逻辑规定，思维与存在的关系问题，被归结为思维自身内部思维与其逻辑规定之间的关系，因此，对存在的反思——如果还有与思维相异在的存在的话——也就只能是辨认和确认其内在的思想规定，哲学反思的否定性和批判性只能是对思想自身的逻辑规定的暂时性的否定和批判。这是黑格尔哲学之所以具有保守主义与强权主义的思想效应的深层根据。孙正聿老师对此早就有着清醒的认识，并充分肯定了现代哲学对这种主体形而上学的反叛努力。① 孙正聿老师的哲学反思所指向的就是思想的自我超越，这种自我超越的本性内在于思想的反思性维度之中。思维与存在的关系问题，不是思维与存在之间是何种关系的问题，而是思维与思维的前提也即思维与存在的同一性之间关系的问题。哲学反思并不直接指向存在，而是指向思维与存在的同一性，在这种哲学反思的批判性审查之下，思维与存在的同一性关系也就是开放的和可批判的，人们的思想观念也即思维对存在的把握也就是开放的和可批判的。这便根本去除了哲学的绝对主义的根基，消除了哲学与任何保守主义、强权主义的联系。

（5）在思想基础上，黑格尔的反思基于传统的理性主义，这一传统可远溯至古希腊。黑格尔常提及"人之异于禽兽是由于人有思想"② 这一古语，理性主义传统发展到黑格尔达到极致，即绝对理性主义：存在被归结为思维的规定，事物的本质被归结为思想，人被归结为能思者的思维，自然、历史、文化等等一切现实存在都被归结为绝对精神的自我展现。反思作为思想的自觉，是思想（绝对理性、绝对精神）自身的内在特性，并由思想（绝对理性、绝对精神）内在的主体性、能动性加以解释。孙正聿老师的反思则是基于马克思主义哲学的实践论，从人的现实存在来理解和确定哲学反思，指出与其直接追问"哲学究竟是什么"，不如追问"人为什么会有哲学"。哲学是人类把握世界的一种独特的基本方式，反思是人类思想的一个基本维度，哲学反思对于人的现实存在与发展具有不可或缺的意义与价值，哲学反思的基本内涵与本质特性都基于人的独特的存在方式——实践，并由实践的

---

① 参见孙正聿《理论思维的前提批判》，辽宁人民出版社 1992 年版，第 228 页。

② 黑格尔：《小逻辑》，商务印书馆 1980 年版，第 38 页、第 136 页等。

否定性、矛盾性来解释。①

在明确了两种反思模式之间的根本差异的基础上，我们还应看到，它们还共享一些基本的前提性的观念。正是这些共同的前提性观念，构成了孙正聿老师的哲学观与黑格尔哲学的深层的思想联系。这种共同的前提性观念有如下五个：

（1）它们都坚信哲学乃是思想的事业、理性的事业。在对哲学的理解中，始终存在理性主义与非理性主义之间的对立，黑格尔既反对谢林、耶柯比等人的直觉主义、神秘主义把理性等同于直接的知识和信仰，也反对康德的批判哲学对理性或思维的纯粹主观的理解，认为理性和思维是绝对的。孙正聿老师认为，神话是以"幻化"的方式把握世界，常识是以"经验"的方式把握世界，宗教是以"信仰"的方式把握世界，艺术以"审美"的方式把握世界，伦理是以"规范"的方式把握世界，科学是以"规律"的方式把握世界，而哲学是以"反思"的方式把握世界，不可相混。哲学与科学是两种理论思维的基本方式，而思维的逻辑化是理论思维的首要前提。孙正聿老师非常赞赏黑格尔对人类思想的内涵逻辑的揭示。

（2）它们都强调思想自觉之于哲学的重要性。黑格尔认为哲学反思就是思想的自觉，思想达到自觉才能返回自身；近代哲学与古代哲学相比最大的特点便是达到了思想的自觉，近代哲学不再是淳朴的。孙正聿老师认为，哲学反思也是以思想的自觉为前提的，哲学就是"主体自我意识"（高清海语），是"人类关于自身存在的自我意识"。对于哲学的自我理解来说，近代哲学最大贡献就是实现了哲学思维的自觉。如恩格斯所言，近代哲学明确提出了哲学基本问题并使之获得了完全的意义，通过对哲学基本问题即"思维与存在的关系问题"的全面深入考察，近代哲学实现了哲学思维的自觉。正是在此意义上，孙正聿老师强调，近代哲学是不可跨越的，懂不懂黑格尔是能否进入哲学的试金石。

（3）它们都把哲学思维当作一种独特的思维，处于一个更高的思维层次。黑格尔认为哲学思维作为思辨思维是对知性思维的超越，他具体区分了"表象思维"、"形式思维"和"概念思维"，认为哲学反思乃是超越前两者

---

① 关于实践作为人的存在方式的否定性、矛盾性及其与哲学的关系的论述，请参见《哲学通论》第三章："哲学的生活基础"。

的"概念思维"。① 孙正聿老师高度评价并经常引用黑格尔关于思维的这种区分，把哲学思维同样表述为"概念思维"。孙正聿老师在思想维度上把哲学与科学区别开来，认为哲学是对科学的反思和超越。因此不能仅仅从"区分对象"、"划分领地"、"剥离职能"的角度来区分哲学与科学，不能把哲学理解为科学（即使是最高的科学），反对"哲学的知识论立场"。② 这不仅辩护了哲学的合法性，而且确立了哲学的独特价值。

（4）它们都赋予哲学反思一个崇高的目标。黑格尔的哲学反思所趋向的是绝对精神的自我认识即绝对知识或绝对理念，这种绝对理念作为融合了各个逻辑环节的全体，既是绝对实在的，又是绝对自由的，实际上就是一个上帝的理念。孙正聿老师认为，黑格尔的绝对精神或上帝，不仅是逻辑实体，也是伦理实体，黑格尔的辩证法不仅是关于人类思想运动的内涵逻辑，更是个体理性趋附普遍理性并与普遍理性辩证融合的逻辑，是使人崇高起来的逻辑。"人应当尊敬他自己，并应自视配得上最高尚的东西。"③ 黑格尔的这句话成为孙正聿老师的哲学宣言。"崇高"是"本体"的文化象征，哲学"一向以阐扬崇高和贬抑渺小作为自己追求的理论目标和理论使命"④。

（5）它们都称许哲学的现实性，认为哲学的使命是把握现实。黑格尔认为，"哲学的内容就是现实"，"哲学的最高的目的就在于确认思想与经验的一致，并达到自觉的理性与存在于事物中的理性的和解，亦即达到理性与现实的和解"⑤。黑格尔的广为人知也屡遭诟病的名言："凡是合理的都是现实的，凡是现实的都是合理的"，更是表明理性与现实之间的复杂纠葛。孙正聿老师指出，"任何一种真正的哲学理论，都是黑格尔所说的'思想中所把握到的时代'，都是马克思所说的'时代精神的精华'"。孙正聿老师极为欣赏黑格尔和马克思的这种洞见。哲学绝不是超离现实、超离时代的抽象的玄思，它理论地表征着人类对时代的生存意义的自我意识，因而不仅是时代精神的"反映和表达"、"概括和总结"，更重要的是时代精神的"反思和表征"、"塑造和引导"。

---

　　① 黑格尔：《精神现象学》（上），商务印书馆 1979 年版，第 40 页。亦参见孙正聿《哲学通论》，复旦大学出版社 2010 年版，第 96 页。

　　② 关于"哲学的知识论立场"，参见孙正聿《哲学通论》，复旦大学出版社 2010 年版，第 63 页。

　　③ 黑格尔：《小逻辑》，商务印书馆 1980 年版，第 36 页。

　　④ 孙正聿：《哲学通论》，复旦大学出版社 2010 年版，第 263 页。

　　⑤ 黑格尔：《小逻辑》，商务印书馆 1980 年版，第 43 页。

二 两种反思模式间的张力与平衡

孙正聿老师的反思模式与黑格尔的反思模式之间的复杂关系，意味着理解孙正聿老师的哲学观必须充分考量这两种反思模式之间的张力，特别是充分理解孙正聿老师如何平衡处理其哲学反思与传统形而上学的反思模式之间的思想张力的。

黑格尔的传统形而上学的反思模式与孙正聿老师的后形而上学的反思模式之间的张力，主要体现在如下五个方面：

①从反思的本质特性看，思想的自我强化与自我批判之间的张力；

②从反思的逻辑过程看，思想的封闭性与开放性之间的张力；

③从反思的目标趋向看，本体的绝对性与相对性之间的张力；

④从哲学的人性根基看，人的形上本性与现实存在之间的张力；

⑤从哲学与现实的关系看，哲学的现实性与超越性之间的张力。

两种反思模式之间的张力可能还有许多，也可以从其他角度去分析。在此，我们仅从这五个主要方面来考察孙正聿老师对两种反思模式之间的张力关系的平衡与处理。

我们必须首先指出，孙正聿老师对这些张力关系有着清醒的认识，在建构自己的哲学理念时，他充分考虑了两种反思模式之间的张力关系：对于传统形而上学的反思模式，既没有固执地坚持，也没有粗暴地抛弃；同样，对于后形而上学的反思模式，既没有简单地认同，也没有彻底地否定。充分认识到并合理平衡这两种反思模式之间的张力关系，构成了孙正聿老师的独特的哲学理念。这也表明了孙正聿老师对于自己哲学观的充分的理论自觉。

对于第一个张力，即思想的自我强化与自我批判之间的张力，孙正聿老师的处理与平衡是最具独创性的，也正是这种独创性的处理构成了其哲学反思与哲学理念的核心。孙正聿老师把思维区分为两个维度，即"构成思想的维度"和"反思思想的维度"。把思想的自我反思或思想对于自身的关系，破解为两个维度的思维之间的关系，这样就突出了哲学思维的独特的反思性和批判性：科学思维，作为构成思想的维度的集中体现，在其本性上是非批判的；而哲学思维，作为反思思想的维度的集中体现，在其本性上则是自我否定和自我批判的。这样就避免了哲学自身绝对化的危险。把思维区分为两个不同的维度，实际上根本破除了传统形而上学的"绝对思维"的观念，这是孙正聿老师对传统形而上学最根本的消解和批判。

对于第二个张力，即思想的封闭性与开放性之间的张力，孙正聿老师的处理方式是改变了对辩证法的理解，合理阐发了辩证法的批判本性，从而强调反思的开放性而否定其封闭性。孙正聿老师把辩证法理解为概念辩证法，也就是思想只有进入到概念层面或反思层面，才能有辩证法，才有所谓辩证法与形而上学在思维方式上的对立问题。这样，辩证法也就不再是黑格尔意义上的一般的思想运动的逻辑，而是特殊的思维即哲学反思或概念思维的逻辑。借用阿多诺的说法，也就是把黑格尔意义上的"肯定的、同一性的辩证法"转化为"否定的、非同一性的辩证法"。只有根本转化对辩证法的理解，才能彰显辩证法的批判性本性，消除辩证法的体系性与封闭性。哲学反思，或者说反思维度的思想，其运思过程的必然是开放性，这乃是由于其反思性与批判性的本性。任何哲学只要停止了自我反思与自我批判，也就退化为僵死的教条。

对于第三个张力，即本体的绝对性与相对性之间的张力，孙正聿老师否定了传统哲学本体论及其所追求的绝对本体，却肯定了哲学的本体论追求的永恒性，把绝对意义的本体转化为相对意义的本体。① 对于哲学反思而言，不能预先确定思想的目标，不存在任何先定的、绝对的本体。如果说有某种思想所趋赴的目标的话，这一目标只是一个终极指向性，它永远不可能达到，在此意义上本体乃是"无"。任何宣称达到了绝对本体的断言，要么是自欺欺人，要么蜕变为哲学反思的反面——独断。孙正聿老师称之为"不知其不可而为之"。然而，对于人们的思想与现实生活而言，作为"无"的本体又具有范导性的意义，因而内在地要求一种时代性与文化性意义上的绝对性，即相对的绝对性。这个根本改变了哲学的本体论观念，孙正聿老师称之为"文化本体论"。哲学的本体论追求必须充分意识到，这种相对意义的本体，作为思想的终极指向性永远不能一劳永逸地达到，但却必须执着地追求和永恒地反思。"知其不可而为之"，是合理的哲学本体论追求。这种合理的哲学本体论追求的实质是对于本体的反思与前提批判。传统哲学本体论的根本误区在于不仅预先设定了作为思想唯一目标的本体，而且坚信思想一定能够达到这一本体，陷入了本体论的绝对主义。现代哲学反对传统本体论的绝

---

① 关于这一点，孙利天老师认为这是自高清海老师以来吉林大学马克思主义哲学的主导立场。参见孙利天《高清海哲学思想讲座》，中国社会科学出版社 2014 年版，第 158 页。

对主义的同时，又根本取消了这种本体论追求的合理性与必要性，取消了相对意义上的本体，陷入相对主义和虚无主义。

对于第四个张力，即人的形上本性与现实存在之间的张力，孙正聿老师在承认人的矛盾性的基础上，坚持传统形而上学关于人的形上本性的基本信念，反对后形而上学对崇高的彻底消解。孙正聿老师从马克思主义哲学的实践观点出发，认为人不同于动物，人的"生活"不同于动物的"生存"，人是理想性的、超越性的、创造性的存在。一般而言，人的现实存在是自然性与超自然性、有限性与无限性、现实性与理想性矛盾存在，然而，否定现实和追求理想，却是人的"形上"本性。哲学作为"理论形态的人类自我意识"，是一种表征人的形上本性的"形而上学"。① 对于当前人的所谓后现代生存境遇，所谓"耻言理想，蔑视道德，躲避崇高，拒斥传统，不要规则，怎么都行"。孙正聿老师深感忧虑，把寻找和重建现代人的精神家园作为哲学的时代使命；② 坚持和阐扬人的形上本性，反思和批判当前人们现实生活中的自我矮化和自我嘲弄。

对于第五个张力，即哲学的现实性与超越性之间的张力，孙正聿老师坚持哲学对于现实的批判性考察，认为哲学的现实性与超越性是内在统一的。哲学是"思想中所把握到的时代"，然而哲学对时代或现实存在的把握却不是直观性的或肯定性的，而是超越性的和批判性的。对于哲学反思而言，何为"现实"是一个需要确定的范畴。直接存在的经验不一定是真实的，而抽象的概念或理念反而可能是最真实的、没有直接的、完全客观的"现实"，"现实"总是在哲学反思逼问下展现出来的一种关于现实的概念或理念。因此，"现实"不仅意味着"存在"，也意味着"真理"和"价值"。哲学对现实的把握同时也就是哲学对现实的反思和超越。这种反思和超越是基于对现实的批判性思考，脱离了现实就会沦为抽象观念。因此孙正聿老师坚信，哲学作为"时代精神的精华"，既是对时代精神的"反映和表达"、"概括和总结"，更重要的是时代精神的"反思和表征"、"塑造和引导"，因此是"文明的活的灵魂"。

通过孙正聿老师对两种反思模式之间的主要张力关系的本体处理和平

---

① 参见孙正聿《哲学：思想的前提批判》，吉林大学哲学社会学院（打印稿），2015 年，第179 页。

② 参见孙正聿《哲学通论》，复旦大学出版社 2010 年版，第 141 页。

衡，我们可以肯定，孙正聿老师的反思与哲学观属于后形而上学范畴。

三　后形而上学的哲学反思的理论空间

孙正聿老师在《哲学的形而上学历险》一文中指出，"哲学形而上学历险中最具革命性的'转向'，是由'不知其不可而为之'的'形而上学恐怖'转向'知其不可而为之'的'形而上学追求'。这种'转向的'根本标志和基本形态，就是所谓的'后形而上学'。""'后形而上学'……实现了'知其不可而为之'的'形而上学追求'。因此，'后形而上学'是形而上学历险中的关于当代人类自我意识的理论形态，而不是放弃以理论形态表征人类自我意识的'哲学的终结'。"① 可见，孙正聿老师自己是把其哲学反思与哲学理念归入到"后形而上学"的范畴之中的。然而我们也看到，他的哲学反思与哲学理念又具有显明的传统形而上学的精神气质与思想特性，因而区别于其他可以明显分辨的后形而上学的哲学形态。

何为"后形而上学"？按照孙正聿老师的理解，"后形而上学"既区别于"不知其不可而为之"的、把哲学当作"绝对真理"化身的"传统形而上学"，也区别于"知其不可而不为之"的、以"科学"取代"哲学"的"拒斥形而上学"，"后形而上学"乃是"知其不可而为之"的、把哲学视为人的"形上本性"的理论表征的"形而上学追求"。孙正聿老师认为，现代哲学对传统哲学的革命性变革的实质，就在于实现了形而上学由"传统形而上学"到"后形而上学"的转化，把"形而上学的恐怖"变革为"形而上学的追求"②。因此，后形而上学不是哲学的终结，而正是哲学向其实质的复归，是哲学理论充分自觉的表现。

孙正聿老师特别强调哲学的理论自觉，这种理论自觉，一方面体现在对哲学自身理论特性的自觉，特别是对其独特的思维方式或思想维度的自觉，这是近代哲学的功绩；另一方面体现在对哲学的思想限度的理论自觉，主要是对哲学的目标设定、思维方式、话语方式、价值观念等的理论自觉，这种理论自觉是通过对传统哲学观念的反思、批判而实现的。因此，判断何为

---

① 孙正聿：《哲学：思想的前提批判》，吉林大学哲学社会学院（打印稿），2015 年，第 184、186—187 页。

② 同上书，第 180 页。

"后形而上学"的一个最直接的标准，就是有没有哲学自我批判的理论自觉。在对传统哲学的否定、批判、反思与转化的意义上，在对哲学的思想界限的理论自觉的意义上，整个现代哲学都可以归入后形而上学的范畴。然而，我们必须看到现代哲学或后形而上学的非同质性。孙正聿老师曾对现代哲学的三大流派，即马克思主义、科学主义和人本主义对作为传统哲学的集大成者黑格尔哲学的不同批判路径作出详细分析。在此基础上，孙正聿老师确立了自己的后形而上学的哲学反思的独特路径：既不赞同科学主义对传统哲学的全盘否定、对哲学的形而上学追求的取消；也不认可人本主义离开哲学的现实基础而把哲学的形而上学追求主观化与神秘化；主张从人的现实存在出发，把哲学理解为基于人的形上本性（以及思维的至上性）的"理论形态的人类自我意识"，坚持"知其不可而为之"的哲学的"形而上学追求"。不仅阐明了哲学的理论本性与现实根基，实现了哲学的当代自我理解，更展现出哲学反思的广阔的理论空间。

哲学反思作为思想的前提批判，就是对构成思想的基本信念、构成思想的基本方式、构成思想的基本逻辑、构成思想的基本观念和构成思想的哲学理念的前提批判。这五个方面的"前提批判"，"既体现了哲学的特殊的理论性质和独特的活动方式，又展现了哲学发展的自我批判的活力和永不枯竭的理论空间"①。孙正聿老师对哲学反思的理论空间有着深入的思考。在《哲学通论》中论述"思想前提的普遍性"问题时就已成雏形，题为《哲学：思想的前提批判》的论文以及同名的最新著作（书稿），就是对这五个方面的前提批判工作的分别具体阐述。通过对哲学反思的理论空间的具体揭示，孙正聿老师不仅辩护了哲学的存在合法性，而且指明了哲学发展的未来方向和广阔空间。在当前的"科学时代"，哲学无须妄自菲薄，无须在科学的夹缝中求生存，哲学的最大的时代性课题或使命，就是对科学及其所主导的科学时代的人类生存状况的批判性反思。哲学不是科学的副产品，不是超然物外的精神贵族，也不是一种可有可无的文化点缀。哲学作为理论形态的人类自我意识，人类思想和现实生活的所有领域、所有问题、所有观念都可以纳入哲学反思和前提批判的思想范围，通过批判和变革人类关于自身存在的自我意识，开辟人类存在与发展的新空间。哲学在走出传统形而上学的思想范围之后，不是被放逐、"无家可归"，而是真正独立、"四海为家"了。

---

① 孙正聿：《哲学：思想的前提批判》，《中国高校社会科学》2014 年第 2 期。

孙正聿老师对哲学反思的理论空间的理解，是与其哲学观一体的，是与其前提批判的哲学理念一体的。哲学反思作为思想的前提批判，最根本的是对思维与存在的同一性信念的前提批判，与此相关的，是对构成人类思想和人类文明的各种前提性观念，如理性、真理、自由、进步、规律、正义、发展等基本观念的前提批判。而这两种前提批判最终都会归结到对哲学自身或哲学理念的前提批判，因为无论是一个时代的思维与存在的同一性的基本信念，还是一个时代的思想和文明的基本观念，必然集中表达在作为"时代精神的精华"的哲学之中。这样，思想的前提批判的哲学理念与哲学的自我批判的后形而上学精神内在地融合在了一起，构成了孙正聿老师独具特色的哲学观。

这种哲学观所支撑起的哲学反思的理论空间也是非常独特的，其基本特性可作如下形象化的理解：

①哲学的形而上学追求的合理性和永恒性，这可以理解为哲学反思的理论空间的支柱；而哲学反思所能够确立的本体观念则标志着这一理论空间的高度。

②哲学反思即思想的前提批判在逻辑上的开放性，这可以理解为哲学反思的理论空间的无限广度。

③构成哲学反思的理论空间中的思想路标的，是各个已经揭明的和有待进一步反思的各种时代性文化性的观念；这些观念之间的已确定和未确定的思想联系，则构成哲学反思的理论空间中的逻辑线路。

④人的现实存在及其历史发展（包括人的形上本性），构成了承载哲学反思的理论空间的现实基础。

⑤哲学思维的理论自觉是进入这一哲学空间的唯一入口。

……

孙正聿老师对哲学反思的理论空间的勾画，是无比宏伟的、令人鼓舞的。毫无疑问，对于每一个哲学的探索者或研究者来说，这一理论空间勾画只是一张探险图，我们不能在这一地图前赞叹其幅员辽阔、秀美壮丽、物产丰富，而必须以之为导向实地去探索、去发现、去选择、去经历、去感受、去收获、去遗弃、去充实和构筑自己的思想空间和心灵世界。为深化对孙正聿老师的哲学观的理解，我就哲学反思的理论空间提出如下一些可能不着边际的问题：

①哲学的形而上学追求在不同的时代是否具有不同的形式和内涵？由此

哲学反思的理论空间在其性质上是否也有差异？

②在逻辑上无限开放性的哲学反思及其所构建的无限的理论空间，在实际上是否有一个比较明确的边界？如何确定实际的理论边界？也就是，如何确定某个或某些观念具有时代性、文化性的本体意义？

③哲学反思所处理的各种观念，在思想的前提性关系中的层级如何确定？如果不能确定其层级，其顺序安排的根据是什么？哲学反思的理论空间中到底有没有可以辨识的逻辑线路？

④人的形上本性，同哲学的形而上学追求一样，是否有时代性的差异？或者说，人的不同的现实存在也就意味着不同的形上本性？所谓人的形上本性是否也是一个形上观念？如何确定人的形上本性？

⑤在进入哲学之前，是否可以预先规划好进入哲学的道路以及哲学的理论空间？

……

结束语

伽达默尔在《黑格尔的遗产》一文的"后记"中写道，"对于海德格尔和他的学生来说，确定接近还是离开黑格尔，是必须不断费心处理的事情。"① 这句话对于孙正聿老师和他的学生来说也是完全适用的。

---

① 伽达默尔：《科学时代的理性》，国际文化出版公司 1988 年版，第 50 页。

经验的形式化与概念向经验的还原

张艳辉[*]

摘要： 经过戴维森的"经验主义的第三个教条"和匹兹堡大学三位分析哲学家的工作，人们又走回德国古典哲学的"老路"：概念之外无世界，概念之外无经验。概念方式（包括概念层次、范畴层次）是经验的另一副面孔，通过理论想象把这种概念方式挖掘出来、完成经验的形式化，可以带来对经验的自觉乃至带来新的经验。哲学概念向经验的还原是一种"无缝对接"，脱离概念的纯粹经验是一种幻想。

关键词： 概念；经验；经验的形式化；还原

哲学以特有的概念说话，而哲学概念多少总是抽象的，所以人们往往乐意看一场电影而不愿读那些令人头疼的哲学书。不过也有些有哲学味的电影，比如《黑客帝国》中就有这样一个场景：机器人要大举进攻人类最后的聚居区，人类濒临毁灭，感受到山雨欲来的恐惧。有人绝望地认为，人受到了机器的控制；另一些人则主张说，是人控制机器而不是机器控制人。最后争论归结到这样一个问题：什么是"控制"？究竟是人控制机器还是机器控制人？这取决于你怎么理解"控制"——人可能找到机器的弱点，完成对它们的操控，这是人控制机器；但机器可能将人毁灭，它至少给人们带来不尽的恐惧，至少操控了人的情绪，这是机器控制人。如果说机器控制人或者人控制机器是一种经验的描述，那么探究什么是控制，则是一种哲学的思考。控制是一个概念，在康德那里可以归入交互作用的关系范畴。

这个例子至少可以证明，一个概念究竟有什么样的含义往往影响到乃至

---

* 作者简介：张艳辉（1981— ），男，吉林大学马克思主义学院讲师。（吉林　长春　130012）

决定了人的经验；概念的思辨和探究可能不像初看起来那么枯燥和抽象。哲学所使用和分析的概念不是浮在上空的怪物，而是我们现实经验不可或缺的组成部分，只是它不那么"可见"，人们不容易觉察到而已。挖掘人们在日常经验中日用而不知的概念框架和概念方式，将现实世界的运作方式形式化和概念化以使人们达到对生活于其中的世界的自觉理解，甚至通过组装新的概念以带给人们新的经验和经验方式，这些就是哲学所要做的事情。在这个意义上，我们可以说哲学概念就是经验的形式化，而一个概念发挥作用就在于它带来了经验的改变——或者达到对既有经验的觉解，或者带来全新的经验。

一 经验的两副面孔

按照我们通常的想法，经验与概念似乎关系不大：我们活在体验和感受中，并以此与"上手"的器物和遇到的人打交道——通常先有一个经验，只有在进行认识或交流看法的时候，我们才用处于经验"之外"的概念来描述那个经验。这个看法大有问题。如果经验和概念是一种"外部"关系，那么我就有理由质疑，你用的那个概念怎么就能保证如实地呈现和传达了那个经验？借用心灵哲学的术语说，如果经验是一团"感质（qualia）"①，而概念则是一个"形式"，不同的东西是不可能有通约性的，那么我们的表达就没有了客观性——用一个井盖子怎么去"呈现"圆球？

这个问题在哲学史上有多种多样的表现，例如古代哲学到近代哲学一直在讨论的"思维和存在的关系问题"，胡塞尔现象学中"对直观的直观"是否渗透了概念的问题，戴维森的"经验主义的第三个教条"，以及后期分析哲学匹兹堡学派对概念和世界关系的探讨等等；蒯因的"经验主义的两个教条"也与这个问题有直接的关系。这些讨论的核心就是到底有没有脱离了概念的经验，乃至是对经验这个说法或概念本身的辨析。我们从中概括出这样一个共识：与概念无关的"纯粹"经验是一种非法抽象或过度还原，是一种"不存在的东西"。

---

① 对于心灵哲学中关于"感质"即被感受到的性质的讨论，参见 Jackson：EPiPhenomenal qualia, *Philosophical Quarterly*, 32, 1982, pp. 127 – 136；程炼：《杰克逊的"知识论证"错在何处?》，《哲学研究》2008 年第 4 期等。

黑格尔在《精神现象学》中分析了对象意识并得出结论说：只要我们把对象经验为"一个"、经验为"物"、经验为现象，那么实际上这些经验中已经预设了表现为"间接普遍性"、"无条件的普遍性"和"无限性"（分别对应感性确定性、知觉、知性三种对象意识）的思维，直到绝对知识也就是对象意识的真正终结，意识才认识到它对对象的存在的把握实际上就是思维对自身的认识和把握。不是思维是现成的一边、存在是现成的另一边，两者是等同或同一关系，而是思维就是存在，概念是经验对象稳定的存在结构。在这个意义上，黑格尔在意识经验的层面上论证了传统哲学的经典命题"思维与存在是同一的"。黑格尔这些论证简单说是这样一个道理：我们平常打交道的人或物，我们从来不是首先把它们经验为一团"质料"然后再用概念认识或把握为人或物，而是这"一个"、"物"等概念就是我们与人或物打交道的方式。因为它终究是"一团"、是有界限的，概念的区分作用已经在起作用了。我们称为经验的东西，远不是我们幻想的脱离了概念的"感质"或质料，用黑格尔自己的话"形式就是内容"① 来理解经验更为合适。

关于怎样理解经验与概念的关系，甚至可以说怎样理解经验本身，现代哲学几乎是重走了黑格尔的路。分析哲学从前期罗素和逻辑经验主义开始，就有将经验视为独立于概念和命题并用直接经验检验命题是否为真的路向。蒯因在论文《经验论的两个教条》中对此评论说："现代经验论大部分是受两个教条制约的。其一是相信在分析的、或以意义为根据而不依赖于事实的真理与综合的、或以事实为根据的真理之间存在着根本的区别。另一个教条是还原论：相信每一个有意义的陈述都等值于某种以指称直接经验的名词为基础的逻辑构造。"② 且不管这种批判到底在多大程度上是成立的，蒯因在这里事实上已经涉及分析命题的标准与事实经验的关系，以及命题意义是否完全依赖于直接经验的问题，其实也就是概念与经验的关系问题了。

戴维森在蒯因的基础上做了进一步的思考，认为蒯因尽管批判了经验主义对分析问题和综合问题的二元区分，但却依然受到"概念图式"和"经验内容"二元区分的教条的制约："这个图式和内容，即进行组织的系统和被组织的东西的第二个二元论是不能得到理解和辩护的，它自身是经验论的

---

① 黑格尔：《小逻辑》，商务印书馆 2009 年版，第 279 页。

② 蒯因：《经验论的两个教条》，载《从逻辑的观点看》，上海译文出版社 1987 年版，第 19 页。

一个教条，第三个教条。"① 所谓经验论的第三个教条，就是认为经验内容是中性的并且独立于所有的概念图式，即主张经验内容和概念图式的二元论。但正如戴维森所说，认为概念图式只组织一个单一的对象仅仅是一种幻想，也没有一种语言仅仅组织唯一的经验。② 简单说是这样一个道理：靠"纯粹经验"验证某个概念图式是不可能的，因为验证概念图式的前提是我们已经将经验内容组织在另一个概念图式之中，否则无法"比较"和验证。更深层地说，不管有没有去验证，经验都已经被组织在概念图式之中了，而且这种组织是多角度的，因为从来没有所谓中性的经验内容。

不难看出，戴维森的"概念图式"和"经验内容"与黑格尔的"形式"和"内容"几乎是可以替换使用的，而且他和蒯因某种程度上都持意义的"整体论"和"融贯论"观点，是典型的黑格尔式路子。概念图示和经验内容的分离只是一种非法的抽象，如果继续借用传统哲学感性和理性的区分，那么可以说经验在感性和理性中分别展示出了不同的"样子"。

经验是个"综合的东西"、复杂的东西，它不仅包含我们平常所说的体验、感受，而且包含着概念。或者说，在我们体验和感受的同时，我们已经在"理解"了，而这毫无疑问是依赖概念系统的。这里也可以提供一个"意识经验的证明"，比如我们所以对突如其来的事情感到惊讶，是因为我们已经对未来做出了某种非主题性的理解，感到惊讶是因为事情的发生与这种理解"不一样"。因此，如果硬要对经验进行"分析"，那么可以说，概念（或概念方式、理解方式）和体验是经验的两副面孔。我们有从体验的角度来表达经验的文化形式，比如音乐、诗歌，也有从概念的角度来表达经验的文化形式，比如哲学。哲学概念终究是经验的一副"面孔"，是经验的形式化。

二　经验的形式化与概念层次

传统哲学所以着重研究概念、所以是"概念论"，很可能是出于这样一种自觉：世界（或者也可以称为"经验"）本身如何不重要，重要的是我们

① 戴维森：《论经验图式这个观念》，载《对真理和解释的探究》，牛津大学出版社 1985 年版，第 189 页，转引自戴志祥《经验论的第三个教条》，《科学技术与辩证法》1997 年第 3 期。

② 参见戴志祥《经验论的第三个教条》，《科学技术与辩证法》1997 年第 3 期。

如此这般理解世界，世界才是如此这般的样子。"可感世界"是变动不居、难以把握的流变，而我们用以理解世界的概念方式则是流变背后稳定的存在结构。所以，将流变的经验形式化并提取为概念，虽不那么鲜活，但至少"普遍适用于"形形色色的对象，满足了人们对确定性的寻求。现代哲学某种意义上略微"弱化"了传统哲学的立场，很少说概念方式"决定了"经验或者世界如何，但依然论证了概念是全面渗透在经验中的东西。

匹兹堡大学三位哲学家塞拉斯、麦克道威尔和布兰顿从分析哲学的层面上重走了从休谟到康德再到黑格尔的道路，他们从批判早期分析哲学以经验的所与为基础来验证命题或观念的路向开始，引导了分析哲学向黑格尔的回归。布兰顿在一个访谈中甚至直言，希望人们将他的巨著《清晰阐释》（*Making it Explicit*）视为黑格尔《精神现象学》的导论。塞拉斯 1997 年出版著作《经验主义与心灵哲学》，批判了经验主义的"所与神话"，论证了直观的所与，即经验中的非语言片段（nonverbal episodes）无法为经验知识提供基础，它和我们知识信念之间的断裂必须由语言（概念）来连接。[①] 他的两位同事麦克道威尔和布兰顿则更进一步，将分析哲学推进到黑格尔阶段，"进到了'概念无边界'的信念：绝不能受到某种诱惑，试图设定一个概念边界之外的世界：世界就是概念化的世界，实在就是概念化的实在，甚至在最简单、直接的感觉那里，也已经渗透了概念、精神、文化。这就是实事本身。"[②]

经验和世界不仅仅是概念，但概念之外无经验，概念之外无世界。只要略加反思我们的日常经验，就知道这个说法没有矛盾。比如我们遇到一条狂吠的狗，我们不是首先把它经验为一堆会发出某个波长的声波的无序原子，而是经验为一条狗。我们至少已经认为它是"某物"，这涉及它与"他物"的关系，所以我们已经把它把握为"自为存在"和"为他存在"，尽管我们肯定不会有意识地用这些词汇去"套"那条狗。某物、他物、自为存在等等都是概念，是任何经验都已经在背后预设了的概念方式，这其实就是黑格尔在《逻辑学》中分析的那套东西。[③]

哲学概念作为经验的形式化，至少包括那些参与了我们的理解或经验过

---

① 参见 Wilfrid Sellars, *Empiricism and the Philosophy of Mind*, Harvard University Press, 1997, p. 76。

② 陈亚军：《值得关注的匹兹堡学派》，《中国社会科学报》2012 年 2 月 13 日。

③ 参见黑格尔《小逻辑》，商务印书馆 2009 年版，第 202—214 页。

程，并因而成为对象（也包括主体自身）的稳定存在结构的概念。这些概念通常不在日常语言中直接出现，但作为结构是日常语言所预设的，"狗"是个日常词汇，但它背后预设了比如自为存在和为他存在这样的概念结构，如果不是这样的话，它就是不可想象和没有意义的。因此，"合理的"哲学概念作为形式，不是在经验"外部"强加给经验的东西，所以也就没有它与经验不符合的问题——没有概念就没有完整的经验。所以，黑格尔也经常强调说："哲学必然与现实和经验相一致。甚至可以说，哲学与经验的一致至少可以看成是考验哲学真理的外在的试金石。"[①]

概念是分层次的，一些概念是必定为其他概念所预设的，这些概念就可以称为其他概念的"元概念"。接着上面的例子说，自为存在这样的概念至少是某些单称词的元概念，而它自身又预设了其他一些概念比如"量"来取得意义，因为自为存在必须同其他存在区分开来获得自己的界限，它作为"一"预设了与"多"的联系和区分。在德国古典哲学家中，至少康德和黑格尔都详细论证过理性的运作方式在于推论，一个概念发挥作用总是需要经过一个比它更为高阶的概念的中介作用，比如康德在《纯粹理性批判》中就论证过，为什么会有理念这个比全部经验对象范围更大的理性概念？因此，我们任何看起来是"单独的"和"独立的"经验，其背后已经有一个分层级的概念的系统在参与了。严格地说，只有整个概念系统才是一个融贯的意义系统，才是"真"的单位；当然，我们不能想象一个纯粹的封闭的概念系统只靠自身取得意义，这里的概念系统是事物的存在结构，它是不离开事境的。

到目前为止，对实际经验的形式化，尤其是对某些我们日常难以自觉到的经验和理解方式的揭示，成果最丰厚的可能还是德国古典哲学。德国古典哲学家细致挖掘了我们用以理解的两类对象——自然现象和精神现象的两种不同的概念方式及其关系，所以因果和自由是他们讨论的核心概念。

用黑格尔的词汇表达，自然对象之间是一种"外在"关系，也就是说自然对象是"死的"，所以自然现象总是由其他现象引起的。这就是我们对自然对象的日常理解方式——因果概念。最明显的证明是我们总是认为，某个事件发生的原因没有找到是因为我们观察得不够或者认识能力有缺欠，但我们从不怀疑它"一定是有原因的"。对精神现象的经验要达到概念的自觉可

---

① 黑格尔：《小逻辑》，商务印书馆 2009 年版，第 43 页。

能就没那么容易了。与自然对象不同，精神性的东西是"内在地"自决定并且是以他者为中介来完成这种自决定的，是"活的"①——比如我们就是这么理解人的——这既是经验的描述，又是我们的经验和理解方式。这种我们用以理解或经验人和社会及历史等精神现象的方式就是自由概念。所以黑格尔也以自由概念为原则来组织他的精神哲学尤其是历史哲学，并以自由的实现衡量历史的进步。人当然与其他自然对象一样也处在时空中、受到因果条件制约，可以对人进行经验科学的研究，但即便在日常经验中我们也知道，人不止如此。只以因果概念来把握人和精神现象，实际上是混淆了不同的层次对象，犯了范畴层次的错误②，这既与日常经验"不符"，又把握不到精神现象的"实质"。

范畴层次错误主要表现为对我们已有的（可能是模糊的）理解和经验（比如以自由概念理解精神现象）向其他层次的范畴进行过度还原（例如只以因果概念把握精神现象），比如近代以来自然主义和客观主义倾向。当代心灵哲学中物理主义者主张世界只存在物理现象，心灵现象都可以还原为物理现象；笔者认为，物理主义和反物理主义之争③也可以看作是一种范畴层次上的论争，物理主义很可能是科学主义和范畴错误的一种表现，因为很明显即便用当代物理学的概念也是无法真正表达心灵现象的，这已经证明了心灵现象与物理现象"不一样"。并且，我们也不可能靠把日常语言中的精神性概念"翻译"成物理语言过生活，我们已经把人和精神现象经验为"活的"了，硬要还原为"死的"物理概念，那只能说是概念的降格使用，是科学向生活渗透所带来的思想教条。

概念方式"已经是"经验的组成部分，但不意味着它"现成地"在那里谁都能看得见、挖得出。经验的形式化有赖于生命体验基础上的理论想象，因为概念是看不见而又实实在在的东西。黑格尔认为概念是运动："它毋宁是无限的形式，绝对健动……自己分化其自身。"④ 而判断正好是这种分

---

① "精神"一词的本义就是活的或赋予事物以生气的东西，参见《牛津哲学大辞典》"精神"条。

② 本文以概念层次界定不同层次概念的预设和依赖关系，以范畴层次界定理解不同对象所用的不同种类的范畴。

③ 心灵哲学中的物理主义的一些主张和反物理主义的一些论证可参见黄益民《心灵哲学中反物理主义主要论证编译评注》，《世界哲学》2006 年第 5 期及程炼《杰克逊的"知识论证"错在何处?》，《哲学研究》2008 年第 4 期，等等。

④ 黑格尔：《小逻辑》，商务印书馆 2009 年版，第 341 页。

化的结果。德勒兹也有过类似的说法，说思维是一种"绝对速度"的运动。这里所谓运动和绝对速度肯定是发生在意识之前的，我们经验不到，所以只能是理论想象的结果。但这种理论想象肯定是对的，可以这样推理：以黑格尔的说法为例，判断只有是概念不断巡回地自我分化的运动的结果，它才不是一种外在的联结；一边是单独的实体，另一边是独立的属性，那是幻想，"事实"只能是实体不断地分裂出属性又不断地将它收归自身，只有这样判断才谈得上有客观性。比如我们经验到"玫瑰花是红的"，这其实已经是概念以我们意识不到的速度不断分裂为它的属性并收归自身的结果。有了这种在意识之先的运动才有经验。合格的理论想象才能保证经验的形式化"恰好"就能得到参与到经验中的概念。

传统哲学一直到康德和黑格尔，经验形式化的成果主要体现为整理了经验中固有的概念层次、我们用于把握不同类型对象的范畴层次，使人们对自己的理解方式达到一定程度的自觉。现代哲学则在语言分析的层面上重走了从休谟到康德再到黑格尔的路，这种概念分析由于有意识地避开"大词"而显得清晰和亲切了许多。

三　概念向经验的还原

马克思曾说过："理论只要彻底，就能说服人。"[①] 对这句话可以做出一些"过度阐释"，比如问，你的理论可能很彻底，但怎么就能保证一定会说服别人呢？除非别人"已经"如此这般地理解和经验了，只是这些理解和经验尚且模糊和不自觉，你"唤醒"了他对自己已有理解的自觉和确认。再想想我们日常的经验，比如某件事情经别人一提醒，我们大拍脑袋连喊"对对对"，这只能是因为我们没有明显察觉到自己已有的某些理解和经验，否则"对对对"从何说起？可见所谓彻底的理论，就是把我们已经有但尚不自觉的经验和理解所使用的概念明确化、主题化，使人们达到"自觉"。而只要达到了这种"自觉"，那么我们的经验本身就已经有些改变了。

孙正聿教授把规范人们思想和行为的根据、标准和尺度称为"本体"，

---

① 《马克思恩格斯文集》第一卷，人民出版社 2009 年版，第 11 页。

认为"本体"是构成思想的"前提",而哲学就是"思想的前提批判"。① 孙先生所谓"反思本体",也就是把经验背后的理解方式概念化和主题化;而对这种本体或前提的批判,就是看它预设了哪些概念,有了这些预设作为参照系我们就可以审视它"是否合理",也就完成了对它的批判。我们由此可以获得某些自觉,也就同时更新了"世界观",经验就不一样了。

在这个意义上,我们说概念可以向经验还原。一个哲学概念的出现,可能使我们理解乃至"经验"到我们的经验结构本身,可能使我们突破个人感受和情绪的限制而对身边的世界达到概念性的自觉。另外,概念也可能直接改变既有的经验并带来新的经验——"吾生也有涯,而知也无涯,以有涯随无涯,殆矣"② 和"万物皆备于我矣,反身而诚,乐莫大焉"③ 显然是截然不同的经验。

中国哲学历来重视体验(在本文的语境中也可以叫做经验),那么很明显,哲学家提出的那些概念最直接的目的就是使人觉解乃至改变"经验"。王博教授认为,《庄子》内七篇真正的开篇是中间的第四篇《人间世》④,这里描述了我们所生活的世界,所谓"六合之内":"天下有大戒二:其一命也,其一义也。子之事亲,命也,不可解于心;臣之事君,义也,无适而非君,无所逃于天地之间。"⑤ 这种理解是非常合乎理路的:没有"不可解于心"、"无所逃于天地之间"的滞重的人间世,就不需要"齐物论",更不需要"逍遥游"了。至少经过"齐物论"的概念辨析再经过"逍遥游"的精神努力,"恢恢乎其游刃也必有余地焉"和"无所逃于天地之间"总是很不一样的经验吧?历代不论是隐于市还是隐于朝的隐士大概都喜欢庄子,那肯定是因为概念还原出了不同的经验。孔子所谓"里仁为美"、"择处仁"、"依于仁"⑥,有了"仁"我们竟然就有了居所(这里将"里仁"理解为居于仁里,仁是个空间概念)、有了依靠,谁说概念是远离经验的抽象呢?

西方哲学也不例外。众所周知,歌德尔 1930 年发现了著名的不完备定

---

① 参见孙正聿《本体的反思与表征》,《哲学动态》2001 年第 3 期;《〈哲学通论〉与世界观的前提批判》,《吉林大学学报》2009 年第 1 期;《哲学:思想的前提批判》,《中国高校社会科学》2014 年第 2 期。

② 《庄子·养生主》。

③ 《孟子·尽心上》。

④ 参见王博《庄子哲学》,北京大学出版社 2004 年版,第 142—153 页。

⑤ 《庄子·人间世》。

⑥ 《论语·里仁》、《论语·述而》。

理："每个一致的形式数学理论一定包含不可判定的命题"；"没有既一致又完全的形式数学理论。"① 这个定理重要的哲学意义在于这样一个结论：一个逻辑系统无法在自身之内确认自身正确与否，换言之，逻辑系统是无法"封口"的，它只能在与看起来是在它"外面"的现实世界接触的"通孔"中才可能确认自身。这意味着"仅仅"活在思想中的上帝或者人们通常所理解的黑格尔的绝对已经被切切实实地推倒了。据说歌德尔定理一经发现即给很多欧洲哲学家和普通民众带来了莫大的精神痛苦，因为对他们来说生活意义的来源和精神的依托已经轰然崩塌。从德国古典哲学的发展看，康德哲学所提出的现象和物自身的区分既可以说是明晰化了，也可以说是加剧了人们经验的分裂和痛苦；黑格尔在康德基础上向前走的路，不能说仅仅是一种理论兴趣，而更多的可能是痛苦经验的推动。反过来说，如果真明白了黑格尔的绝对，人们可能会活出另一种样子：分裂弥合了，新经验就这样被新概念"还原"出来了。

按照德勒兹和迦塔利的"晚年定论"，哲学就是要创造概念。他们所说的"思维图景"意思是说哲学操作往往是自觉地对经验的一副面相即概念做出理论想象，看在既有的概念方式基础上能不能增减些"组分"，创造出新概念来。② 如果操作适当，新概念就有可能在既有概念方式演变的可能性空间中，"确定"出较为合适的一种，因而它就既有客观性又有理想性了。经验的这一副面相变了，那么另一副面相包括体验、感受之类的自然也变了，经验本身也就面目一新。如果"理"像朱子说的那样是"月映万川"，那你做不到"今天格一物明天格一物"直到格了万事万物，你就活得不踏实乃至惶惶不可终日；但如果真去格了万事万物，那就真是"以有涯随无涯"。如果"理"像王阳明说的那样是心即理也（心就是月），那你就"只在心上用功"，从生活经验上说至少踏实了。概念不一样，眼光不一样，世界不一样，经验也不一样。

歌德说："理论是灰色的，而生命之树常青。"但仔细想来，要真想"生命之树常青"，还真需要一点儿"灰色的理论"。

---

① 参见王浩《歌德尔思想概说》，《科学文化评论》2004 年第 6 期，第 79—96 页。王浩先生根据自己与歌德尔的通信和交流，对定理的内容做出了较为浅显的表述。
② 参见德勒兹、迦塔利《什么是哲学?》，湖南文艺出版社 2007 年版，第 247—255 页。

反思与哲学

——孙正聿教授对哲学思维方式的研究

石 佳[*]

在通行的马克思主义基本原理教科书中，把哲学定义为是理论化、系统化的世界观。而所谓世界观问题又被界说为人生活在世界上，对整个世界的总体看法和把握。[①]看上去哲学就是关于人类认识和理解世界的知识体系。当这种定义被人们接受下来时，就不免产生疑惑：这样的所谓"哲学"的东西，难道不就是"科学"形式的一类吗？现代科学如此发达，不正是为了确立关于整个世界的知识系统，以便人们更加准确地了解我们所生活于其中的世界吗？并且，在人们看来，哲学对于世界的认识还达不到自然科学那样的精确性，仿佛哲学对世界的把握非但没有使人类的认识清楚明白，反而是令人感觉在哲学中呈现出的世界图景更加难以捉摸。这不免让自称为"关于世界观的理论"的哲学处于一种尴尬境地。所谓的"人们对于世界上的一切事物，对于整个世界的最根本的观点"的哲学，或者说"不是研究世界的某一个方面或某一个局部问题，而是有关世界的一切事物最普遍问题的哲学"，让人们感到捉摸不透，进而敬而远之。

仔细想想人们面对哲学时产生的不解和模糊认识是具有其合理性的。因为，从教科书对于哲学与世界观的定义来看，哲学与科学理论从事同样的认识世界、改造世界的活动，而二者的区别似乎只是存在于研究对象的范围或广或狭上，结果是，把"整个世界"作为对象来研究的哲学看起来仅仅是一门"特殊的科学"而已，甚至无法同一般的自然科学一样给人以具有时效性

* 作者简介：石佳（1987—　），女，重庆大学马克思主义理论教研部讲师。（重庆　404100）
① 参见《马克思主义基本原理概论》，高等教育出版社 2015 年版。

和准确性的解答。哲学与科学的区分成了一个难题，或者说，哲学的独特理论性质和理论意义被遮蔽了。更直接地说，通行的马克思主义基本原理教科书中关于哲学的定义，为人们产生对哲学的误解埋下了隐患。而孙正聿教授以反思的思维方式为基础构建起来的前提批判的哲学理论，恰好是为人们摆脱原有的误解，重新认识哲学的本来面目、本来性质指明了方向和道路。

一　反思的基点：思想

的确，在古希腊时期的亚里士多德那里，哲学就被界说为"寻取最高原因的基本原理"。① 自此，哲学为自身划清了世袭领地，即探求世界的最高原理、追问万事万物的最深层的统一性问题。但是，哲学发展到近代，最大的功绩就在于，它为人们澄清了以哲学的方式求索宇宙世界的最高统一性，那是以人类自身的认识活动与外部世界的不统一性为前提的。如果人的认识与世界是自在同一的，那么，再去寻求世界的本质、本原也就成为无意义的问题。所以，恩格斯才指明："全部哲学，特别是近代哲学的重大的基本问题，是思维和存在的关系问题。"② 恩格斯无疑旨在说明，到了近代，人们才开始有了对于思维与存在关系的异质性一面的深切探索，即有了对人类认识活动的矛盾性质的理论自觉。根据恩格斯的重要提示，我们才得以进一步思考：哲学作为理论化、系统化的世界观，它把整个世界作为其研究对象不假，但必须弄清楚，它涉及的是思维与存在的关系，并且，它专门解决的是关于人与世界的、思维与存在的矛盾关系。哲学与科学的根本性区别正在于此；哲学不是科学，更不是科学的一种特殊形式，原因也正在于此。

孙正聿教授将这一点精准地概括为哲学的"反思"特性。在日常生活和科学研究中，人们把思维与存在的同一性视为不自觉的和无条件的前提，也就是说，思维与存在的矛盾关系，即思维与存在究竟是否具有同一性的问题？如何实现思维与存在的同一的问题？这是在常识和科学的知识框架中不予触及的问题。只有哲学，特别是到了近代哲学，才将这一人类认识世界的最根本的问题明确提出来，只是到了近代，哲学才自觉地把思维与存在之间的关系这一问题当作了问题来思考。换言之，哲学的理论任务、思维方式才

---

① 亚里士多德：《形而上学》，商务印书馆 1959 年版，第 64 页。
② 恩格斯：《路德维希·费尔巴哈和德国古典哲学的终结》，人民出版社 2005 年版，第 15 页。

清晰地被提及：哲学是把人的思想本身作为其研究对象的学问。正如孙正聿教授所概括的："哲学是一种'反思'的思维活动，或者说，是一种'反思'的思维方式。""'反思'，是思维对存在的一种特殊关系。思维对存在的'反思'关系，从根本上说，就是思维把'思维和存在的关系'作为'问题'（对象）来思考。思维对存在的这种'反思'关系，构成了人类思想的哲学维度。"① 可见，哲学与科学不同，它追问的是人与世界关系当中最基础性的那种关系，即把思维和存在的关系纳入思想视域，去最本原地追问其何以可能，思想把思想自身当作对象，这才是作为一种理论形态的哲学超越于常识和科学的独到之处。哲学是"人类思想的另外一种特殊的维度，反思的维度。反思思想的维度是思想以自身为对象，反过来而思之，它不是构成思想，反过来，它却把关于世界的全部的思想作为自己反思的对象"②。

孙正聿教授明确地在"两种思想维度"上对哲学和科学进行划界，才使得人们清醒地意识到，绝不是科学把世界上各种具体的问题当作研究对象，而哲学把科学不加研究的整个世界拿来作为研究对象，实质上是哲学和科学各自保有其自身的思想平面，两者在各自的思想平面之上，凭借各自的独特运思方式，展现着完全不同的世界图景。只有落脚到不同思维方式上来，才彻底排除了人们的疑虑，使人们重新能够在哲学的高度上去把握哲学的独特性质，弄懂哲学与科学的真实差异在于哲学的反思维度，而反思的全部内涵体现在其以思想自身为对象，正视和解决思维与存在二者的矛盾本性。

二 反思的结构：指向思想前提

从哲学反思的内涵来看，可以将其界说为"从思想到思想"，这是孙正聿教授突破马克思主义基本原理教科书，从思维方式的角度，为人们敞开了通往哲学本性的道路。显然，在哲学史上，将哲学认作是"对思想的思想"的典型哲学家，就是黑格尔。他指出："反思以思想的本身为内容，力求思想自觉其为思想。"③ 从对哲学反思思维的界定来看，似乎孙正聿教授秉承了黑格尔的致思路向。但是，只要深入到孙正聿教授对反思思维运作结构的具

---

① 孙正聿：《哲学通论》，复旦大学出版社 2005 年版，第 91 页。
② 孙正聿：《孙正聿哲学文集》第 1 卷，吉林人民出版社 2007 年版，第 203 页。
③ 黑格尔：《小逻辑》，商务印书馆 1980 年版，第 39 页。

体分析框架之中，就会发现，孙正聿教授实质已经超越了意识哲学范式，站在现代哲学的立场上，去论证哲学之为反思思维。

黑格尔曾论述过，在认识过程中，人们"把事实提到意识前面"，而对于科学研究而言，这种"从事情到知识的过渡"是不成问题的，真正意识到"从事情到知识的过渡"是一个重大理论困难的正是透过哲学反思造成的。"因为哲学的事实已经是一种现成的知识，而哲学的认识方式只是一种反思，——意指跟随在事实后面的反复思考。"① 黑格尔意在强调，哲学与科学关注的"事情本身"并不相同，因而面对的理论困难也不同，作为一种反思活动的哲学，它把从"事情"过渡到"知识"的可能性当作问题，进行一种"事后"的追问，一种理性的沉思。这也是黑格尔把哲学喻为"密涅瓦的猫头鹰"的深刻意蕴。因而，在黑格尔哲学中，"反思"亦即"后思"，是一种纯粹的"思"的事情，单纯的"理性识见"。反思思维的逻辑结构表现为对思想的思想、对意识的意识，这样，黑格尔仅仅是笼统地指出反思意指人的思维深入到思想内容本身当中，穷尽认识问题的根本，即寻求思想的客观性。黑格尔澄清了全部的思想内容是哲学反思的对象，孙正聿教授吸收了黑格尔对于反思的精妙论证，并将问题继续向前推进。在黑格尔的基础上，孙正聿教授一方面强调，哲学是反思思维，但它不是沉溺于完全与理性和解的现实之中，而是以人类实践为立足点，以认识世界、改变世界为根本指归的批判性的、否定性的人类思想活动；另一方面，孙正聿教授明确分析和界定了反思的内部结构是思想对于人类理论思维的不自觉的、无条件的前提的拷问和省思，即反思思维直接指向构成思想的前提，而并非是简单地指向思想内容。孙正聿教授详细地将其概述为五个方面：对构成思想的基本信念的前提批判、对构成思想的基本逻辑的前提批判、对构成思想的基本方式的前提批判、对构成思想的基本观念的前提批判、对构成思想的哲学理念的前提批判。② 由此，也真正体现出哲思活动的艰难性。这是孙正聿教授"前提批判的哲学理论"的精深之处，在这之中，哲学不同于常识、科学、宗教、艺术、神话等其他人类把握世界的基本方式的独特之处淋漓尽显，并且，哲学反思究竟是如何运作，其真实的活动过程和具体的结构特征首次得以揭示出来。其中体现着孙正聿教授与黑格尔哲学的理论渊源和关联，更彰

---

① 黑格尔：《小逻辑》，商务印书馆 1980 年版，第 7 页。
② 参见孙正聿《哲学：思想的前提批判》，《中国高校社会科学》2014 年第 2 期。

显了作为"思想的前提批判"的孙正聿的哲学观对黑格尔哲学乃至整个近代意识哲学的批判与超越，显现着现代哲学的理论性质、理论意义和理论价值。

由于澄清了哲学反思的内部构造，孙正聿教授树立起标志他本人独特思想贡献的现代哲学观念，"深化了我们对'哲学之为哲学'的理解，是对哲学批判本性的复归，在思想的前提批判的意义上，哲学作为'爱智慧'也许能够得到更好的诠释。"① 凭借理性的力量去洞察、审视一切所谓的现成结论，捕捉隐匿于人们所思所想、所作所为之中的不自觉的、无条件的前提，从而，使一切坚固的东西都成为可加批判的对象，这既是源于古希腊哲学谦虚地追求智慧的理论品质，同时也是马克思主义哲学带给人类的现实的批判精神和革命力量的充分体现。孙正聿教授为当代中国所指引的思想之路，使我们中国现时代哲学思考与哲学教育得以可能。对于每一位哲学工作者来说，哲学、哲学思维成为可说的；成为可以通过文献积累、思想积累和生活积累切实地得到训练的。在此意义上，孙正聿教授的前提批判的哲学理论，不仅仅是当代中国哲学研究进程中的一个里程碑式的思想成果，更加为当代中国的哲学教育奠定了坚实的基础，为中国未来哲学事业的发展打下了稳固的地基。这是孙正聿教授以反思思维构建自己的哲学思想的尤为重大的理论贡献，其思想史意义与现实意义同样突出。

三　反思的意义：思想的自由之境

孙正聿教授致力于对哲学本性的追问，传承吉林大学哲学系注重哲学基础理论研究的学术传统。在哲学中，其实最基础、最根本的问题也就是最高的问题。孙正聿教授面对哲学所处的时代境遇，顽强地追问"哲学究竟是什么？"而这一问题也是哲学从古至今的最高问题，正是在这一个最难于回答，也是最艰深的问题中，包含着人类全部的哲学思索。通过对反思思维做出具体的规定，孙正聿教授为我们开启的是广阔的哲学研究视域——批判构成思想的前提，以及经典的哲学研究方法——辩证法。如马克思所说，"辩证法不崇拜任何东西，按其本质来说，它是批判的和革命的"②。从反思思维所具

① 王庆丰：《哲学何以是思想的前提批判》，《哲学分析》2015年第6期。
② 马克思：《资本论》第一卷，人民出版社2004年版，第22页。

有的批判性来说，其中深刻地蕴含着前提批判的哲学理论与辩证法的高度统一。然而，不论是从孙正聿教授所敞开的哲学研究视域的角度，还是从哲学研究的方法的角度去理解和把握反思思维，其重大的意义都在于表征着在哲学中绽开的人的存在的"澄明之境"，也就是缘于哲学而为人类提供的存在的自由之境。

把思维与存在的矛盾关系当作问题反而思之，这是透过反思的定义呈现哲学不同于其他任何学科的独特的研究领域和研究内容。这是对哲学之思的自由本性的揭示。因为孙正聿教授基于现代哲学的立场明确指出了哲学自身的问题域，所以，使得我们认清了哲学不是跟在科学后面亦步亦趋，而是哲学将科学研究领域不予追问的，或者说将科学研究过程中人们尚未形成自觉意识的那个问题——思维和存在的关系问题——作为对象来加以研究。这表明，哲学真正地实现了从常识、科学等等思维图景中进一步实现理性思维能力的跃迁，从根基处探索人与世界之间的关系。因而，哲学思维得以"四海为家"，依据常识思维所得到的经验结论，以及依据科学思维所得到的既定知识，都可以视作哲学批判和反思的对象。在此意义上，哲学可以是人们对于整个世界的认识的再认识。哲学是自由的学问，它可以依据其自身独特的运思方式，对世界上的任何事与物发问，去敲打其得以可能的前提和基础，去追究其本质。这是由孙正聿教授提出的哲学作为反思之学在彰显哲学自由本性方面的卓越的理论贡献。

哲学的反思思维说到底，是在对思维和存在的同一性的理解之上，自觉意识到思维与存在的相异性。然而我们知道，孙正聿教授多年倾其心血研究的马克思主义辩证法理论，其实质和精髓也正是在于："在对现存事物的肯定的理解中同时包含对现存事物的否定的理解。"① 在辩证法中，包含着深刻的哲学思维方式的变革，而孙正聿教授对哲学作为反思思维的精到论证，恰好确证了辩证法带给人们的思维方式上的革命。对于人类思维来说，不仅可以在感性层面反映事物自身的样子，而且可以上升到理性层面，把捉表象与思想的矛盾关系。思维可以超出外物的束缚，向着"我"本身发问，这不再是经验意义上我对我的存在的肯定的理解，而是在广阔的思想领域，运用理性的力量审视我之为我的能力，即在分裂于经验自我的理性自我的层面上，质疑、求索我如何与世界实现统一？这时，才有了哲学，有了真正意义上的

---

① 马克思：《资本论》第一卷，人民出版社 2004 年版，第 22 页。

辩证思维、哲学思考。因此，辩证法是追根究底的思维方法，它将思想之箭射入那个使得人成其为人、世界成其为世界的最本源的问题之中。正是在这里，体现着人类思维的自由本性，即人的思维在认识世界过程中的"至上性"。在自然生命的意义上，人是有限性的存在，而人之为人，他总是力图超越自然生命的限制，追寻和达到一个"全体的自由性"，因而，人相对于其他动物而言，表现为一种超越性的存在。只有人永不停歇地寻求自由，并且正是在超越于自然生命之上的精神活动层面，人类真正地实践着自由思想。也正因此，人才脱离于动物式的本能生命而真正地崇高起来。概言之，孙正聿教授所开创的前提批判的哲学理论，即其对反思思维的全部具体规定之中，凸显着哲学是人类通达自身存在的自由之境的有效方式，表达出借由自由之思而实现的人之自由自觉的本性。自觉地认识并掌握作为反思式思维活动的哲学，是人生而自由的最为真切的理论展现。这是孙正聿教授个人的哲学思想中始终贯穿和表达着的：哲学教育如何能够使人作为人而成为人。这也正是孙正聿教授在当代中国哲学研究和哲学教育双重工作中所做出的重大贡献。